COMUNIDADES IMAGINADAS

BENEDICT ANDERSON

Comunidades imaginadas

Reflexões sobre a origem e a difusão do nacionalismo

Tradução
Denise Bottman

9ª reimpressão

Companhia das Letras

Copyright © Benedict Anderson, 1983, 1991

Grafia atualizada segundo o Acordo Ortográfico da Língua Portuguesa de 1990, que entrou em vigor no Brasil em 2009.

Título original
Imagined communities: reflections on the origin and spread of nationalism

Capa
Mariana Newlands

Foto de capa
Todos os esforços foram feitos para determinar a origem da imagem de capa, e teremos prazer em creditar a fonte, caso se manifeste.

Preparação
Gissela Mate

Índice remissivo
Luciano Marchiori

Revisão
Marise S. Leal
Valquíria Della Pozza

Dados Internacionais de Catalogação na Publicação (CIP)
(Câmara Brasileira do Livro, SP, Brasil)

Anderson, Benedict R.
  Comunidades imaginadas : reflexões sobre a origem e a difusão do nacionalismo / Benedict Anderson ; tradução Denise Bottman. — São Paulo : Companhia das Letras, 2008.

  Título original : Imagined communities : reflections on the origin and spread of nationalism
  Bibliografia.
  ISBN 978-85-359-1188-6

  1. Nacionalismo - História I. Título.

08-00975   CDD-320.54

Índice para catálogo sistemático:
1. Nacionalismo : Ciência política   320.54

Todos os direitos desta edição reservados à
EDITORA SCHWARCZ S.A.
Rua Bandeira Paulista, 702, cj. 32
04532-002 — São Paulo — SP
Telefone: (11) 3707-3500
www.companhiadasletras.com.br
www.blogdacompanhia.com.br
facebook.com/companhiadasletras
instagram.com/companhiadasletras
twitter.com/cialetras

A minha mãe e a Tantiette, com amor e gratidão

Ele considera sua tarefa escovar a história a contrapelo.
Walter Benjamin, *Iluminações*

*Então de uma Mistura de todo tipo se
fez Aquela Coisa Heterogênea, Um Inglês:
Em ansioso estupro e furiosa luxúria gerado
Entre um escocês e um bretão pintalgado:
Cuja prole fértil depressa aprendeu a se curvar,
E ao arado romano as suas novilhas subjugar:
De onde uma Raça híbrida Mestiça surgiu então,
Sem Fala nem Fama, nem Nome ou Nação.
E agora Mesclas de Saxão e Dinamarquês logo
Surgiram infundidas nas suas Veias de fogo.
Enquanto as suas Filhas de Escol, seguindo os Pais,
Com Promíscua Luxúria às Nações se davam sem mais.
Essa Raça Nauseante continha mesmo, sem hesitação,
O Sangue dos Ingleses de boa extração...*
Daniel Defoe, *The true-born Englishman*

Sumário

Apresentação: Imaginar é difícil (porém necessário) 9
Prefácio à segunda edição 19
Agradecimentos 25
Introdução 26
1. Raízes culturais 35
2. As origens da consciência nacional 71
3. Pioneiros crioulos 84
4. Velhas línguas, novos modelos 107
5. Imperialismo e nacionalismo oficial 127
6. A última onda 163
7. Patriotismo e racismo 199
8. O anjo da história 216
9. Censo, mapa, museu 226
10. Memória e esquecimento 256
Posfácio 281
Bibliografia 311
Índice remissivo 319

Imaginar é difícil (porém necessário)

É possível dizer que nações não possuem data de nascimento identificada num registro oficial e que a morte delas, quando ocorre, nunca tem uma causa "natural". Como disse certa vez o historiador Fernand Braudel, acontecimentos como esses são poeira: eles atravessam a história como breves lampejos; mal nascem e já retornam à noite e amiúde ao esquecimento.

E foi em torno dessas verdadeiras políticas coletivas — as nacionalidades — marcadas por algumas lembranças e muitos esquecimentos que se debruçou Benedict Anderson: um grande especialista na política e na história da Indonésia e do Sudeste Asiático. Professor emérito da Universidade de Cornell, Benedict nasceu em Kunning, na China, filho de pai de nacionalidade anglo-irlandesa e de mãe inglesa. Ele e seu irmão Perry — o famoso historiador marxista — foram educados na Inglaterra, tendo Benedict estudado na Universidade de Cambridge, onde completou sua formação.

Não há evento social que seja totalmente imune à história, mas o objeto deste livro — o nacionalismo — é particularmente afeito a este tipo de abordagem que questiona a sincronia e a falta de temporalidade. No entanto, se a discussão é antiga e marcada por interpretações tradicionais, já o argumento de Benedict Anderson é claro e, apesar de amplamente pautado nos exemplos da área político-geográfica de especialidade dele, permite uma reflexão ampla e que acomoda diferentes locais e contextos. O autor se opõe a argumentos consagrados, como os do sociólogo e filósofo liberal Ernest Gellner — que vinculou o nacionalismo ao industrialismo europeu ocidental — ou o do historiador conservador Elie Kedourie, o qual ligou o nacionalismo à Ilustração, à Revolução Francesa e ao nascimento do Estado francês. Anderson também discordou da análise marxista de Eric Hobsbawm, e apostou suas fichas em algumas ideias centrais: a importância do papel da imprensa e do fenômeno que ele denomina de "capitalismo editorial", e a novidade da "vernaculização" por oposição à antiga hegemonia do latim.

O resultado é um livro inquietante, que desafia conceitos fáceis como a ideia de "invenção", esse termo que vem sendo castigado e utilizado em excesso pela historiografia, de uma maneira geral. Mais que inventadas, nações são "imaginadas", no sentido de que fazem sentido para a "alma" e constituem objetos de desejos e projeções. Benedict Anderson mostra como o nacionalismo, ao contrário do modelo marxista, que privilegia a esfera da "emissão" e entende a política como exercício exclusivo dos mandatários e poderosos, possui uma legitimidade emocional profunda; pauta-se pela ideia de que é preciso fazer do novo, antigo, bem como encontrar naturalidade num passado que, na maioria das vezes, além de recente não passa de uma seleção, com frequência consciente. Essas "amnésias do nacionalismo" são devidamente analisadas teórica e empiricamente pelo autor, que lança mão de um leque variadíssimo de exemplos que não se limita a um local ou temporalidade. Com isso, fica fácil acompanhar o argumento do historiador, que mostra como a condição de nação (*nation-ness*) é o valor de maior legitimidade universal na vida política moderna e se tornou "modular", no sentido de que pode ser transplantado e traduzido, com diversos graus de autoconsciência e oficialidade.

Comunidades imaginadas foi publicado pela primeira vez em 1983 e ganhou outras edições e até dois capítulos, quase uma década depois, sendo que estes últimos funcionam como apêndices independentes (e estão incluídos nesta nova edição brasileira). O livro foi ainda traduzido para um número espantoso de idiomas, revelando como a discussão proposta pelo autor não é prisioneira de determinado contexto ou temporalidade. Se um dos objetivos de Anderson foi "deseuropeizar" o estudo teórico do nacionalismo, seu sucesso é evidente. Publicado originalmente, e simultaneamente, em Londres e em Nova York, o livro logo se converteu em bibliografia obrigatória, sobretudo nos cursos sobre nacionalismo.

Mas *Comunidades imaginadas* não ficaria restrito aos países de tradição inglesa. Foi editado no Japão, na Alemanha, no Brasil (pela primeira vez em 1989), ganhou tradução servo-croata, coreana, mexicana, turca, isso sem esquecermos outros países europeus: foi vertido para o sueco, o holandês, o norueguês, o francês, o italiano, o grego e o polonês. Por fim, em 1990 a obra entrou numa lista dos cem livros mais significativos (e de publicação recente) na área de história e ciências sociais, e recebeu traduções para o búlgaro, o esloveno, o russo, o romeno e o lituano. Depois de 1998 o livro seria editado, ainda, em Taipei, Tel-Aviv e no Cairo, além de ganhar versão catalã e portuguesa.

Como se vê, *Comunidades imaginadas* correu mundo, e sua recepção revelou-se das mais promissoras. Afinal, longe da definição "essencial" de nação (como se a mesma contivesse elementos estáveis e naturais), afastado da versão exclusivamente maquiavélica (que supõe um controle absoluto dos governos na conformação dos Estados-nação), Anderson mostrou de que maneira a nação é — dentro de um espírito antropológico — uma comunidade política imaginada; quase uma questão de parentesco ou religião. Nesse sentido, ela é tão limitada como soberana, na medida em que inventa ao mesmo tempo em que mascara. Não há, portanto, comunidades "verdadeiras", pois qualquer uma é sempre imaginada e não se legitima pela oposição falsidade/autenticidade. Na verdade, o que as distingue é o "estilo" como são imaginadas e os recursos de que lançam mão.

Uma nação é *limitada*, uma vez que apresenta fronteiras finitas e nenhuma se imagina como extensão única da humanidade. Contudo, é também *soberana*, já que o nacionalismo nasce exatamente num momento em que o Iluminismo e a Revolução estavam destruindo a legitimidade dos reinos dinásticos e de ordem divina. Por fim, nações são imaginadas como *comunidades* na medida em que, independentemente das hierarquias e desigualdades efetivamente existentes, elas sempre se concebem como estruturas de camaradagem horizontal. Estabelece-se a ideia de um "nós" coletivo, irmanando relações em tudo distintas.

Segundo Benedict Anderson, com o declínio das comunidades, línguas e linhagens sagradas — isto é, com o fim crescente dos sistemas divinos e religiosos —, ocorrem transformações nos modos de "aprender o mundo" e que possibilitam "pensar a nação". Além do mais, influenciado por Walter Benjamin, o autor mostra como os discursos da nacionalidade são caracterizados pela noção de simultaneidade, que inaugura uma ideia de tempo vazio e homogêneo. Abolem-se divisões cronológicas claras, e em seu lugar se estabelecem regimes de temporalidade que jogam para a esfera do mito o passado e os momentos de fundação.

É por isso que o romance e o jornal proporcionariam os meios técnicos ideais para "re-presentar" o tipo de comunidade imaginada a que corresponde uma nação. Aí estaria o fenômeno do capitalismo editorial, tão bem analisado por Benedict, o qual demonstra como é por meio do material impresso que a nação se converte numa comunidade sólida, recorrendo constantemente a uma história previamente selecionada. O jornal, que introduz notícias de locais distintos em tempos variados — mas pressupõe sempre a ideia de contiguidade —, constituiria elemento recorrente nas práticas nacionais modernas. Por outro lado, como também concluiu Edward Said, os romances de fundação acabariam por se apresentar como elementos destacados na construção coletiva de um passado e de um "nós" comum e identificado. A partir deles se daria uma espécie de confirmação hipnótica da solidez de uma comunidade, a qual naturaliza a história e o próprio tempo.

Assim, é possível imaginar nações quando uma determinada língua escrita se converte em um acesso privilegiado para a construção de verdades ontológicas. Nesse sentido, a língua cumpre papel fundamental quando permite a unificação da leitura, a manutenção do suposto de uma antiguidade essencial, e, sobretudo, a partir do momento em que se torna oficial. Fica assim montado o cenário para a nação moderna, que nascia da convergência do capitalismo e da tecnologia da imprensa sobre a fatal diversidade da linguagem humana. Por outro lado, a história — ou melhor, uma certa concatenação "natural" e irreversível de fatos — levou os eventos vividos por diferentes testemunhas e analistas a se transformarem em "coisas" e com nome próprio. Esse é o caso, por exemplo, da Revolução Francesa, cuja experiência foi modelada pela página impressa, afirmando-se, hoje em dia, como um conceito definidor da modernidade ocidental; nos termos de Anderson, um "conjunto de nações imaginadas".

Benedict destrói, pois, com suas análises realidades políticas bem constituídas em nosso imaginário, como a "antiga" Índia, a "aristocrática" Inglaterra ou a "longínqua" Suíça. Nada sobrevive a seu olhar, atento à "naturalização" de realidades imaginadas. A noção unificada de indonésio, o conceito de negritude, a realidade política hoje conhecida como Indochina: tudo surge sob nova luz a partir de uma lente que desfoca identidades que parecem homogêneas e estabilizadas e demonstra como estas podem ser híbridas. Com efeito, o que este livro comprova, à exaustão, é o processo como se constroem solidariedades e como, a partir do momento em que a nação é imaginada, ela é, então, modelada, adaptada e transformada.

Mas engana-se aquele que pensa que esse processo é externo às populações estudadas. Anderson mostra o apego que os povos têm às suas imaginações e como são capazes de morrer por suas invenções. Os mexicanos retornam a um passado asteca ainda que não falem mais a língua; os uruguaios selecionam "um herói indígena", e os suíços recorrem sempre a seu "tradicional multilinguismo" quando essa realidade é absolutamente recente e data de finais do século XIX. Há todo um imaginário afetuoso, e o que os olhos são para quem desejada, a língua é para o patriota. Por meio da língua, que conhecemos ao nascer e só perdemos quando morremos, restauram-se passados, produzem-se companheirismos, assim como se sonham com futuros e destinos bem selecionados.

O fato é que dizer que as nações são inventadas não resolve problema algum. Como afirma o antropólogo Roy Wagner, não há como não inventar culturas, do mesmo modo que não há como manter as suas patentes intactas: elas aí estão para ser copiadas e modificadas. Conforme provocava Renan, ainda no século XIX, as nações precisam *"oublié bien des choses"*, mas isso não deixando de muito imaginar. O que as torna possíveis é, efetivamente, seu poder de fazer sentido dentro do repertório das nações e da gramática dos povos.

Pensemos nos Estados coloniais e em três instituições fundamentais no sentido de moldar as imaginações: os censos, os mapas e os museus. Juntos, como mostra Anderson, eles conformaram profundamente a maneira como o Estado imaginava seu domínio, a natureza dos seres por ele governados e a geografia de seu território (e, portanto, a legitimidade em relação ao passado). Juntos, também, eles criaram realidades unificadas, por mais distintas que fossem; categorias raciais claras em territórios onde os grupos se misturavam e fundiam; histórias sequenciais e lógicas; mapas e fronteiras fixos. Os censos, mais que espelhar, construíram realidades claras e rígidas, permitindo prever políticas para essas populações devidamente imaginadas. Os mapas estabeleceram limites, demarcaram espaços e constituíram um novo discurso cartográfico capaz de comprovar a vetustez das unidades territoriais. Por fim, não se pode descurar da importância da imaginação museológica e dos serviços arqueológicos coloniais que se conformaram como instituições de poder e de prestígio. Edifícios viraram monumentos, e histórias particulares foram consagradas como nacionais, nos novos museus coloniais. Com essas operações comuns, e ordenadas, os dados retirados dos censos, dos museus e dos mapas passaram a ser signo puro, e não mais bússolas do mundo. Aí pode se encontrar a urdidura essencial desse pensamento classificatório e totalizante, que transformava datas em eventos, passagens rápidas em marcos fundadores nacionais.

Os exemplos de Benedict Anderson são muitos e incomodam nossas certezas, também pautadas por lógicas classificatórias. Nem tão antigas são as nações que considerávamos perdidas no tempo, assim como nem tão novo é esse Novo Mundo americano.

Comunidades imaginadas — novamente à disposição do público brasileiro — não perdeu a validade. Sua publicação pode reacender a discussão, sempre presente entre nós, sobre essa nossa nacionalidade tropical e uma identidade invariavelmente definida pela "falta". Imaginar é, como vimos, selecionar e obliterar, e é interessante pensar como, em meados do século XIX, em pleno Império, nos entendíamos como europeus ou no máximo indígenas (tupis de preferência), isso quando mais de 80% da população era constituída de negros e mestiços. Além disso, na representação oficial "esquecemos" a instituição escravocrata — espalhada por todo o país — e exaltamos a natureza provedora dos trópicos, como se o país fosse feito basicamente da imagem de sua flora exuberante. Vale a pena lembrar, ainda, o "milagre" operado nos anos 1930, quando a mestiçagem de mácula se transforma na nossa mais profunda redenção. A partir de então a capoeira e o candomblé virariam "nacionais", do mesmo modo que o samba e o próprio futebol, o qual era destituído de sua identidade inglesa e se transformava — como em um passe de mágica — numa marca da brasilidade.

Nações são imaginadas, mas não é fácil imaginar. Não se imagina no vazio e com base em nada. Os símbolos são eficientes quando se afirmam no interior de uma lógica comunitária afetiva de sentidos e quando fazem da língua e da história dados "naturais e essenciais"; pouco passíveis de dúvida e de questionamento. O uso do "nós", presente nos hinos nacionais, nos dísticos e nas falas oficiais, faz com que o sentimento de pertença se sobreponha à ideia de individualidade e apague o que existe de "eles" e de diferença em qualquer sociedade. Só assim se entende, por exemplo, o nosso famoso *Hino da proclamação da República*, o qual, paradoxalmente, não é nosso *Hino nacional*. Escrito em 1889, um ano após a abolição da escravidão, ele conclamava os brasileiros a cantar coletivamente: "Nós nem cremos que escravos outrora tenha havido em tão nobre país...". A escravidão fora abolida havia apenas um ano, mas já virava matéria do passado, assim como a nacionalidade, recém-descoberta, era vista como um grande coletivo devidamente naturalizado.

Como diz Anderson, os primeiros movimentos latino-americanos pela independência eram de "pouca espessura social", mas trataram de ganhá-la. Foi assim que nos transformamos no país do samba e do futebol, e é por eles que morremos ou defendemos a nacionalidade. A ideia da exclusão social e da violência é de certa maneira recente em nossos noticiários, e nunca fez parte de nossa "imaginação nacional". Enquanto imaginário, "Deus continua brasileiro" e gosta de cachaça e caipirinha. A nação constrói tempos vazios e homogêneos, e amnésias coletivas fazem parte desse jogo político, também por aqui, muito bem disputado.

Lilia Moritz Schwarcz
Professora do Departamento de Antropologia
Universidade de São Paulo

Prefácio à segunda edição

Quem haveria de pensar que a tempestade sopra mais forte quanto mais se afasta do Paraíso?

Os conflitos armados de 1978-79 na Indochina, que forneceram a ocasião imediata para o texto original de *Comunidades imaginadas*, parecem já, decorridos apenas doze anos, pertencer a uma outra era. Na época, eu estava obcecado com a perspectiva de outras guerras totais entre os estados socialistas. Neste momento, metade desses estados faz parte das ruínas aos pés do Anjo, e o restante teme seguir o mesmo destino. O que os sobreviventes enfrentam são guerras civis. É muito provável que, no começo do novo milênio, não reste muita coisa da União das Repúblicas Socialistas Soviéticas exceto... repúblicas.

Isso deveria ter sido previsto? Em 1983, escrevi que a União Soviética era "a herdeira dos estados dinásticos pré-nacionais, mas também a precursora de uma ordem internacionalista no século XXI". Mas, ao rastrear as explosões nacionalistas que destruíram os vastos impérios poliglotas e poliétnicos governados a partir de Viena, Londres, Constantinopla, Paris e Madri, não vi que o rastilho se estendia pelo menos até Moscou. É um triste consolo ver que a história está confirmando a "lógica" de *Comunidades imaginadas* melhor do que o autor conseguiu fazer.

Não foi apenas o mundo que mudou nestes últimos doze anos. O estudo do nacionalismo também se transformou de maneira espantosa — em método, escala, sofisticação e quantidade. Para ficar apenas na língua inglesa, *Nations before nationalism*, de J. A. Armstrong (1982), *Nationalism and the state*, de John Breuilly (1982), *Nations and nationalism*, de Ernest Gellner (1983), *Social preconditions of national revival in Europe*, de Miroslav Hroch (1985), *The ethnic origins of nations*, de Anthony Smith (1986), *Nationalist thought and the colonial world*, de P. Chatterjee (1986), e *Nations and Nationalism since 1788* [*Nações e nacionalismo desde 1780*, Paz e Terra, 1991], de Eric Hobsbawm — para citar apenas alguns dos textos fundamentais —, tornaram, com o seu alcance histórico e força teórica, em grande medida obsoleta a literatura tradicional sobre o assunto. Em parte graças a essas obras, desenvolveu-se uma extraordinária proliferação de estudos históricos, literários, antropológicos, sociológicos, feministas e outros, relacionando os objetos desses campos de pesquisa com nacionalismo e nação.[1]

Adaptar *Comunidades imaginadas* às exigências dessas enormes mudanças no mundo e na bibliografia é uma tarefa que ultrapassa minhas condições atuais. Achei melhor, portanto, deixá-lo como uma peça de época, "sem restauração", com o seu próprio estilo, perfil e humor. Duas coisas me consolam. Por um lado, o resultado final completo da marcha dos acontecimentos no antigo mundo socialista continua envolto em obscuridade. Por outro lado, *Comunidades imaginadas*, com seu método e preocupações idiossincráticas, ainda me parece à margem dos estudos mais

---

1. Hobsbawm teve a coragem de concluir, a partir dessa explosão acadêmica, que a era do nacionalismo está chegando ao fim: a coruja de Minerva voa no anoitecer.

recentes sobre o nacionalismo — nesse sentido, pelo menos, ainda não totalmente superado.

O que tentei fazer, na presente edição, foi simplesmente corrigir erros factuais, conceituais e interpretativos que eu deveria ter evitado ao preparar a versão original. Essas correções — no espírito de 1983, por assim dizer — incluem algumas alterações da primeira edição e dois novos capítulos, que têm basicamente caráter de apêndices.

No texto principal, descobri dois erros graves de tradução, pelo menos uma promessa não cumprida e uma ênfase enganosa. Como não sabia ler espanhol em 1983, confiei irrefletidamente na tradução inglesa de *Noli me tangere*, de José Rizal, feita por Leon Maria Guerrero, embora existissem traduções anteriores. Foi só em 1990 que descobri como a tradução de Guerrero era incrivelmente deturpada. Em citação longa e importante de *Die Nationalitätenfrage und die Sozialdemokratie*, de Otto Bauer, eu me baseei, por preguiça, na tradução de Oscar Jászi. Em uma consulta mais recente ao original alemão, vi até que ponto as preferências políticas de Jászi tingiram suas citações. Pelo menos em duas passagens, prometi levianamente explicar por que o nacionalismo brasileiro se desenvolveu tão tarde e de maneira tão idiossincrática em comparação ao de outros países latino-americanos. No presente texto, procuro cumprir a promessa que quebrei.

Em meu plano original, pretendia enfatizar as origens do nacionalismo no Novo Mundo. Achava que havia certo provincianismo inconsciente deformando e distorcendo, por muito tempo, a teorização sobre o assunto. Os estudiosos europeus, acostumados à ideia de que tudo o que há de importante no mundo moderno começou na Europa, assumiram descuidadamente a "segunda geração" dos nacionalismos etnolinguísticos (húngaro, tcheco, grego, polonês etc.) como ponto de partida para suas modelagens, fossem estas "contra" ou "a favor" do nacionalismo. Fiquei espantado ao ver, em vários comentários sobre *Comunidades imaginadas*, que esse provincianismo eurocêntrico se mantinha inabalado, e que o capítulo fundamental sobre as origens americanas do nacionalismo era em grande parte ignorado. Infelizmente, não encontrei nenhuma solução "instantânea" melhor que mudar o título do capítulo 3 para "Pioneiros crioulos".

Os dois "apêndices" tentam corrigir sérias falhas teóricas da primeira edição.[2] Vários críticos amigos tinham comentado que o capítulo 6 ("A última onda") de *Comunidades imaginadas* simplificava demais o processo de modelagem dos primeiros nacionalismos do Terceiro Mundo. Além disso, o capítulo não tratava seriamente da questão do papel do estado colonial local (mais que do metropolitano) ao dar um contorno a esses nacionalismos. Ao mesmo tempo percebi, incomodado, que aquilo que eu acreditava ser uma contribuição significativamente nova para a reflexão sobre o nacionalismo — as percepções cambiantes do tempo — estava claramente sem a sua necessária coordenada complementar: as percepções cambiantes do espaço. A brilhante tese de doutorado de Thongchai Winichakul, um jovem historiador tailandês, me levou a pensar sobre a contribuição da cartografia para a imaginação nacionalista.

Assim, "Censo, mapa, museu" analisa como, inconscientemente, o estado colonial oitocentista (e as políticas fomentadas pelo seu ethos) gerou dialeticamente a gramática dos nacionalismos que acabaram surgindo para combatê-lo. Na verdade, poderíamos até dizer que o estado imaginou seus adversários locais,

---

2. O primeiro apêndice surgiu a partir de um trabalho realizado para uma conferência que ocorreu em Karachi, em janeiro de 1989, e que foi patrocinada pelo World Institute for Development Economics Research of the United Nations University. Um esboço do segundo apareceu no *Times Literary Supplement* de 13 de junho de 1986, sob a rubrica de "Narrando a nação".

como em um sonho profético e agourento, muito antes que eles viessem a existir historicamente. Para a formação desse modo imaginativo, a quantificação/serialização abstrata das pessoas promovida pelo censo, a racionalização do espaço político proporcionada pelo mapa e a genealogização profana, "ecumênica", realizada pelo museu fizeram contribuições interligadas.

A origem do segundo "apêndice" foi o fato humilhante de perceber que, em 1983, eu citara Renan sem entender minimamente o que ele realmente dissera: tomei como facilmente irônico o que, na verdade, era extremamente bizarro. A humilhação também me obrigou a reconhecer que eu não dera nenhuma explicação inteligível de como, e por quê, as nações emergentes se imaginavam antigas. Aquilo que na maioria dos textos acadêmicos aparecia como truque maquiavélico, fantasia burguesa ou exumação da verdade histórica de repente me pareceu algo mais profundo e mais interessante. E se a "antiguidade" fosse, em determinado contexto histórico, a *consequência necessária* da "novidade"? Se, conforme eu pensava, o nacionalismo era a expressão de uma forma de consciência radicalmente transformada, então a percepção desse rompimento e o necessário esquecimento da consciência anterior não teriam de criar sua própria narrativa? Desse ponto de vista, as fantasias atávicas próprias de grande parte do pensamento nacionalista após os anos 1820 surgem como epifenômenos; o que realmente importa é o alinhamento estrutural da "memória" nacionalista pós-1820 com as premissas e convenções internas da biografia e da autobiografia modernas.

À parte qualquer mérito ou demérito teórico que possam ter os dois "apêndices", cada um tem as suas próprias limitações corriqueiras. Os dados para "Censo, mapa, museu" foram totalmente extraídos do Sudeste Asiático. Em alguns aspectos, essa região oferece excelentes oportunidades para uma reflexão comparada, visto que abrange áreas que foram colonizadas por quase todas as grandes potências imperiais (Inglaterra, França, Holanda, Portugal,

Espanha e Estados Unidos), bem como o Sião, uma área que nunca foi colonizada. Mas resta ver se minha análise, ainda que plausível para essa região, pode ser aplicada de maneira convincente ao redor do mundo. No segundo apêndice, o material vago empírico se refere quase exclusivamente à Europa Ocidental e ao Novo Mundo, regiões sobre as quais o meu conhecimento é absolutamente superficial. Mas esse tinha de ser o foco, já que foi nessas regiões que as amnésias do nacionalismo se pronunciaram pela primeira vez.

Benedict Anderson
Fevereiro de 1991

Agradecimentos

Como o leitor poderá notar, a minha reflexão sobre o nacionalismo foi profundamente influenciada pelos textos de Erich Auerbach, Walter Benjamin e Victor Turner. Ao preparar o livro, foram de imenso proveito as críticas e sugestões do meu irmão Perry Anderson, de Anthony Barnett e de Steve Heder. J. A. Ballard, Mohamed Chambas, Peter Katzenstein, o finado Rex Mortimer, Francis Mulhern, Tom Nairn, Shiraishi Takashi, Jim Siegel, Laura Summers e Esta Ungar também me ajudaram de forma inestimável em vários aspectos. Naturalmente, nenhum desses críticos amigos é de maneira alguma responsável pelas falhas do texto, as quais cabem inteiramente a mim. Talvez seja o caso de dizer que minha especialidade, por formação e profissão, é o Sudeste Asiático. Essa informação pode ajudar a esclarecer alguns enfoques e exemplos do livro, além de reduzir suas pretensões globalizantes.

Introdução

Talvez, sem que tenha sido muito notada, esteja ocorrendo uma transformação fundamental na história do marxismo e dos movimentos marxistas. Os sinais mais visíveis são as guerras recentes entre o Vietnã, o Camboja e a China. Essas guerras são de importância histórica mundial por serem as primeiras a acontecer entre regimes com independência e credenciais revolucionárias inquestionáveis, e também porque nenhum dos beligerantes fez qualquer tentativa que não fosse extremamente superficial para justificar a carnificina nos termos de uma perspectiva teórica que se pudesse reconhecer como *marxista*. Se ainda era possível interpretar os conflitos de fronteira sino-soviéticos de 1969 e as intervenções militares soviéticas na Alemanha (1953), Hungria (1956), Checoslováquia (1968) e Afeganistão (1980) como — dependendo do gosto — "imperialismo socialista", "defesa do socialismo" etc., ninguém, imagino eu, acredita seriamente que esses termos possam ter muito cabimento diante do que ocorreu na Indochina. Se a invasão e a ocupação vietnamita do Camboja, em dezembro de 1978 e janeiro de 1979, representaram a primeira *guerra convencio-*

nal em grande escala de um regime marxista revolucionário contra outro,[1] a investida da China no Vietnã, em fevereiro, logo confirmou o precedente. Apenas alguém muito crédulo se atreveria a apostar que, nesses últimos anos do século xx, alguma eclosão significativa de hostilidade entre Estados haverá de encontrar a União Soviética e a República Popular da China — sem falar dos estados socialistas menores — se apoiando ou lutando do mesmo lado. Quem pode ter certeza de que a Iugoslávia e a Albânia não irão se digladiar algum dia? Esses grupos heterogêneos que pedem a retirada dos acampamentos do Exército Vermelho da Europa Oriental deveriam lembrar o quanto a presença esmagadora dessas forças vem, desde 1945, impedindo o conflito armado entre os regimes marxistas da região.

Essas observações servem para ressaltar o fato de que, desde a Segunda Guerra Mundial, todas as revoluções vitoriosas se definiram em termos *nacionais* — a República Popular da China, a República Socialista do Vietnã e assim por diante — e, com isso, se firmaram solidamente num espaço territorial e social herdado

---

1. Escolhi essa formulação apenas para ressaltar a escala e o estilo do combate, e não para atribuir culpas. Para evitar possíveis mal-entendidos, cumpre dizer que a invasão de dezembro de 1978 resultou de confrontos armados entre partidários dos dois movimentos revolucionários, possivelmente desde 1971. Depois de abril de 1977, os ataques nas fronteiras, iniciados pelos cambojanos, mas rapidamente adotados pelos vietnamitas, aumentaram em tamanho e objetivo, culminando na grande incursão do Vietnã em dezembro de 1977. Mas nenhum desses ataques pretendia derrubar regimes inimigos ou ocupar grandes territórios, e o número de soldados envolvidos tampouco se comparava à quantidade de tropas utilizadas em dezembro de 1978. A controvérsia sobre as causas da guerra é apresentada de forma muito ponderada em: Stephen P. Heder, "The kampuchean-vietnamese conflict", *in* David. W. P. Elliott (org.), *The third Indochina conflict*, pp. 21-67; Anthony Barnett, "Inter-communist conflicts and Vietnam", *Bulletin of concerned Asian scholars*, 11:4 (outubro-dezembro 1979), pp. 29; e Laura Summers, "In matters of war and socialism Anthony Barnett would shame and honour Kampuchea too much", *ibid.*, pp. 10-8.

do passado pré-revolucionário. Inversamente, se a União Soviética divide com o Reino Unido da Grã-Bretanha e Irlanda do Norte a rara distinção de não mencionar nacionalidades em seu nome, isso sugere que ela é não só a herdeira dos estados dinásticos pré-nacionais, mas também a precursora de uma ordem internacionalista no século XXI.[2]

Eric Hobsbawm tem plena razão ao afirmar que "os movimentos e estados marxistas têm mostrado a tendência de se tornarem nacionais não só na forma, mas também no conteúdo, ou seja, nacionalistas. Nada sugere que essa corrente não haverá de continuar".[3] E essa tendência não se restringe ao mundo socialista. As Nações Unidas admitem novos membros praticamente todos os anos. E muitas "nações antigas", tidas como plenamente consolidadas, veem-se desafiadas por "sub"-nacionalismos em seu próprio território — nacionalismos estes, claro, que sonham com algum futuro feliz, livres dessa condição de "sub". A realidade é muito simples: não se enxerga, nem remotamente, o "fim da era do nacionalismo", que por tanto tempo foi profetizado. Na verdade, a condição nacional [*nation-ness*] é o valor de maior legitimidade universal na vida política dos nossos tempos.

Mas, se os fatos são claros, a explicação deles continua sendo objeto de uma longa discussão. Nação, nacionalidade, nacionalismo — todos provaram ser de dificílima definição, que dirá de análise. Em contraste com a enorme influência do nacionalismo sobre o mundo moderno, é notável a escassez de teorias plausíveis sobre ele. Hugh Seton-Watson, autor do que é de longe o melhor e o mais

---

2. Quem tiver alguma dúvida sobre as pretensões do Reino Unido quanto a essa paridade com a União Soviética que se pergunte: qual a nacionalidade designada pelo seu nome? Grã-Brito-Irlandesa?
3. Eric Hobsbawm, "Some reflections on 'The break-up of Britain'", *New Left Review*, 105 (setembro-outubro 1977), p. 13.

abrangente texto em língua inglesa sobre nacionalismo, e herdeiro de uma vasta tradição liberal de historiografia e ciências sociais, observa com pesar: "Assim eu sou *levado* a concluir que não é possível elaborar nenhuma 'definição científica' de nação; mas o fenômeno existiu e continua a existir".[4] Tom Nairn, autor do inovador *The Break-up of Britain*, e herdeiro de uma tradição quase tão vasta de historiografia e ciências sociais marxistas, declara com a maior sinceridade: "A teoria do nacionalismo representa a grande falha histórica do marxismo".[5] Mas mesmo esse reconhecimento é um tanto enganador, pois pode-se entendê-lo como se estivesse referindo-se ao deplorável resultado de uma longa e deliberada busca de clareza teórica. Seria mais correto dizer que o nacionalismo demonstrou ser uma *anomalia* incômoda para a teoria marxista e, justamente por isso, preferiu-se evitá-lo, em vez de enfrentá-lo. De que outra maneira se explicaria por que Marx não esclareceu o pronome possessivo crucial na sua memorável formulação de 1848: "O proletariado de cada país deve, naturalmente, ajustar contas antes de mais nada com *a sua própria* burguesia?".[6] De que outra maneira, também, se explicaria por que o conceito de "burguesia nacional" foi utilizado por mais de um século sem nenhuma tentativa séria de justificar teoricamente a pertinência do adjetivo? Por que *essa* segmentação da burguesia — uma classe mundial, na medida em que é definida pelas relações de produção — tem importância teórica?

Este livro pretende oferecer, a título de ensaio, algumas ideias

4. Ver o livro *Nations and states*, p. 5. Grifo meu.
5. Ver o artigo "The modern Janus", *New Left Review*, 94 (novembro-dezembro 1975), p. 3. Este ensaio foi incluído sem alterações no livro *The break-up of Britain*, como capítulo 9 (pp. 329-63).
6. Karl Marx e Friedrich Engels, *The communist manifesto*, in *Selected works*, I, p. 45. Grifo meu. Em qualquer exegese teórica, a palavra "naturalmente" deveria acender uma luzinha vermelha de alerta para o leitor entusiasmado.

para uma interpretação mais satisfatória da "anomalia" do nacionalismo. A minha impressão é que tanto a teoria marxista quanto a liberal se estiolaram num derradeiro esforço ptolemaico de "salvar os fenômenos". Creio haver uma necessidade urgente de se reorientar a perspectiva dentro de um espírito, por assim dizer, copernicano. O meu ponto de partida é que tanto a nacionalidade — ou, como talvez se prefira dizer, devido aos múltiplos significados desse termo, a condição nacional [*nation-ness*] — quanto o nacionalismo são produtos culturais específicos. Para bem entendê-los, temos de considerar, com cuidado, suas origens históricas, de que maneiras seus significados se transformaram ao longo do tempo, e por que dispõem, nos dias de hoje, de uma legitimidade emocional tão profunda. Tentarei mostrar que a criação desses produtos, no final do século XVIII,[7] foi uma destilação espontânea do "cruzamento" complexo de diferentes forças históricas. No entanto, depois de criados, esses produtos se tornaram "modulares", capazes de serem transplantados com diversos graus de autoconsciência para uma grande variedade de terrenos sociais, para se incorporarem e serem incorporados a uma variedade igualmente grande de constelações políticas e ideológicas. Tentarei mostrar também por que esses produtos culturais específicos despertaram apego tão profundo.

---

7. Como nota Aira Kemiläinen, os dois "pais fundadores" dos estudos acadêmicos sobre o nacionalismo, Hans Kohn e Carleton Hayes, defenderam essa datação de maneira muito convincente. A meu ver, suas conclusões não chegaram a ser objeto de sérios debates, a não ser por ideólogos nacionalistas em determinados países. Kemiläinen também observa que o uso do termo "nacionalismo" generalizou-se no final do século XIX. Não aparecia, por exemplo, em muitos dicionários oitocentistas correntes. Se Adam Smith invocou a riqueza das "nações", foi para se referir apenas a "sociedades" ou "estados". Aira Kemiläinen, *Nationalism*, pp. 10, 33 e 48-9.

CONCEITOS E DEFINIÇÕES

Antes de encaminhar as questões levantadas anteriormente, seria aconselhável avaliar rapidamente o conceito de "nação" e oferecer uma definição operacional. É frequente a perplexidade, para não dizer irritação, dos teóricos do nacionalismo diante destes três paradoxos: (1) A modernidade objetiva das nações aos olhos do historiador *versus* sua antiguidade subjetiva aos olhos dos nacionalistas. (2) A universalidade formal da nacionalidade como conceito sociocultural — no mundo moderno, todos podem, devem e hão de "ter" uma nacionalidade, assim como "têm" este ou aquele sexo — *versus* a particularidade irremediável das suas manifestações concretas, de modo que a nacionalidade "grega" é, por definição, *sui generis*. (3) O poder "político" dos nacionalismos *versus* a sua pobreza e até sua incoerência filosófica. Em outras palavras, o nacionalismo, ao contrário da maioria dos outros "ismos", nunca gerou grandes pensadores próprios: nenhum Hobbes, Tocqueville, Marx ou Weber. Esse "vazio" cria certa condescendência entre os intelectuais cosmopolitas e poliglotas. Alguém pode logo concluir, como Gertrude Stein diante de Oakland, que não há "nenhum ali ali" [*no there there*]. É exemplar que até um estudioso tão simpático ao nacionalismo quanto Tom Nairn possa, mesmo assim, escrever que: "O 'nacionalismo' é a patologia da história do desenvolvimento moderno, tão inevitável quanto a 'neurose' no indivíduo, e que guarda muito da mesma ambiguidade de essência, da tendência interna de cair na loucura, enraizada nos dilemas do desamparo imposto à maior parte do mundo (o equivalente do infantilismo para as sociedades), sendo em larga medida incurável".[8]

A dificuldade, em parte, consiste na tendência inconsciente que as pessoas têm de hipostasiar a existência do nacionalismo-com-N-maiúsculo (como se alguém pudesse ter uma Idade-com-

---

8. *The break-up of Britain*, p. 359.

-I-maiúsculo) e, então, de classificá-"lo" como *uma* ideologia. (Nota-se que, se todos têm uma certa idade, a Idade é apenas uma expressão analítica.) Penso que valeria a pena tratar tal conceito do mesmo modo que se trata o "parentesco" e a "religião", em vez de colocá-lo ao lado do "liberalismo" ou do "fascismo".

Assim, dentro de um espírito antropológico, proponho a seguinte definição de nação: uma comunidade política imaginada — e imaginada como sendo intrinsecamente limitada e, ao mesmo tempo, soberana.

Ela é *imaginada* porque mesmo os membros da mais minúscula das nações jamais conhecerão, encontrarão ou nem sequer ouvirão falar da maioria de seus companheiros, embora todos tenham em mente a imagem viva da comunhão entre eles.[9] Era a essa imagem que Renan se referia quando escreveu, com seu jeito levemente irônico: "Or l'essence d'une nation est que tous les individus aient beaucoup de choses en commun, et aussi que tous aient oublié bien des choses" [Ora, a essência de uma nação consiste em que todos os indivíduos tenham muitas coisas em comum, e também que todos tenham esquecido muitas coisas].[10] Gellner diz algo parecido quando decreta, com certa ferocidade, que "o nacionalismo não é o despertar das nações para a autoconsciência: ele *inventa* nações onde elas não existem".[11] Mas o inconveniente dessa

9. Cf. Seton-Watson, *Nations and states*, p. 5: "A única coisa que posso dizer é que uma nação existe quando pessoas em número significativo de uma comunidade se consideram formando uma nação, ou se comportam como se formassem uma". Podemos traduzir "se consideram" por "se imaginam".
10. Ernest Renan, "Qu'est-ce qu'une nation?", *in Oeuvres complètes*, 1, p. 892. E acrescenta: "tout citoyen français doit avoir oublié la Saint-Barthélemy, les massacres du Midi au XIIIe siècle. Il n'y a pas en France dix familles qui puissent fournir la preuve d'une origine franque..." [todo cidadão francês deve ter esquecido a noite de São Bartolomeu, os massacres do Sul no século XIII. Não existem na França dez famílias que possam oferecer provas de uma origem franca...].
11. Ernest Gellner, *Thought and change*, p. 169. Grifo meu.

formulação é que Gellner está tão aflito para mostrar que o nacionalismo se mascara sob falsas aparências, que ele identifica "invenção" com "contrafação" e "falsidade", e não com "imaginação" e "criação". Assim, ele sugere, implicitamente, que existem comunidades "verdadeiras" que, num cotejo com as nações, se mostrariam melhores. Na verdade, qualquer comunidade maior que a aldeia primordial do contato face a face (e talvez mesmo ela) é imaginada. As comunidades se distinguem não por sua falsidade/autenticidade, mas pelo estilo em que são imaginadas. Os aldeões javaneses sempre souberam que estão ligados a pessoas que nunca viram, mas esses laços eram, antigamente, imaginados de maneira particularista — como redes de parentesco e clientela passíveis de extensão indeterminada. Até tempos bem recentes, o idioma javanês não tinha nenhuma palavra que designasse a abstração "sociedade". Hoje em dia, podemos pensar na aristocracia francesa do *ancien régime* como uma classe, mas certamente ela só foi imaginada dessa maneira em época bastante adiantada.[12] Diante da pergunta: "Quem é o conde de X?", a resposta normal não seria "um membro da aristocracia", e sim "o senhor de X", "o tio da baronesa de Y" ou "um cliente do duque de Z".

Imagina-se a nação *limitada* porque mesmo a maior delas, que agregue, digamos, um bilhão de habitantes, possui fronteiras finitas, ainda que elásticas, para além das quais existem outras nações. Nenhuma delas imagina ter a mesma extensão da humanidade. Nem os nacionalistas mais messiânicos sonham com o dia em que todos os membros da espécie humana se unirão à sua

---

12. Hobsbawm, por exemplo, "fixa" a aristocracia como classe ao dizer que, em 1789, ela consistia em cerca de 400 mil pessoas numa população de 23 milhões. (Ver o seu livro *The Age of Revolution*, p. 78 [*A era das revoluções, Europa 1789-1848*, Paz e Terra, 1977].) Mas esse quadro estatístico da nobreza seria imaginável sob o *ancien régime*?

nação, como por exemplo na época em que os cristãos podiam sonhar com um planeta totalmente cristão.

Imagina-se a nação *soberana* porque o conceito nasceu na época em que o Iluminismo e a Revolução estavam destruindo a legitimidade do reino dinástico hierárquico de ordem divina. Amadurecendo numa fase da história humana em que mesmo os adeptos mais fervorosos de qualquer religião universal se defrontavam inevitavelmente com o *pluralismo* vivo dessas religiões e com o alomorfismo entre as pretensões ontológicas e a extensão territorial de cada credo, as nações sonham em ser livres — e, quando sob dominação divina, estão diretamente sob Sua égide. A garantia e o emblema dessa liberdade é o Estado Soberano.

E, por último, ela é imaginada como uma *comunidade* porque, independentemente da desigualdade e da exploração efetivas que possam existir dentro dela, a nação sempre é concebida como uma profunda camaradagem horizontal. No fundo, foi essa fraternidade que tornou possível, nestes dois últimos séculos, que tantos milhões de pessoas tenham-se disposto não tanto a matar, mas sobretudo a morrer por essas criações imaginárias limitadas.

Essas mortes nos colocam bruscamente diante do problema central posto pelo nacionalismo: o que faz com que as parcas criações imaginativas da história recente (pouco mais de dois séculos) gerem sacrifícios tão descomunais? Creio que encontraremos os primeiros contornos de uma resposta nas raízes culturais do nacionalismo.

1. Raízes culturais

Não existem símbolos mais impressionantes da cultura moderna do nacionalismo do que os cenotáfios e túmulos dos *soldados desconhecidos*. O respeito a cerimônias públicas em que se reverenciam esses monumentos, justamente *porque* estão vazios ou *porque* ninguém sabe quem jaz dentro deles, não encontra nenhum paralelo verdadeiro no passado.[1] Para sentir a força dessa modernidade, basta imaginar a reação geral diante do sujeito intrometido que "descobre" o nome do *soldado desconhecido* ou que insiste em colocar alguns ossos de verdade dentro do cenotáfio. Estranho sacrilégio contemporâneo! E, no entanto, esses túmulos sem almas imortais nem restos mortais identificáveis dentro deles estão carregados de imagens *nacionais* espectrais.[2] (É

---

1. Os gregos antigos tinham cenotáfios, mas para indivíduos específicos, de identidade conhecida, e cujos corpos, por uma razão ou outra, não puderam receber um enterro normal. Devo esta informação à minha colega Judith Herrin, estudiosa de Bizâncio.
2. Considerem-se, por exemplo, essas notáveis expressões: a. "Os irmãos de armas nunca nos faltaram. Se o fizessem, um milhão de espectros em verde-oliva pardo,

por isso que tantas nações diferentes têm esses túmulos sem sentir nenhuma necessidade de especificar a nacionalidade de seus ocupantes ausentes. O que mais poderiam ser, *salvo* alemães, americanos, argentinos etc.?)

O significado cultural desses monumentos ficará ainda mais claro se tentarmos imaginar, por exemplo, um túmulo do "marxista desconhecido" ou um cenotáfio para os "liberais tombados em combate". Não seria um absurdo? O marxismo e o liberalismo não se importam muito com a morte e a imortalidade. Se o imaginário nacionalista se importa tanto com elas, isso sugere sua grande afinidade com os imaginários religiosos. Como essa afinidade nada tem de fortuito, talvez valha a pena iniciar uma avaliação das raízes culturais do nacionalismo pela morte, o último elemento de uma série de fatalidades.

A maneira de um homem morrer geralmente parece arbitrária, mas sua mortalidade é inevitável. As vidas humanas estão cheias dessas combinações entre acaso e necessidade. Todos sabemos que nossa herança genética pessoal, nosso sexo, a época em que vivemos, nossas capacidades físicas, língua materna, e assim por diante, são fatores contingentes e inelutáveis. O grande mérito das concepções religiosas tradicionais (o qual, naturalmente, não deve ser confundido com o papel delas na legitimação de sis-

---

cáqui, marrom, azul e cinza, se levantariam de suas lápides brancas trovejando essas palavras mágicas: Dever, honra, pátria"; b. "O meu juízo [sobre o soldado americano] se formou no campo de batalha há muitos e muitos anos, e nunca se modificou. Eu o via então, como o vejo agora, como uma das figuras mais nobres do mundo; não só como uma das personalidades militares mais seletas, mas também como uma das mais imaculadas [sic]... Ele pertence à história por dar um dos maiores exemplos de patriotismo vitorioso [sic]. Ele pertence à posteridade como instrutor de gerações futuras nos princípios da liberdade e independência. Ele pertence ao presente, a nós, por suas virtudes e realizações". Douglas MacArthur, "Duty, Honour, Country", discurso para a Academia Militar Americana, *West Point*, 12 de maio de 1962, em seu "A soldier speaks", pp. 354 e 357.

temas específicos de dominação e exploração) é a sua preocupação com o homem-no-universo, o homem enquanto espécie e contingência da vida. A extraordinária sobrevivência do budismo, do cristianismo ou do islamismo ao longo de milênios, e em dezenas de formações sociais diferentes, comprova uma capacidade de resposta imaginativa ao tremendo peso do sofrimento humano — a doença, a mutilação, a dor, a velhice, a morte. Por que nasci cego? Por que o meu melhor amigo ficou paralítico? Por que a minha irmã é retardada? As religiões tentam explicar. O grande ponto fraco de todos os estilos de pensamento evolucionários/progressivos, incluindo o marxismo, é que eles respondem a essas perguntas com um silêncio impaciente.[3] Ao mesmo tempo, e de diversas maneiras, o pensamento religioso também dá respostas sobre as obscuras insinuações de imortalidade, geralmente transformando a fatalidade em continuidade (*karma*, pecado original etc.). Assim, a religião se interessa pelos vínculos entre os mortos e os ainda não nascidos, pelo mistério da re-generação. Quem vive a concepção e o nascimento do *seu* próprio filho sem apreender difusamente uma mescla de ligação, acaso e necessidade em linguagem de "continuidade"? (Aqui, de novo, a desvantagem do pensamen-

---

3. Cf. Régis Debray, "Marxism and the national question", *New Left Review*, 105 (setembro-outubro 1977), p. 29. Durante o meu trabalho de campo na Indonésia, na década de 1960, fiquei chocado com a tranquila negativa de muitos muçulmanos em aceitar as ideias de Darwin. No começo, interpretei essa negativa como obscurantismo. Depois vi que era uma tentativa louvável de manter a coerência: a doutrina da evolução era simplesmente incompatível com os ensinamentos do islã. O que fazer com um materialismo científico que aceita formalmente as descobertas da física sobre a matéria, mas que se empenha tão pouco em vincular tais descobertas à luta de classes, à revolução ou ao que for? Será que o abismo entre os prótons e o proletariado não oculta uma desconhecida concepção metafísica do homem? Mas vejam-se os interessantes textos de Sebastiano Timpanaro, *On materialism* e *The freudian slip*, e a resposta ponderada de Raymond Williams a eles, em "Timpanaro's materialist challenge", *New Left Review*, 109 (maio-junho 1978), pp. 3-17.

to evolucionário/progressivo é sua aversão quase *heraclitiana* a qualquer ideia de continuidade.)

Faço essas observações talvez simplórias principalmente porque o século XVIII, na Europa Ocidental, marca não só o amanhecer da era do nacionalismo, mas também o anoitecer dos modos de pensamentos religiosos. O século do Iluminismo, do secularismo racionalista, trouxe consigo suas próprias trevas modernas. A fé religiosa declinou, mas o sofrimento que ela ajudava a apaziguar não desapareceu. A desintegração do paraíso: nada torna a fatalidade mais arbitrária. O absurdo da salvação: nada torna mais necessário um outro estilo de continuidade. Então foi preciso que houvesse uma transformação secular da fatalidade em continuidade, da contingência em significado. Como veremos, poucas coisas se mostraram (se mostram) mais adequadas a essa finalidade do que a ideia de nação. Admite-se normalmente que os estados nacionais são "novos" e "históricos", ao passo que as nações a que eles dão expressão política sempre assomam de um passado imemorial,[4] e,

4. O falecido presidente Sukarno sempre falou com toda a sinceridade sobre os 350 anos de colonialismo a que a sua "Indonésia" fora submetida, embora o próprio conceito de "Indonésia" seja uma invenção do século XX, e a maior parte do que hoje é o país tenha sido conquistada pelos holandeses apenas entre 1850 e 1910. O principal herói nacional da Indonésia contemporânea é o príncipe javanês Diponegoro, do começo do século XIX, embora as memórias do príncipe mostrem que ele pretendia "conquistar [não libertar!] *Java*", e não expulsar "os holandeses". Na verdade, é evidente que ele não concebia "os holandeses" como uma coletividade. Ver Harry J. Benda e John A. Larkin (orgs.), *The world of Southeast Asia*, p. 158; e Ann Kumar, "Diponegoro (1778?-1855)", *Indonesia*, 13 (abril de 1972), p. 103. Grifo meu. Analogamente, Kemal Atatürk deu aos seus bancos estatais os nomes Banco Hitita (Eti Banka) e Banco Sumério. (Seton-Watson, *Nations and States*, p. 259.) Esses bancos são prósperos, e não há razão para duvidar que muitos turcos, e provavelmente o próprio Kemal, acreditassem seriamente, e ainda acreditem, que os hititas e os sumérios são seus antepassados turcos. Antes de dar muitas risadas, seria melhor lembrarmos de Artur e Boadicea, e refletir sobre o sucesso comercial das mitografias de Tolkien.

ainda mais importante, seguem rumo a um futuro ilimitado. É a magia do nacionalismo que converte o acaso em destino. Podemos dizer com Debray: "Sim, é puro acaso que eu tenha nascido francês; mas, afinal, a França é eterna".

É claro que não estou afirmando que o surgimento do nacionalismo no final do século XVIII foi "produzido" pelo desgaste das convicções religiosas, nem que esse próprio desgaste não requer uma explicação complexa. Também não estou sugerindo que o nacionalismo tenha, de alguma forma, "substituído" historicamente a religião. O que estou propondo é o entendimento do nacionalismo alinhando-o não a ideologias políticas conscientemente adotadas, mas aos grandes sistemas culturais que o precederam, e a partir dos quais ele surgiu, inclusive para combatê-los.

Para nossas finalidades, os dois sistemas culturais pertinentes são a *comunidade religiosa* e o *reino dinástico*. Pois ambos, no seu apogeu, foram estruturas de referência incontestes, como ocorre atualmente com a nacionalidade. Portanto, é fundamental analisar o que conferiu uma plausibilidade autoevidente a esses sistemas culturais, e ao mesmo tempo destacar alguns elementos-chave na decomposição deles.

A COMUNIDADE RELIGIOSA

Existem poucas coisas mais impressionantes do que a vasta extensão territorial do Ummah islâmico desde o Marrocos até o arquipélago Sulu, da cristandade desde o Paraguai até o Japão, e do mundo budista desde o Sri Lanka até a península coreana. As grandes culturas sacras (e, para nossos objetivos, pode-se incluir também o "confucionismo") incorporavam a ideia de imensas comunidades. Mas a cristandade, o Ummah islâmico e mesmo o Império do Centro — que hoje é considerado chinês, mas antes imaginava-se como central — eram imaginados principalmente pelo uso de uma língua e uma escrita sagradas. Tomemos o exemplo do islã: se um maguindanauense encontrasse um berbere em Meca, um desconhecendo o idioma do outro, incapazes de se comunicar oralmente, mesmo assim entenderiam os seus caracteres, *porque* os textos sacros adotados por ambos existiam apenas em árabe clássico. Nesse sentido, o árabe escrito funcionava como os ideogramas chineses, criando uma comunidade a partir dos signos, e não dos sons. (Assim, hoje em dia a linguagem matemática dá prosseguimento a uma velha tradição. Os romenos não fazem ideia de como se diz "+" em tailandês, e vice-versa, mas ambos compreendem o símbolo.) Todas as grandes comunidades clássicas se consideravam cosmicamente centrais, através de uma língua sagrada ligada a uma ordem supraterrena de poder. Assim, o alcance do latim, do páli, do árabe ou do chinês escritos era, teoricamente, ilimitado. (Na verdade, quanto mais morta é a língua escrita — quanto mais distante da fala —, melhor: em princípio, todos têm acesso a um mundo puro de signos.)

Mas essas comunidades clássicas ligadas por línguas sagradas tinham um caráter diferente das comunidades imaginadas das nações modernas. Uma diferença fundamental era a confiança das comunidades mais antigas no sacramentalismo único de suas línguas, e daí derivam as ideias que tinham sobre a admissão de novos membros. Os mandarins chineses viam com bons olhos os bárbaros que aprendiam a duras penas a pintar os ideogramas do Império do Centro. Esses bárbaros já estavam a meio caminho da plena aceitação.[5] Meio civilizado era muitíssimo melhor do que bárbaro. Essa atitude certamente não foi exclusiva dos chineses, nem se restringiu à Antiguidade. Veja, por exemplo, a seguinte

---

5. Daí a tranquilidade com que os mongóis e manchus sinizados foram aceitos como *Filhos do Céu*.

"política para os bárbaros", formulada pelo liberal colombiano Pedro Fermín de Vargas, do começo do século XIX:

> Para ampliar a nossa agricultura, seria preciso hispanizar os nossos índios. A preguiça, a falta de inteligência e a indiferença deles aos trabalhos normais levam a pensar que eles derivam de uma raça degenerada, que se deteriora conforme se afasta da sua origem [...] seria muito desejável que os índios se extinguissem através da miscigenação com os brancos, isentando-os de impostos e outros encargos e concedendo-lhes a propriedade privada da terra.⁶

É notável que esse liberal ainda proponha "extinguir" seus índios em parte "isentando-os de impostos" e "concedendo-lhes a propriedade privada da terra", em vez de exterminá-los com armas de fogo e micróbios, como logo depois começaram a fazer seus herdeiros no Brasil, Argentina e Estados Unidos. Nota-se também, ao lado dessa crueldade com ares condescendentes, o otimismo cósmico: ao fim e ao cabo, o índio pode ser redimido — pela impregnação do sêmen branco "civilizado" e pelo acesso à propriedade privada, *como todos os outros*. (Como é diferente a atitude de Fermín em comparação ao imperialista europeu posterior, com a sua preferência pelos malaios, gurcas e haússas "autênticos", em vez de "mestiços", "nativos semianalfabetos", "*wogs*"* e assim por diante!)

Mas, se o meio de se imaginar as grandes comunidades globais do passado eram as línguas mudas sagradas, essas aparições adquiriam realidade a partir de uma ideia bastante estranha à mentalidade ocidental contemporânea: a não-arbitrariedade do signo. Os ideogramas do chinês, do latim ou do árabe eram ema-

---

6. John Lynch, *The Spanish-American revolutions, 1808-26*, p. 260. Grifo meu.
* *Wog*: termo depreciativo que, na época do imperialismo britânico, designava o nativo da Índia, da África do Norte e do Oriente Médio. [N. T.]

nações da realidade, e não representações inventadas ao acaso. Conhecemos a longa discussão sobre a língua (latim ou vernáculo) mais adequada para a missa. Na tradição islâmica, há até bem pouco tempo, o Corão era literalmente intraduzível (e, portanto, intraduzido) porque o único acesso à verdade de Alá era por meio dos signos verdadeiros e insubstituíveis do árabe escrito. Aqui não existe a ideia de um mundo tão desvinculado da língua que todas as línguas vêm a ser signos equidistantes (e, portanto, intercambiáveis) dele. Com efeito, a realidade ontológica só pode ser apreendida por meio de um único sistema privilegiado de re-presentação: a língua-verdade do latim eclesiástico, do árabe corânico ou do chinês do sistema de exames.[7] E, como línguas-verdade, estavam imbuídas de um impulso largamente estranho ao nacionalismo, a saber, o impulso à conversão. Por conversão, quero dizer não tanto a aceitação de determinados princípios religiosos, e sim uma absorção alquímica. O bárbaro se torna "Império do Centro", o montanhês do Rif, muçulmano, e o ilongo, cristão. Toda a natureza ontológica do homem é maleável ao sagrado. (Compare o prestígio dessas antigas línguas mundiais, colocadas acima de todos os vernáculos, com o esperanto ou o volapuque, que jazem ignorados entre essas duas esferas.) Foi, afinal, essa possibilidade de conversão através da língua sagrada que permitiu que um "inglês" se tornasse papa[8] e um "manchúrio" se tornasse *Filho do Céu*.

Mas, se as línguas sagradas permitiam que se imaginassem comunidades tais como a cristandade, não é possível explicar o verdadeiro alcance e a efetiva plausibilidade dessas comunidades

---

7. Ao que parece, o grego eclesiástico não atingiu o estatuto de uma língua-verdade. São várias as razões desse "fracasso", mas com certeza um fator fundamental foi que o grego continuou a ser uma língua demótica *viva* (ao contrário do latim) em grande parte do Império do Oriente. Devo essa sugestão a Judith Herrin.
8. Nicholas Brakespear ocupou o pontificado de 1154-59 com o nome de Adriano IV.

apenas pelo texto sagrado: os seus leitores, afinal, não passavam de minúsculos recifes letrados em vastos oceanos iletrados.⁹ Para uma explicação mais completa, temos de examinar a relação entre os letrados e suas sociedades. Seria equivocado considerá-los uma espécie de tecnocracia teológica. As línguas a que eles davam suporte, por mais abstrusas que fossem, não possuíam o caráter abstruso autoconstruído do jargão dos advogados ou dos economistas, à margem da ideia de realidade alimentada pela sociedade. Pelo contrário, os letrados eram grandes iniciados, camadas estratégicas de uma hierarquia cosmológica cujo ápice era divino.¹⁰ As concepções fundamentais sobre os "grupos sociais" eram mais centrípetas e hierárquicas do que horizontais e fronteiriças. O poder assombroso do papado, no seu auge, só pode ser entendido em termos de um clero transeuropeu com conhecimento do latim escrito, *e também* de uma concepção de mundo partilhada praticamente por todos, e segundo a qual a camada intelectual bilíngue, ao mediar o vernáculo e o latim, também fazia a mediação entre a terra e o céu. (O pavor da excomunhão reflete essa cosmologia.)

Apesar de toda a magnitude e poderio das grandes comunidades imaginadas religiosamente, sua *coesão inconsciente* foi diminuindo num ritmo constante após o final da Idade Média. Entre as razões desse declínio, destaco apenas as duas relacionadas diretamente à sacralização única dessas comunidades.

Em primeiro lugar, o declínio resultou das explorações do

---

9. Marc Bloch nos lembra que "a maioria dos senhores e muitos grandes barões [na época medieval] eram administradores incapazes de examinar pessoalmente um relatório ou uma prestação de contas", *Feudal society*, I, p. 81.
10. Isso não significa que os iletrados não lessem. Mas o que eles liam não eram palavras, e sim o mundo visível. "Aos olhos de todos os que eram capazes de reflexão, o mundo material era pouco mais do que uma espécie de máscara, por trás da qual ocorriam todas as coisas realmente importantes; era como se fosse também uma língua que expressasse por sinais uma realidade mais profunda", *ibid.*, p. 83.

mundo não europeu, as quais "ampliaram violentamente o horizonte cultural-geográfico e, simultaneamente, os conceitos acerca das possíveis formas de vida humana",[11] o que ocorreu sobretudo, mas não exclusivamente, na Europa. Esse processo já fica claro no maior livro de viagem europeu. Veja a surpresa com que o bom cristão veneziano Marco Polo descreve Cublai Cã, no final do século XIII:[12]

> O grã-cã, tendo obtido essa extraordinária vitória, retornou com grande pompa e triunfo para a capital, a cidade de Kanbalu. Isso aconteceu no mês de novembro, e ele continuou a morar lá durante os meses de fevereiro e março, mês este de *nossa* festa de Páscoa. Sabendo que esta era uma das *nossas* principais solenidades, ele mandou que todos os cristãos fossem até ele e levassem o Livro *deles*, que contém os quatro Evangelhos. Depois de fazer com que o incensassem várias vezes, com toda a cerimônia, ele o beijou devotamente e ordenou que todos os seus nobres ali presentes fizessem o mesmo. Este era o seu costume em todas as principais festividades cristãs, como a Páscoa e o Natal; e ele observava o mesmo nas festas dos sarracenos, dos judeus e dos idólatras. Indagado sobre o motivo dessa conduta, ele disse: "Existem quatro grandes profetas que são reverenciados e adorados pelas diferentes classes da humanidade. Os cristãos consideram Jesus Cristo como a divindade deles; os sarracenos, Maomé; os judeus, Moisés; e os idólatras, Sogomombar-kan, o ídolo mais importante deles. Eu devo honrar e mostrar respeito por todos os quatro, e invocar em meu auxílio *aquele que, dentre eles, é na verdade supremo no*

---

11. Erich Auerbach, *Mimesis*, p. 282 [trad. cit. *Mimesis*, São Paulo, Perspectiva, 5ªed., 2004, p. 286].
12. Marco Polo, *As viagens de Marco Polo* [Brasiliense, 1954], pp. 158-9. Grifo meu. Nota-se, porém, que beijam, mas não leem o Evangelho.

céu". Mas, pela maneira com que sua majestade agiu em relação a eles, é evidente que ele considerava a fé dos cristãos a mais verdadeira e a melhor...

O que essa passagem tem de notável não é tanto o tranquilo relativismo religioso do grande dinasta mongol (afinal, ainda é um relativismo *religioso*), e sim a atitude e a linguagem de Marco Polo. Jamais lhe ocorre tratar Cublai como hipócrita ou idólatra, apesar de estar escrevendo para cristãos europeus como ele. (Em parte, sem dúvida porque "quanto ao número de súditos, extensão do território e quantidade de riquezas, ele ultrapassa qualquer soberano que existiu até hoje no mundo".)[13] E no uso inconsciente do "nossa" (que se torna "deles"), e na qualificação da fé cristã como "a mais verdadeira", em vez de "a verdadeira", podemos detectar os primórdios de uma territorialização dos credos, um prenúncio da linguagem de muitos nacionalistas (a "nossa" nação é "a melhor" — num *campo comparativo* e competitivo).

Que diferença reveladora temos no início da carta do viajante persa "Rica", em Paris, para o seu amigo "Ibben", em "1712"![14]

O papa é o chefe dos cristãos. É um velho ídolo que se incensa por hábito. Antigamente ele era temível aos próprios príncipes: pois ele os depunha com a mesma facilidade com que os nossos magníficos sultões depõem os reis de Imeretia e da Geórgia. Mas não o temem mais. Ele se diz sucessor de um dos primeiros cristãos, que se chama *são Pedro*, e certamente é uma rica sucessão: pois ele tem tesouros imensos e um grande território sob o seu domínio.

---

13. *The Travels of Marco Polo*, p. 152 [*As viagens de Marco Polo*, Brasiliense, 1954].
14. Henri de Montesquieu, *Persian Letters*, p. 81. As *Lettres persanes* foram publicadas pela primeira vez em 1721.

As invenções deliberadas e sofisticadas do católico setecentista espelham o realismo ingênuo do seu predecessor do século XIII, mas agora a "relativização" e a "territorialização" são profundamente conscientes, e com intenções políticas. Será descabido enxergar um desdobramento paradoxal dessa tradição dinâmica na identificação feita pelo aiatolá Ruhollah Khomeini do Grande Satã, não com uma heresia, tampouco com um personagem demoníaco (o apagado Carter dificilmente se encaixaria nesse papel), e sim com uma *nação*?

Em segundo lugar, houve um rebaixamento gradual da própria língua sagrada. Escrevendo sobre a Europa Ocidental medieval, Bloch observou que "o latim era não só a língua em que se ensinava, como também a *única língua ensinada*".[15] (A palavra "única" mostra muito claramente o caráter sacro do latim — nenhuma outra língua era considerada digna de ser ensinada.) Mas, no século XVI, tudo isso estava mudando rapidamente. Não precisamos nos deter aqui nas razões dessa mudança: a importância fundamental do capitalismo tipográfico [*print-capitalism*] será tratada mais adiante. Basta lembrarmos a escala e a velocidade em que ele se desenvolveu. Febvre e Martin calculam que 77% dos livros impressos antes de 1500 ainda eram em latim (o que significa, porém, que 23% deles já eram em vernáculo).[16] Se, entre as 88 edições impressas em Paris em 1501, apenas oito não eram em latim, após 1575, a maioria era sempre em francês.[17] Apesar de uma retomada temporária durante a Contrarreforma, a hegemonia do latim estava condenada. E não estamos falando apenas numa popularidade geral. Um pouco mais tarde, e numa rapidez igual-

---

15. Bloch, *Feudal society*, I, p. 77. Grifo meu.
16. Lucien Febvre e Henri-Jean Martin, *The Coming of the Book*, pp. 248-9 [*O aparecimento do livro*, Unesp/Hucitec, 1992].
17. *Ibid.*, p. 321.

mente estonteante, o latim deixou de ser a língua da alta intelectualidade pan-europeia. No século XVII, Hobbes (1588-1678) era uma figura de renome continental por ter escrito na língua-verdade. Shakespeare (1564-1616), por outro lado, escrevendo em vernáculo, era praticamente desconhecido do outro lado do Canal.[18] E se o inglês não tivesse se tornado, duzentos anos depois, a principal língua do imperialismo mundial, será que ele não teria mantido em larga medida sua obscuridade insular original? Entrementes, no continente, e quase contemporaneamente a eles, Descartes (1596-1650) e Pascal (1623-62) redigiam a maior parte da sua correspondência em latim, ao passo que praticamente toda a obra de Voltaire (1694-1778) foi escrita em vernáculo.[19] "Depois de 1640, com a quantidade cada vez menor de edições em latim, e cada vez maior nas línguas vernáculas, a atividade editorial estava deixando de ser um empreendimento internacional [sic]."[20] Em suma, o declínio do latim ilustra um processo mais amplo, em que as comunidades sagradas amalgamadas por antigas línguas sacras vinham gradualmente se fragmentando, pluralizando e territorializando.

O REINO DINÁSTICO

Hoje em dia, talvez seja difícil sentirmos empatia com um mundo onde o reino dinástico aparecia como o único sistema "polí-

---

18. *Ibid.*, p. 330.
19. *Ibid.*, pp. 331-2.
20. *Ibid.*, pp. 232-3. O original francês é mais modesto e historicamente mais exato: "Tandis que l'on édite de moins en moins d'ouvrages en latin, et une proportion toujours plus grande de textes en langue nationale, le commerce du livre se morcelle en Europe" [Enquanto editam-se cada vez menos obras em latim, e uma proporção sempre maior de textos em língua nacional, o comércio do livro se divide na Europa]. *L'Apparition du Livre*, p. 356.

tico" imaginável para a maioria das pessoas. Pois, sob alguns aspectos fundamentais, a monarquia "séria" contraria todas as concepções modernas da vida política. A realeza organiza tudo em torno de um centro elevado. Sua legitimidade deriva da divindade, e não da população, que, afinal, é composta de súditos, não de cidadãos. Na concepção moderna, a soberania do Estado opera de forma integral, terminante e homogênea sobre cada centímetro quadrado de um território legalmente demarcado. Mas, no imaginário mais antigo, onde os Estados eram definidos por centros, as fronteiras eram porosas e indistintas, e as soberanias se esvaeciam imperceptivelmente uma dentro da outra.[21] Daí, em certo paradoxo, a facilidade com que os reinos e impérios pré-modernos conseguiram manter seu domínio sobre populações imensamente heterogêneas, e muitas vezes nem vizinhas, por longos períodos de tempo.[22]

Cabe também lembrar que esses antigos Estados monárquicos se expandiam não só pela guerra, mas também por uma política sexual — muito diferente da praticada nos nossos dias. Seguindo o princípio geral da verticalidade, os casamentos dinás-

21. Veja-se o deslocamento no nome dos governantes, em correspondência com essa transformação. As crianças em idade escolar lembram os monarcas pelo primeiro nome (qual era mesmo o sobrenome de Guilherme, o Conquistador?), os presidentes pelo sobrenome (qual era mesmo o nome de batismo de Ebert?). Num mundo de cidadãos, todos teoricamente elegíveis para o cargo de presidente, os nomes "de batismo", por serem limitados, não são adequados como designação específica. Mas nas monarquias, onde o governo está nas mãos de um único sobrenome, são obrigatoriamente os nomes "de batismo", com números ou alcunhas, que fornecem as distinções necessárias.
22. Note-se de passagem que Nairn certamente tem razão ao classificar a *Lei da União* entre Inglaterra e Escócia, de 1707, como uma "barganha patrícia", no sentido de que os arquitetos da união eram políticos aristocratas. (Ver sua brilhante discussão em *The Break-up of Britain*, pp. 136 ss.). Mesmo assim, é difícil imaginar como as aristocracias de duas repúblicas chegaram a um acordo nessa barganha. O elemento mediador crucial que possibilitou o acordo foi, seguramente, o conceito de um *Reino* Unido.

ticos reuniam populações diferentes sob novos vértices. Sob este aspecto, é paradigmática a Casa dos Habsburgo. Como dizia o refrão, *Bella gerant alii, tu felix Austria nube*! Eis a titulação, um tanto resumida, dos últimos dinastas.[23]

> Imperador da Áustria; rei da Hungria, da Boêmia, da Dalmácia, Croácia, Eslovênia, Galícia, Lodomeria e Ilíria; rei de Jerusalém etc.; arquiduque da Áustria [sic]; grão-duque da Toscana e Cracóvia; duque de Lotaríngia, Salzburgo, Estíria, Caríntia, Carniola e Bucovina; grão-duque da Transilvânia, marquês da Morávia; duque da Alta e Baixa Silésia, de Modena, Parma, Piacenza e Guastella, de Auschwitz e Sator, de Teschen, Friuli, Ragusa e Zara; conde príncipe de Habsburgo e Tirol, de Kyburg, Görz e Gradisca; duque de Trento e Brizen; marquês da Alta e Baixa Lausitz e Ístria; conde de Hohenembs, Feldkirch, Bregenz, Sonnenberg etc.; senhor de Trieste, Cattaro e acima da marca Windisch; grão Voivoda da Voivodina, Sérvia etc.

Tal era, como bem observa Jászi, "não sem um certo aspecto cômico [...] a enumeração das incontáveis núpcias, barganhas e capturas dos Habsburgo".

Em reinos onde a poliginia tinha sanção religiosa, era essencial para a sua integração que existissem sistemas complexos de concubinatos sobrepostos. Com efeito, era frequente que as linhagens reais procurassem ganhar prestígio, para além de qualquer aura de divindade a partir da, digamos, miscigenação.[24] Pois essas misturas eram símbolos de uma posição de ordem superior. É típi-

---

23. Oscar Jászi, *The dissolution of the Habsburg monarchy*, p. 34.
24. Mais especificamente na Ásia pré-moderna, embora o mesmo princípio tenha atuado também na Europa cristã monogâmica. Em 1910, um certo Otto Forst lançou o seu *Ahnentafel Seiner Kaiserlichen und Königlichen Hoheit des durchlauchtigsten Hern Erzherzogs Franz Ferdinand*, arrolando 2047 antepassados do

co que não tenha existido nenhuma dinastia "inglesa" dominando Londres desde o século XI (se tanto) — e que "nacionalidade" havemos de atribuir aos Bourbon?[25]

Mas, durante o século XVII — por razões que não nos deterão por ora —, a legitimidade automática da monarquia sagrada começou a declinar lentamente na Europa Ocidental. Em 1649, Carlos Stuart foi decapitado na primeira revolução do mundo moderno, e nos anos 1650 um dos mais importantes Estados europeus foi governado por um protetor plebeu, em lugar de um rei. Todavia, mesmo na época de Pope e de Addison, Anne Stuart ainda curava os doentes pelo toque das mãos, taumaturgia que também era realizada pelos Bourbon, Luís XV e XVI, na França iluminista, até o final do *ancien régime*.[26] Mas, após 1789, foi preciso defender o princípio da legitimidade de modo consciente e vigoroso, e, com isso, a "monarquia" acabou se tornando um modelo semipadronizado. Tennô e *filho do céu* se tornaram "imperadores". No longínquo Sião, Rama V (Chulalongkorn) mandava seus filhos e sobrinhos para as cortes de São Petersburgo, Londres e Berlim, a fim de aprender as complexidades do modelo mundial. Em 1887, ele instituiu o princípio obrigatório da sucessão pela primogenitura legal, alinhando assim o Sião "às

---

arquiduque, assassinado pouco tempo depois. Eram, de ambos os sexos, 1 486 alemães, 124 franceses, 196 italianos, 89 espanhóis, 52 poloneses, 47 dinamarqueses, 20 ingleses, além de quatro outras nacionalidades. Esse "curioso documento" é citado *in ibid.*, p. 136, nº 1. Aqui não resisto a citar a admirável reação de Francisco José à notícia do assassinato do seu excêntrico herdeiro legitimário: "Desta maneira, um poder superior restaurou a ordem que eu, infelizmente, não fui capaz de manter" (*ibid.*, p. 125).

25. Gellner destaca o caráter estrangeiro típico das dinastias, mas interpreta o fenômeno de maneira muito estreita: os aristocratas locais preferem um monarca estrangeiro porque este não tomaria partido nas rivalidades internas. *Thought and change*, p. 136.

26. Marc Bloch, *Les Rois Thaumaturges*, pp. 390 e 398-9 [*Os reis taumaturgos: o caráter sobrenatural do poder régio, França e Inglaterra*, Companhia das Letras, 2005].

monarquias 'civilizadas' da Europa".[27] O novo sistema, em 1910, conduziu ao trono um homossexual excêntrico que certamente teria sido preterido numa época anterior. No entanto, a aprovação intermonárquica de sua entronização como Rama VI foi selada pelo comparecimento à sua cerimônia de coroação dos principezinhos da Grã-Bretanha, Rússia, Grécia, Suécia, Dinamarca — e Japão![28]

Em 1914, os Estados dinásticos ainda eram maioria no sistema político mundial, mas, como veremos detalhadamente mais adiante, muitas dinastias vinham se esforçando para conseguir uma chancela "nacional", enquanto o velho princípio da legitimidade minguava silenciosamente. Se os exércitos de Frederico, o Grande (r. 1740-86), eram maciçamente compostos por "estrangeiros", os de seu sobrinho-neto Frederico Guilherme III (r. 1797-1840) já eram, em virtude das reformas espetaculares de Scharnhorst, Gneisenau e Clausewitz, exclusivamente "nacional-prussianos".[29]

PERCEPÇÕES TEMPORAIS

Mas seria estreiteza pensar que as comunidades imaginadas das nações teriam simplesmente surgido a partir das comunidades

27. Noel A. Battye, "The military, government and society in Siam, 1868-1910", tese de doutorado, Universidade de Cornell, 1974, p. 270.
28. Stephen Greene, "Thai government and administration in the Reign of Rama VI (1910-25)", tese de doutorado, Universidade de Londres, 1971, p. 92.
29. Em 1806, na lista de oficiais do Exército prussiano, de um total de 7 a 8 mil homens, mais de mil eram estrangeiros. "Os prussianos de classe média eram superados pelo número de estrangeiros no seu próprio exército; isso deu cor ao provérbio de que a Prússia não era um país que tinha um exército, e sim um exército que tinha um país." Em 1798, os reformadores prussianos haviam reivindicado uma "redução pela metade do número de estrangeiros, que ainda somavam cerca de 50% dos soldados rasos...", Alfred Vagts, *A history of militarism*, pp. 64 e 85.

religiosas e dos reinos dinásticos, substituindo-as. Por sob o declínio das comunidades, línguas e linhagens sagradas estava ocorrendo uma transformação fundamental nos modos de apreender o mundo, a qual, mais do que qualquer outra coisa, possibilitou "pensar" a nação.

Para termos uma ideia dessa mudança, seria útil recorrermos às representações visuais das comunidades sagradas, como relevos e vitrais de igrejas medievais, ou pinturas dos primeiros mestres italianos e flamengos. Um traço característico dessas representações é algo enganosamente parecido com uma "roupagem moderna". Os pastores que seguiram a estrela até a manjedoura onde Cristo nasceu apresentam os traços dos camponeses da Burgúndia. A Virgem Maria é pintada como a filha de um mercador toscano. Em muitos quadros, o patrono comitente, em traje completo de nobre ou de burguês, está ali ajoelhado, em adoração, junto com os pastores. O que hoje parece incongruente certamente parecia muito natural aos olhos dos devotos medievais. Estamos diante de um mundo onde a representação da realidade imaginada era maciçamente visual e auditiva. A cristandade assumia a sua forma universal mediante uma miríade de especificidades e particularidades: este relevo, aquele vitral, este sermão, aquela parábola, esta peça de moral, aquela relíquia. Se o clero transeuropeu letrado em latim era um elemento essencial na estruturação do imaginário cristão, igualmente vital era a transmissão dessas concepções para as massas iletradas, por meio de criações visuais e auditivas, sempre pessoais e particulares. O humilde pároco local, cujos antepassados e cujas fraquezas eram do conhecimento de todos os que assistiam à missa, era apesar de tudo o intermediário direto entre os paroquianos e o divino. Essa justaposição do cósmico — universal e mundano — particular significava que, por maior que fosse a cristandade (e assim era considerada), ela se manifestava *de formas variadas* para as comunidades suábias ou andaluzas específicas, como réplicas delas mesmas. Seria inconcebível representar a Virgem Maria com traços "semíticos" ou roupas "do século I" dentro do espírito de restauração da museologia moderna, pois a mentalidade cristã medieval não concebia a história como uma cadeia interminável de causas e efeitos, nem imaginava separações radicais entre passado e presente.[30] Como observa Bloch, as pessoas pensavam que o final dos tempos estava próximo e que a segunda vinda de Cristo poderia ocorrer a qualquer momento: são Paulo havia dito que "o dia do Senhor vem como um ladrão na noite". Assim, para o bispo Otto de Freising, o grande cronista do século XII, era natural referir-se constantemente a "nós que fomos colocados no fim dos tempos". Bloch conclui que, quando os homens medievais "se entregavam à meditação, nada estava mais longe de seus pensamentos do que a perspectiva de um longo futuro para uma humanidade jovem e vigorosa".[31]

Auerbach apresenta um desenho inesquecível dessa forma de consciência:[32]

> Quando, por exemplo, um acontecimento como o do sacrifício de Isaac é interpretado como uma prefiguração do sacrifício de Cristo, de maneira que no primeiro, por assim dizer, anuncia-se e promete-se o segundo, e o segundo "cumpre" o primeiro [...] cria-se uma relação entre dois acontecimentos que não estão unidos nem temporal, nem causalmente — uma relação impossível de ser estabelecida de forma racional e numa dimensão horizontal [...] Só é possível estabe-

---

30. Para nós, a ideia de "roupagem moderna", metáfora para estabelecer uma equivalência entre passado e presente, é um reconhecimento indireto da ineludível separação entre eles.
31. Bloch, *Feudal society*, I, pp. 84 -6.
32. Auerbach, *Mimesis*, p. 64 [cit. ed. bras., p. 63]. Grifo meu. Compare a descrição agostiniana do Antigo Testamento como "a sombra do futuro [isto é, que ele projeta para trás]". Cit. *in* Bloch, *Feudal Society*, I, p. 90.

lecer esta relação quando se unem os dois acontecimentos, verticalmente, com a providência divina, que é a única que pode planejar a história desta maneira, e a única que pode fornecer a chave para a sua compreensão. [...] o aqui e agora não é mais elo de uma corrente terrena, mas é, simultaneamente, algo que sempre foi e algo que se consumará no futuro. E, a bem dizer, aos olhos de Deus é algo eterno, de todos os tempos, já consumado no fragmentário acontecer terreno.

Ele frisa com razão que tal ideia de *simultaneidade* é totalmente alheia a nós. Ela concebe o tempo como algo próximo ao que Benjamin denomina "tempo messiânico", uma simultaneidade de passado e futuro, em um presente instantâneo.[33] Nessa visão das coisas, a palavra "entrementes" não pode ter nenhum significado real.

A nossa concepção de simultaneidade levou muito tempo para ser preparada, e não há dúvida de que o seu surgimento está ligado, de maneiras que ainda precisam ser estudadas mais a fundo, ao desenvolvimento das ciências seculares. Mas é uma concepção de importância tão fundamental que, se não for levada na devida conta, teremos dificuldade em investigar a obscura gênese do nacionalismo. O que ocupou o lugar da concepção medieval da simultaneidade-ao-longo-do-tempo é, recorrendo novamente a Benjamin, uma ideia de "tempo vazio e homogêneo", em que a simultaneidade é, por assim dizer, transversal, cruzando o tempo, marcada não pela prefiguração e pela realização, mas sim pela coincidência temporal, e medida pelo relógio e pelo calendário.[34]

---

33. Walter Benjamin, *Illuminations*, p. 265 [Trad. da epígrafe extraída da edição brasileira, *Magia e técnica, arte e política*, trad. Sérgio Paulo Rouanet, 7ª ed., São Paulo, Brasiliense, 1994, p. 225].
34. *Ibid.*, p. 263. Essa nova ideia está tão profundamente arraigada que poderíamos dizer que todas as principais concepções modernas se baseiam numa noção de "entrementes".

Entenderemos melhor por que essa transformação foi tão importante para a gênese da comunidade imaginada da nação se considerarmos a estrutura básica de duas formas de criação imaginária que floresceram pela primeira vez na Europa durante o século XVIII: o romance e o jornal.[35] Pois essas formas proporcionaram meios técnicos para "re-presentar" o *tipo* de comunidade imaginada correspondente à nação.

Consideremos em primeiro lugar a estrutura do romance ao velho estilo, típica não só das obras-primas de Balzac, mas também de qualquer literatura barata da época. É claramente um mecanismo para apresentar a simultaneidade em um "tempo vazio e homogêneo", ou uma dissertação complexa sobre a palavra "entrementes". Tomemos, para fins ilustrativos, um trecho de um enredo simples, em que um homem (A) tem uma esposa (B) e uma amante (C), que por sua vez tem um amante (D). Podemos imaginar uma espécie de esquema temporal para esse trecho, da seguinte maneira:

Tempo:	I	II	III
Acontecimentos:	A discute com B	A telefona para C	D se embebeda num bar
	C e D fazem amor	B vai às compras	A janta em casa com B
		D joga bilhar	C tem um pesadelo

35. Embora a *Princesse de Clèves* seja de 1678, a época de Richardson, Defoe e Fielding é o início do século XVIII. As origens do jornal moderno estão nas gazetas holandesas do final do século XVII, mas o jornal só se tornou uma categoria geral de matéria impressa após 1700. Febvre e Martin, *The Coming of the Book*, p. 197.

Note que A e D nunca se encontram durante essa sequência, e na verdade podem até ignorar a existência um do outro se C tiver feito o seu jogo direito.³⁶ Então, o que realmente liga A a D? Duas concepções complementares: em primeiro lugar, pertencem a "sociedades" (Wessex, Lübeck, Los Angeles). Essas sociedades são entidades sociológicas de uma realidade tão sólida e estável que é possível até descrever os seus membros (A e D) se cruzando na rua sem nunca se conhecerem, e mesmo assim mantendo ligações entre si.³⁷ Em segundo lugar, A e D estão presentes no espírito dos leitores oniscientes. Apenas eles, à maneira de Deus, veem A ligando para C, B fazendo compras e D jogando bilhar, todos *ao mesmo tempo*. Todas essas ações são executadas ao mesmo tempo no relógio e no calendário, mas por agentes que não precisam se conhecer, e esta é a novidade desse mundo imaginado que o autor invoca no espírito de seus leitores.³⁸

A ideia de um organismo sociológico atravessando cronologicamente um tempo vazio e homogêneo é uma analogia exata da ideia de nação, que também é concebida como uma comunidade sólida percorrendo constantemente a história, seja em sentido ascendente ou descendente.³⁹ Um americano nunca vai conhecer, e nem sequer saber o nome, da imensa maioria de seus 240 milhões

---

36. Na verdade, a força do enredo pode *depender* de que A, B, C e D, nos tempos I, II e III, não saibam o que os outros estão fazendo.
37. Essa polifonia separa decididamente o romance moderno até mesmo de um precursor tão brilhante como o *Satyricon* de Petrônio. Sua narrativa segue numa linha única. Se Encólpio lamenta a infidelidade do seu jovem amante, Gito não aparece na cama com Ascilto ao mesmo tempo.
38. Nesse contexto, é de grande proveito comparar qualquer romance histórico com documentos ou narrativas do período abordado.
39. Nada mostra melhor a imersão do romance no tempo vazio e homogêneo do que a ausência daquelas genealogias no começo do livro, que muitas vezes remontam à origem do homem, e que são tão características das antigas lendas e crônicas e dos livros sagrados.

de compatriotas. Ele não tem ideia do que estão fazendo a cada momento. Mas tem plena confiança na atividade constante, anônima e simultânea deles.

Essa perspectiva talvez fique menos abstrata se consultarmos rapidamente quatro obras de ficção de diversas épocas e culturas, três delas indissociavelmente ligadas a movimentos nacionalistas. Em 1887, José Rizal, o "pai do nacionalismo filipino", escreveu o romance *Noli me tangere*, hoje considerado a maior obra da literatura filipina moderna. Foi também praticamente o primeiro romance escrito por um "índio".[40] Eis como ele começa, de maneira maravilhosa: [41]

> Por volta do final de outubro, Don Santiago de los Santos, popularmente conhecido como capitão Tiago, estava dando uma festa de jantar. Embora, ao contrário do seu costume normal, ele só a tivesse anunciado naquela tarde, ela já era o assunto de todas as conversas em Binondo, em outros bairros da cidade e até em Intramuros [a cidade interna murada]. Naqueles dias, capitão Tiago tinha a fama de ser um anfitrião generoso. Sabia-se que a sua casa, como o seu país, não fechava as portas a nada, exceto ao comércio e a qualquer ideia nova ou ousada.
>
> Assim, a novidade percorreu como um choque elétrico a comunidade de parasitas, aproveitadores e penetras que Deus, em sua

---

40. Rizal escreveu esse romance na língua colonial (espanhol), que era a língua franca das elites etnicamente diferentes, eurasiáticas e nativas. Ao lado do romance, surgiu também pela primeira vez uma imprensa "nacionalista", não só em espanhol, mas em línguas "étnicas" como o tagalog e o ilocano. Ver Leopold Y. Yabes, "The modern literature of the Philippines", pp. 287-302, *in* Pierre-Bernard Lafont e Denys Lombard (orgs.), *Littératures contemporaines de l'Asie du Sud-Est*.
41. José Rizal, *Noli me tangere*, Manila, Instituto Nacional de Historia, 1978, p. 1. Tradução minha [para o inglês]. Na época da primeira edição de *Comunidades imaginadas*, eu não dominava o espanhol, e fui involuntariamente levado a confiar na tradução, instrutivamente deturpada, de Leon Maria Guerrero.

infinita bondade, criou e com tanta ternura multiplica em Manila. Uns foram procurar graxa para as botas, outros foram atrás de botões de colarinho e gravatas. Mas todos estavam ocupados no problema de como cumprimentar o anfitrião com a familiaridade necessária para dar a impressão de uma longa amizade, ou, se necessário, se desculpar por não terem chegado mais cedo.

O jantar estava sendo oferecido numa casa na rua Anloague. Como não lembramos o número dela, vamos descrevê-la de uma maneira que ainda possa ser reconhecida — isto é, se os terremotos ainda não a destruíram. Não cremos que o seu proprietário tenha mandado derrubá-la, visto que tal obra geralmente é deixada a Deus ou à Natureza, que, aliás, mantém muitos contratos com o nosso Governo.

Certamente não precisamos fazer longos comentários. Basta notar que, desde o começo, a imagem (totalmente nova na literatura filipina) de um banquete discutido por centenas de pessoas anônimas, que não se conhecem entre si, nos mais variados lugares de Manila, num determinado mês de uma determinada década, evoca imediatamente a comunidade imaginada. E na expressão "numa casa na rua Anloague", que "vamos descrevê-la de uma maneira que ainda possa ser reconhecida", quem irá reconhecê-la somos nós-leitores-filipinos. A insensível passagem dessa casa do tempo "interno" do romance para o tempo "externo" da vida cotidiana do leitor [Manila] fornece uma confirmação hipnótica da solidez de uma única comunidade, abrangendo personagens, autor e leitores, e avançando no tempo do calendário.[42] Nota-se também o tom. Embora Rizal não faça a menor ideia da identidade individual de seus leitores, ele lhes escreve com uma intimida-

---

42. Note, por exemplo, a passagem sutil de Rizal, na mesma frase, do passado "criou" (*crió*) para o presente relativo-a-todos-nós "multiplica" (*multiplica*).

de irônica, como se suas relações recíprocas não fossem minimamente problemáticas.[43] Nada oferece uma noção mais foucaultiana de bruscas descontinuidades da consciência do que a comparação entre *Noli* e a mais celebrada obra literária anterior de um "índio", a saber, *Pinagdaanang Buhay ni Florante at ni Laura sa Cahariang Albania* [A história de Florante e Laura no Reino da Albânia], de Francisco Balagtas (Baltazar), cuja primeira edição data de 1861, embora possa ter sido escrita em 1838.[44] Balagtas ainda vivia quando Rizal nasceu, mas o mundo da sua obra-prima, em todos os aspectos fundamentais, é estranho ao de *Noli*. Passa-se num lugar — uma Albânia medieval fabulosa — remotamente distante no tempo e no espaço da Binondo dos anos 1880. Os heróis — Florante, um nobre albanês cristão e seu grande amigo Aladin, um aristocrata persa muçulmano ("mouro") — só fazem lembrar as Filipinas devido ao vínculo cristão-mouro. Enquanto Rizal espalha deliberadamente algumas palavras em tagalog na sua prosa em espanhol para obter um efeito "realista", satírico ou nacionalista, Balagtas mistura inconscientemente algumas expressões em espanhol nas suas quadras em tagalog, apenas para acentuar a grandiosidade e a sonoridade da elocução. *Noli* era para ser lida, *Florante at Laura* era para ser declamada. O mais impressionante de tudo é o tratamento que Balagtas deu ao tempo. Como observa Lumbera, "o desenvolvimento do enredo não segue uma ordem cronológica. A história

---

43. O reverso da obscuridade anônima dos leitores era/é a celebridade instantânea do autor. Como veremos, essa obscuridade/celebridade tem tudo a ver com a difusão do capitalismo editorial. Já em 1593, alguns dominicanos cheios de iniciativa tinham publicado a *Doctrina Christiana* em Manila. Mas o prelo ficou sob rígido controle eclesiástico durante os séculos seguintes. A liberalização só começou nos anos 1860. Ver Bienvenido L. Lumbera, *Tagalog poetry* 1570-1898. *Tradition and influences in its development*, pp. 35, 93.
44. *Ibid.*, p. 115.

começa *in media res*, de modo que a trama completa nos surge por meio de uma série de falas que servem de *flashbacks*".[45] Quase a metade das 399 quadras é dedicada à infância, aos anos de estudante em Atenas e às proezas militares de Florante, que o herói relata em suas conversas com Aladin.[46] O "*flashback* falado" era a única alternativa de Balagtas à narrativa linear. Se ficamos sabendo dos passados "simultâneos" de Florante e de Aladin, é porque eles estão ligados pela conversa que estabelecem, e não pela estrutura da epopeia. Como essa técnica está distante da do romance! "Naquela mesma primavera, enquanto Florante ainda estudava em Atenas, Aladin foi expulso da corte do seu soberano..." Com efeito, Balagtas nunca tenta "situar" seus protagonistas numa "sociedade" ou discuti-los com o seu público. E, afora a fluência melíflua dos polissílabos tagalogs, nem há muito de "filipino" em seu texto.[47]

Em 1816, setenta anos antes da criação de *Noli*, José Joaquín

---

45. *Ibid.*, p. 120.
46. A técnica é semelhante à de Homero, tão bem discutida por Auerbach, *Mimesis*, cap. 1 ("A cicatriz de Odisseu").

47. *Paalam Albaniang pinamamayanan
ng casama, t, lupit, bangis caliluhan,
acong tangulan mo, i, cusa mang pinatay
sa iyo, i, malaqui ang panghihinayang.*

[Adeus, Albânia, reino agora
Do mal, da crueldade, da brutalidade e da fraude!
Eu, teu defensor, que agora matas,
Mesmo assim lamento o destino que recaiu sobre ti.]

Há quem interprete esta famosa estrofe como uma declaração velada do patriotismo filipino, mas Lumbera mostra claramente que tal interpretação seria anacrônica. *Tagalog Poetry*, p. 125. A tradução [para o inglês] é de Lumbera. Alterei levemente o seu texto tagalog, seguindo uma edição do poema de 1973, baseada na edição de 1861.

Fernandez de Lizardi escreveu um romance chamado *El Periquillo Sarniento* [O Periquito Sarnento], que foi evidentemente a primeira obra latino-americana no gênero. Nas palavras de um crítico, esse texto é "uma condenação feroz do governo espanhol no México: a ignorância, a superstição e a corrupção são tidas como suas características mais marcantes".[48] Esse resumo do conteúdo mostra a forma essencial desse romance "nacionalista":[49]

> Desde o começo, [o herói, o Periquito Sarnento] é exposto a más influências — criadas ignorantes inculcam superstições, a mãe aceita os seus caprichos, os professores não têm vocação ou capacidade para discipliná-lo. Embora o pai seja um homem inteligente que quer que o filho aprenda uma profissão útil, em vez de engrossar as fileiras dos advogados e parasitas, é a mãe extremosa de Periquito que prevalece, manda o filho para a universidade e assim garante que ele irá apenas aprender absurdos supersticiosos... Periquito continua incorrigivelmente ignorante, apesar de encontrar muita gente boa e sensata. Ele não quer trabalhar nem levar nada a sério, e se torna sucessivamente padre, jogador, ladrão, aprendiz de boticário, médico, escriturário numa cidadezinha do interior... Esses episódios *permitem ao autor descrever hospitais, prisões, lugarejos distantes, mosteiros*, enquanto insiste em um único ponto principal — que o governo e o sistema educacional espanhóis estimulam o parasitismo e a preguiça... As aventuras de Periquito o levam várias vezes a estar entre índios e negros [...]

Aqui vemos de novo a "imaginação nacional" atuando no movimento de um herói solitário, percorrendo uma paisagem sociológica de uma fixidez que amalgama o mundo interno do

---

48. Jean Franco, *An introduction to Spanish-American literature*, p. 34.
49. *Ibid.*, pp. 35-6. Grifo meu.

romance ao mundo externo. Esse *tour d'horizon* picaresco — hospitais, prisões, lugarejos distantes, mosteiros, índios, negros — não é, porém, um *tour du monde*. O horizonte é claramente delimitado: o México colonial. O que mais nos garante essa solidez sociológica é a sucessão de plurais. Pois eles invocam um espaço social cheio de prisões *parecidas*, nenhuma delas de importância única e exclusiva, mas todas representativas (na sua existência separada e simultânea) do caráter opressivo *desta* colônia em particular.[50] (Comparem-se as prisões na Bíblia. Nunca são imaginadas como *típicas* desta ou daquela sociedade. Cada uma, como a em que Salomé se sentiu enfeitiçada por João Batista, é magicamente única.)

E por fim, para afastar a possibilidade de que estejamos estudando estruturas de alguma forma "europeias", visto que tanto Rizal quanto Lizardi escreveram em espanhol, aqui está o começo de *Semarang Hitam* [Semarang Negro], uma novela de Mas Marco Kartodikromo, jovem indonésio comunista-nacionalista de triste destino,[51] publicada em fascículos em 1924:[52]

> *Eram 7 horas, noite de sábado*; os jovens em Semarang nunca ficavam em casa nos sábados à noite. Mas, nesta noite, ninguém estava

50. Esse movimento de um herói solitário percorrendo uma paisagem social dura e inflexível é típico de muitos dos primeiros romances (anti)coloniais.
51. Após uma curta e meteórica carreira como jornalista radical, Marco foi enviado pelas autoridades coloniais holandesas ao Boven Digul, um dos primeiros campos de concentração do mundo, enterrado nos pântanos do interior da Nova Guiné ocidental. Lá ele morreu em 1932, depois de seis anos de confinamento. Henri Chamberg-Loir, "Mas Marco Kartodikromo (c. 1890-1932), ou L'Education Politique", p. 208, *in Littératures contemporaines de l'Asie du Sud-Est*. Encontramos uma exposição completa e brilhante da trajetória de Marco no recente livro de Takashi Shiraishi, *An age in motion: popular radicalism in Java*, 1912-26, capítulos 2-5 e 8.
52. Tradução de Paul Tickell em seu *Three early Indonesian short stories by Mas Marco Kartodikromo (c. 1890-1932)*, p. 7. Grifo meu.

na rua. Como a forte chuvarada do dia todo tinha deixado as ruas molhadas e muito escorregadias, todos haviam ficado em casa.

Para os que trabalhavam nas lojas e escritórios, a manhã do sábado era um período de expectativa — expectativa do lazer e da alegria de passear pela cidade à noite, mas nesta noite ficariam desapontados — graças à letargia provocada pelo mau tempo e pelas ruas pegajosas nos kampungs. As ruas principais, geralmente apinhadas de trânsito de todos os tipos, as calçadas, geralmente fervilhando de gente, estavam todas vazias. De vez em quando ouvia-se o estalo do chicote de um cocheiro apressando um cavalo — ou o clip-clop dos cascos dos cavalos puxando os coches.

Semarang estava deserta. A luz das filas de lampiões a gás caía diretamente sobre o asfalto brilhante da rua. Vez por outra, a luz clara dos lampiões esmaecia com o sopro do vento vindo do leste...

Um rapaz estava sentado numa longa espreguiçadeira de rotim, lendo um jornal. Ele estava completamente absorto. Sua raiva alternava-se com alguns sorrisos, dando mostras claras de seu profundo interesse na história. Ele virava as páginas do jornal, pensando que talvez pudesse encontrar algo que o fizesse parar de se sentir tão infeliz. De repente, se deparou com um artigo intitulado:

PROSPERIDADE
Um andarilho mendigo passou mal
e morreu abandonado no acostamento da rua.

O rapaz ficou comovido com essa notícia curta. Podia imaginar o sofrimento da pobre alma enquanto morria no acostamento... Num momento, ele sentiu subir uma raiva explosiva dentro de si. Em outro momento, sentiu pena. Mas, em outro, sua raiva dirigiu-se contra o sistema social que gerava tamanha pobreza, enquanto enriquecia um pequeno grupo de pessoas.

Aqui, como em *El Periquillo Sarniento*, estamos num mundo de plurais: lojas, escritórios, carruagens, kampungs e lampiões a gás. Como em *Noli*, nós-leitores-indonésios somos imediatamente mergulhados no tempo do calendário e numa paisagem familiar; é bem possível que alguns de nós tenham percorrido essas ruas "pegajosas" de Semarang. Aqui, também, um herói solitário é colocado em uma sociopaisagem descrita em cuidadosos detalhes *gerais*. Mas há também uma novidade: um herói cujo nome nunca é mencionado, mas é frequentemente citado como "o *nosso* rapaz". E justamente a ingenuidade literária e o caráter canhestro do texto confirmam a "sinceridade" inconsciente desse pronome possessivo. Nem Marco nem seus leitores têm dúvida alguma a respeito da referência. Se na ficção sofisticadamente jocosa da Europa dos séculos XVIII e XIX a figura "o nosso herói" apenas ressalta uma brincadeira do autor com um leitor (qualquer), o "nosso rapaz" de Marco, inclusive pela sua novidade, *significa* um rapaz que pertence ao coletivo de leitores de *indonésio*, e assim, implicitamente, uma "comunidade imaginada" indonésia em embrião. Note-se que Marco não sente nenhuma necessidade de especificar essa comunidade pelo nome: ela já está ali. (Mesmo que os censores coloniais holandeses multilíngues pudessem fazer parte do público leitor, eles estão excluídos desse "nosso", como vemos pelo fato de que a raiva do rapaz se dirige contra "o", e não "o nosso" sistema social.)

Finalmente, a comunidade imaginada é confirmada pela dupla leitura: nós lemos que o rapaz está lendo. Na verdade ele não encontra o cadáver do mendigo no acostamento de uma rua pegajosa de Semarang — ele o imagina a partir de uma notícia no jornal.[53] E tampouco ele se importa minimamente com a identidade

---

53. Em 1924, um grande amigo e aliado político de Marco publicou um romance chamado *Rasa Merdika* [Sentindo-se Livre/ O Sentimento de Liberdade]. O herói do romance, segundo Chambert-Loir (que, aliás, atribui erroneamente a obra a

do mendigo morto: ele pensa no corpo representativo, não na vida pessoal.

E vem muito a calhar que apareça um jornal na obra de ficção *Semarang Hitam*, pois se agora observarmos o jornal como produto cultural, ficaremos impressionados com seu caráter profundamente ficcional. Qual é a principal convenção literária do jornal? Se olharmos uma primeira página qualquer do *New York Times*, por exemplo, teremos matérias sobre dissidentes soviéticos, a fome em Mali, um assassinato medonho, um golpe no Iraque, a descoberta de um fóssil raro no Zimbábue e um discurso de Mitterrand. Por que esses fatos estão justapostos dessa maneira? O que liga uns aos outros? Não um mero capricho. Mas é óbvio que a maioria deles ocorre de modo independente, sem que os agentes se conheçam ou saibam o que os outros estão fazendo. A arbitrariedade na inclusão e justaposição deles (uma edição posterior irá substituir Mitterrand por uma vitória no beisebol) mostra que o vínculo entre eles é imaginado.

Esse vínculo imaginário provém de duas fontes indiretamente relacionadas. A primeira é a simples coincidência cronológica. A data no alto do jornal, o seu emblema mais importante, fornece a principal conexão — o avanço constante do tempo vazio e homogêneo.[54] Dentro desse tempo, "o mundo" caminha inexoravelmente em frente. O sinal disso: se, depois de dois dias de reportagem sobre a fome, Mali desaparece das páginas do *New York Times* por meses a fio, os leitores não vão imaginar nem por um momento que Mali tenha sumido ou que a fome tenha liquidado todos os

---

Marco), "não tem ideia do sentido da palavra 'socialismo': mesmo assim, ele sente um profundo mal-estar diante da organização social que o cerca, e sente a necessidade de ampliar os seus horizontes através de dois métodos: *viajar e ler*". ("Mas Marco", p. 208. Grifo meu.) O Periquito Sarnento se mudou para Java e para o século XX.
54. Ler um jornal é como ler um romance cujo autor tenha desistido de qualquer intenção de escrever um enredo coerente.

seus habitantes. O formato romanesco do jornal lhes garante que, em algum lugar lá fora, o "personagem" Mali continua a existir em silêncio, esperando pela próxima aparição no enredo.

A segunda fonte do vínculo imaginário consiste na relação entre o jornal, como uma forma de livro, e o mercado. Calcula-se que, nos quarenta e poucos anos entre a publicação da Bíblia de Gutenberg e o final do século XV, tenham sido impressos na Europa mais de 20 milhões de volumes.[55] Entre 1500 e 1600, a quantidade impressa atingiu algo entre 150 e 200 milhões de exemplares.[56] "Desde o começo [...] as gráficas se pareciam mais com oficinas modernas do que com as salas de trabalho monásticas da Idade Média. Em 1455, Fust e Schoeffer já tocavam uma firma voltada para a produção padronizada, e vinte anos depois havia grandes gráficas funcionando por todas as partes em toda [sic] a Europa."[57] Num sentido bem específico, o livro foi a primeira mercadoria industrial com produção em série ao estilo moderno.[58] Esse sentido ficará mais claro se compararmos o livro com outros produtos industriais daqueles tempos, como tecidos, tijolos ou açúcar. Pois

---

55. Febvre e Martin, *The Coming of the Book*, p. 186. Isso correspondia a nada menos que 35 mil edições publicadas em nada menos que 236 cidades. Já em 1480, as tipografias se espalhavam por mais de 110 cidades, sendo cinquenta na atual Itália, trinta na Alemanha, nove na França, oito na Holanda e na Espanha, cinco na Bélgica e na Suíça, quatro na Inglaterra, duas na Boêmia e uma na Polônia. "A partir dessa data, pode-se dizer, quanto à Europa, que o livro impresso se tornou de uso universal" (p. 182).
56. *Ibid.*, p. 262. Os autores comentam que, no século XVI, os livros estavam à disposição imediata de qualquer um que soubesse ler.
57. A grande editora de Plantin, na Antuérpia, no começo do século XVI, controlava 24 gráficas com mais de cem trabalhadores cada uma. *Ibid.*, p. 125.
58. Este é um ponto solidamente defendido por Marshall McLuhan, no meio de suas divagações em *Gutenberg galaxy* (p. 125). Podemos acrescentar que, se o mercado editorial acabou diminuindo com a pressão de mercados de outros bens de consumo, mesmo assim seu papel estratégico na disseminação de ideias garantiu sua importância fundamental no desenvolvimento da Europa moderna.

essas mercadorias são medidas em quantidades matemáticas (peças, cargas ou libras). Uma libra de açúcar é apenas uma quantidade, um volume prático, não um objeto em si. Já o livro — e aqui ele prefigura os bens duráveis de nossa época — é um objeto distinto, contido em si mesmo, reproduzido fielmente em larga escala.[59] Uma libra de açúcar escorre e se junta à libra seguinte; cada livro tem a sua autossuficiência de anacoreta. (Não é de se admirar que as bibliotecas, coleções pessoais de mercadorias produzidas em série, já fossem um fenômeno corrente no século XVI, em centros urbanos como Paris.)[60]

Desse ponto de vista, o jornal é apenas uma "forma extrema" do livro, um livro vendido em escala colossal, mas de popularidade efêmera. Será que podemos dizer: *best-sellers* por um dia?[61] Mas a obsolescência do jornal no dia seguinte à sua edição — é curioso que uma das primeiras mercadorias de produção em série já prenunciasse a obsolescência intrínseca dos bens duráveis modernos — cria, e justamente por essa mesma razão, uma extraordinária cerimônia de massa: o consumo (a "criação de imagens") quase

---

59. Aqui, o princípio é mais importante do que a escala. Até o século XIX, as edições ainda eram relativamente pequenas. Mesmo a Bíblia de Lutero, *best-seller* extraordinário, teve uma edição inicial de apenas 4 mil exemplares. A primeira edição da *Encyclopédie* de Diderot, que foi excepcional para os padrões da época, não ultrapassou 4 250 exemplares. A tiragem média no século XVIII era inferior a 2 mil exemplares. Febvre e Martin, *The Coming of the Book*, pp. 218-20. Ao mesmo tempo, o livro sempre se distinguiu dos outros bens de consumo duráveis pelo seu mercado intrinsecamente limitado. Qualquer pessoa com dinheiro pode comprar carros tchecos, mas apenas quem lê tcheco comprará livros escritos neste idioma. Veremos mais adiante a importância dessa distinção.
60. Além disso, já no final do século XV, o editor veneziano Aldus foi pioneiro na "edição de bolso" portátil.
61. Como mostra o caso de *Semarang Hitam*, os dois tipos de *best-sellers* estavam mais próximos do que hoje. Dickens também publicou capítulos de seus romances populares em jornais populares.

totalmente simultâneo do jornal-como-ficção. Sabemos que as edições matutinas e vespertinas vão ser maciçamente consumidas entre esta e aquela hora, apenas neste, e não naquele dia. (Compare-se com o açúcar, que é usado num fluxo contínuo e sem controle de horário; ele pode empedrar, mas não perde a validade.) O significado dessa cerimônia de massa — Hegel observou que os jornais são, para o homem moderno, um substituto das orações matinais — é paradoxal. Ela é realizada no silêncio da privacidade, nos escaninhos do cérebro.[62] E no entanto cada participante dessa cerimônia tem clara consciência de que ela está sendo repetida simultaneamente por milhares (ou milhões) de pessoas cuja existência lhe é indubitável, mas cuja identidade lhe é totalmente desconhecida. Além disso, essa cerimônia é incessantemente repetida a intervalos diários, ou duas vezes por dia, ao longo de todo o calendário. Podemos conceber uma figura mais clara da comunidade imaginada secular, historicamente regulada pelo relógio?[63] Ao mesmo tempo, o leitor do jornal, ao ver réplicas idênticas sendo consumidas no metrô, no barbeiro ou no bairro em que mora, reassegura-se continuamente das raízes visíveis do mundo imaginado na vida cotidiana. Como em *Noli me tangere*, a ficção se infil-

---

62. "Os materiais impressos incentivavam uma adesão silenciosa a causas cujos defensores não se encontravam em nenhum local determinado, e que se dirigiam à distância a um público invisível." Elizabeth L. Eisenstein, "Some conjectures about the impact of printing on western society and thought", *Journal of Modern History*, 40: 1 (março 1968), p. 42.
63. Escrevendo sobre a relação entre a anarquia concreta da sociedade de classe média e uma ordem política do estado abstrata, Nairn observa que "o mecanismo representativo converteu a desigualdade real de classes no igualitarismo abstrato dos cidadãos, os egoísmos individuais numa vontade coletiva impessoal, aquilo que de outro modo seria um caos numa nova legitimidade do Estado". *The break-up of Britain*, p. 24. Sem dúvida. Mas o mecanismo representativo (as eleições?) é como um feriado santo. A meu ver, a gestação da vontade impessoal se dá nas regularidades diárias da vida criando imagens.

tra contínua e silenciosa na realidade, criando aquela admirável confiança da comunidade no anonimato que constitui a marca registrada das nações modernas.

Antes de discutir as origens específicas do nacionalismo, talvez seja bom recapitular as principais proposições expostas até agora. Basicamente, sustentei que a própria possibilidade de imaginar a nação só surgiu historicamente quando, e onde, três concepções culturais fundamentais, todas muito antigas, perderam o domínio axiomático sobre a mentalidade dos homens. A primeira delas é a ideia de que uma determinada língua escrita oferecia um acesso privilegiado à verdade ontológica, justamente por ser uma parte indissociável dessa verdade. Foi essa ideia que gerou as grandes irmandades transcontinentais da cristandade, do Ummah islâmico e de outros. A segunda é a crença de que a sociedade se organizava naturalmente em torno e abaixo de centros elevados — monarcas à parte dos outros seres humanos, que governavam por uma espécie de graça cosmológica (divina). Os deveres de lealdade eram necessariamente hierárquicos e centrípetos porque o governante, tal como a escrita sagrada, constituía um elo de acesso ao ser e era intrínseco a ele. A terceira é uma concepção da temporalidade em que a cosmologia e a história se confundem, e as origens do mundo e dos homens são essencialmente as mesmas. Juntas, essas ideias enraizavam profundamente a vida humana na própria natureza das coisas, conferindo um certo sentido às fatalidades diárias da existência (sobretudo a morte, a perda e a servidão) e oferecendo a redenção de maneiras variadas.

O declínio lento e irregular dessas convicções mutuamente entrelaçadas, primeiro na Europa Ocidental e depois em outros lugares, sob o impacto da transformação econômica, das "descobertas" (sociais e científicas) e do desenvolvimento de meios de comunicação cada vez mais velozes, levou a uma brusca clivagem entre cosmologia e história. Desse modo, não admira que se iniciasse a busca, por assim dizer, de uma nova maneira de unir significativamente a fraternidade, o poder e o tempo. O elemento que talvez mais catalisou e fez frutificar essa busca foi o capitalismo editorial, que permitiu que as pessoas, em números sempre maiores, viessem a pensar sobre si mesmas e a se relacionar com as demais de maneiras radicalmente novas.

2. As origens da consciência nacional

Se o desenvolvimento da imprensa como mercadoria é a chave para a criação de ideias inteiramente novas sobre a simultaneidade, ainda estamos simplesmente no ponto em que se tornam possíveis as comunidades de tipo "horizontal-secular, transtemporais". Por que a nação se tornou tão popular dentro desse tipo de comunidade? Evidentemente, os fatores são múltiplos e complexos, mas podemos sustentar com fundadas razões que o principal deles foi o capitalismo.

Como foi notado, em 1500 já haviam sido impressos pelo menos 20 milhões de livros,[1] assinalando o começo da "era da reprodução mecânica" de Benjamin. Se o conhecimento pelos manuscritos era um saber restrito e arcano, o conhecimento pela letra impressa vivia da reprodutibilidade e da disseminação.[2] Se, como creem Febvre e Martin, em 1600 já haviam sido editados

---

1. A população das partes da Europa onde já havia imprensa girava em torno de 100 milhões de pessoas. Febvre e Martin, *The Coming of the Book*, pp. 248-9.
2. Exemplar é o caso das *Viagens* de Marco Polo que eram quase desconhecidas até a primeira edição, em 1559. Polo, *Travels*, p. xiii.

cerca de duzentos milhões de volumes, não admira que Francis Bacon julgasse que a imprensa transformara "o aspecto e a condição do mundo".³

Sendo uma das primeiras formas de empreendimento capitalista, o setor editorial teve de proceder à busca incansável de mercado, como é próprio ao capitalismo. Os primeiros editores estabeleceram ramificações por toda a Europa: "assim se criou uma verdadeira 'internacional' de editoras, que ignoravam as fronteiras nacionais [sic]".⁴ E, como os anos 1500-50 foram um período de excepcional prosperidade europeia, o setor editorial participou desse *boom* geral. "Mais do que em qualquer outra época", o setor era "uma grande indústria sob o controle de capitalistas ricos".⁵ Naturalmente, "os livreiros estavam interessados basicamente em ter lucro e vender produtos, e portanto procuravam, acima de tudo, obras que fossem do interesse do maior número possível de seus contemporâneos". ⁶

O mercado inicial era a Europa letrada, uma camada ampla, mas delgada, de leitores do latim. A saturação desse mercado levou cerca de 150 anos. O fato determinante no latim — afora a sua sacralidade — era que consistia numa língua de bilíngues. Relativamente, poucos chegavam a falar latim, e — imagina-se — menos ainda sonhavam em latim. No século XVI, a proporção de bilíngues na população total da Europa era bem reduzida,

---

3. Cit. *in* Eisenstein, "Some conjectures", p. 56.
4. Febvre e Martin, *The Coming of the Book*, p. 122. (Mas no texto original consta apenas "par-dessus les frontières" [para além das fronteiras], *L'Apparition*, p. 184.)
5. *Ibid.*, p. 187. O texto original diz "*puissants*" [poderosos], e não "ricos", *L'Apparition*, p. 281.
6. "Por isso, a introdução da imprensa foi, sob este aspecto, uma etapa do percurso até a nossa atual sociedade de consumo de massas e de padronização", *ibid.*, pp. 259--60. (O texto original diz "une civilisation de masse et de standardisation", que seria melhor traduzir por "civilização de massa padronizada", *L'Apparition*, p. 394.)

muito provavelmente igual à proporção no mundo de hoje e — apesar do internacionalismo proletário — dos séculos vindouros. O grosso da humanidade, seja antes ou agora, é monoglota. Assim, a lógica do capitalismo dizia que, saturado o mercado em latim para a elite, seria a vez dos mercados potencialmente enormes das massas monoglotas. É verdade que a Contrarreforma propiciou uma retomada temporária das edições em latim, mas em meados do século XVII esse movimento começou a decair, e as bibliotecas fervorosamente católicas estavam repletas. Nesse ínterim, uma escassez geral de dinheiro na Europa levou os editores a pensar cada vez mais na venda ambulante de edições baratas em vernáculo.[7]

O revolucionário impulso vernaculizante do capitalismo ganhou ímpeto ainda maior graças a três fatores externos, dois dos quais contribuíram diretamente para o surgimento da consciência nacional. O primeiro, e no fundo o menos importante, foi uma mudança no caráter do próprio latim. Em virtude do trabalho dos humanistas, que ressuscitaram a vasta literatura da Antiguidade pré-cristã e divulgaram-na através do mercado editorial, a intelectualidade transeuropeia passou a nutrir um novo apreço pelas sofisticadas realizações estilísticas dos antigos. O latim que agora eles queriam escrever era cada vez mais ciceroniano, e, além disso, cada vez mais afastado da vida eclesiástica e cotidiana. Assim, ele adquiriu uma qualidade esotérica muito diferente da do latim eclesiástico dos tempos medievais. Pois o latim anterior era arcano não por causa do assunto ou do estilo, mas pura e simplesmente porque era escrito, ou seja, graças à sua condição de *texto*. Agora ele se tornava arcano por conta do que estava escrito, por conta da língua-em-si.

O segundo foi o impacto da Reforma, a qual, aliás, veio a dever

7. *Ibid.*, p. 195.

grande parte do sucesso ao capitalismo editorial. Antes da época do prelo, Roma vencia facilmente todas as guerras contra a heresia na Europa Ocidental porque sempre dispôs de linhas de comunicação interna melhores do que as dos adversários. Mas, quando Martinho Lutero afixou suas teses na porta da igreja em Wittenberg, em 1517, elas foram traduzidas e impressas em alemão, e "em quinze dias [já tinham sido] vistas em todas as partes do país".[8] Entre 1520 e 1540, publicou-se na Alemanha o triplo do que havia sido editado entre 1500 e 1520, transformação assombrosa em que Lutero desempenhou um papel absolutamente central. Nada menos do que 1/3 de *todos* os livros em alemão vendidos entre 1518 e 1525 era obra sua. Entre 1522 e 1546, foram lançadas 430 edições (integrais ou parciais) das suas traduções da Bíblia. "Temos aqui pela primeira vez um público leitor realmente de massa e uma literatura popular ao alcance de todos."[9] Com efeito, Lutero se tornou o primeiro autor de *best-sellers conhecido como tal*. Ou, em outras palavras, o primeiro autor capaz de "vender" os seus *novos* livros pela fama do próprio nome.[10]

Lutero abriu o caminho, e logo outros se seguiram, inaugurando a gigantesca guerra de propaganda religiosa que se alastrou pela Europa no século seguinte. Nessa titânica "batalha pelo espírito dos homens", o protestantismo sempre manteve a ofensiva, justamente porque sabia como utilizar o mercado editorial vernáculo, que estava sendo criado e expandido pelo capitalismo, enquanto a Contrarreforma defendia a cidadela do latim. Emblemático é o *Index Librorum Prohibitorum* do Vaticano — que não

---

8. *Ibid.*, pp. 289-90.
9. *Ibid.*, pp. 291-5.
10. Daqui, foi apenas um passo até a situação da França seiscentista, em que Corneille, Molière e La Fontaine podiam vender as suas tragédias e comédias manuscritas aos editores, que as adquiriam como excelentes investimentos, devido à fama dos autores no mercado. *Ibid.*, p. 161.

teve nenhuma contrapartida protestante —, catálogo inédito que se fez necessário devido à enorme quantidade de material subversivo impresso. Não há exemplo melhor dessa mentalidade de cerco do que a lei de 1535 de Francisco I, proibindo, por pânico, a publicação de *todo e qualquer* livro no reino — sob pena de morte na forca! A razão da proibição, mas também da sua inaplicabilidade, era que, naquela época, as fronteiras orientais do reino estavam cercadas de cidades e estados protestantes, produzindo uma quantidade maciça de material impresso que podia ser contrabandeado. Para citar somente a Genebra de Calvino: entre 1533-40, foram publicadas apenas 42 edições, mas os números saltaram para 527 entre 1550-64, sendo que neste último ano havia nada menos que quarenta gráficas diferentes trabalhando em regime de hora extra.[11]

A aliança entre o protestantismo e o capitalismo editorial, explorando edições populares baratas, logo criou novos e vastos públicos leitores — entre eles, de importância nada pequena, comerciantes e mulheres, que geralmente sabiam pouco ou nada de latim —, ao mesmo tempo que os mobilizava para finalidades político-religiosas. Inevitavelmente, não foi apenas a Igreja que se viu abalada no seu próprio cerne. O mesmo terremoto gerou os primeiros estados não dinásticos europeus, que não eram cidades-estado, na república holandesa e no *Commonwealth* dos puritanos. (O pânico de Francisco I, além de religioso, era político.)

O terceiro foi a difusão lenta, geograficamente irregular, de determinados vernáculos como instrumentos de centralização administrativa, por obra de certos monarcas bem posicionados, com pretensões absolutistas. Aqui cabe lembrar que a universalidade do latim na Europa Ocidental medieval nunca correspondeu a um sistema político universal. A esse respeito, é instrutiva sua

11. *Ibid.*, pp. 310-5.

diferença com a China Imperial, onde havia uma grande coincidência entre a burocracia do mandarinato e o domínio da caligrafia de ideogramas. Com efeito, a fragmentação política da Europa Ocidental após a queda do Império do Ocidente significava que nenhum soberano poderia monopolizar o latim e convertê-lo em sua-e-exclusivamente-sua língua oficial, e por isso a autoridade religiosa do latim nunca teve um verdadeiro equivalente político.

O surgimento dos vernáculos administrativos é anterior tanto ao prelo quanto à revolta religiosa do século XVI, e por isso deve ser abordado (pelo menos de início) como um fator independente no desgaste da comunidade imaginada sagrada. Ao mesmo tempo, nada sugere que existisse qualquer profundo impulso ideológico, e menos ainda protonacional, por trás dessa vernaculização, onde ela veio a ocorrer. O caso da "Inglaterra" — na periferia noroeste da Europa latina — é especialmente elucidativo. Antes da conquista normanda, a língua da corte, literária e administrativa, era o anglo-saxão. Nos 150 anos seguintes, praticamente todos os documentos régios foram redigidos em latim. Entre 1200 e 1350, esse latim oficial foi substituído pelo franco-normando. Entrementes, uma lenta fusão entre essa língua, de uma classe dirigente estrangeira, e o anglo-saxão, da população de súditos, gerou o médio-inglês [*early english*]. Essa fusão permitiu que a nova língua se tornasse, após 1362, a língua das cortes — e da sessão inaugural do Parlamento. Segue-se em 1382 a Bíblia *manuscrita* de Wycliffe, em vernáculo.[12] É essencial ter em mente que esta é uma sequência de línguas "oficiais", não "nacionais"; e que o Estado correspondente abrangia, variando no tempo, não só a atual Inglaterra e Gales, mas também partes da Irlanda, Escócia *e França*. Evidentemente, uma imensa parcela dos súditos não conhecia nada ou quase nada de latim, franco-normando ou

12. Seton-Watson, *Nations and states*, pp. 28-9; Bloch, *Feudal society*, I, p. 75.

médio-inglês.¹³ Foi somente depois de cerca de cem anos de entronização política do médio-inglês que o poder de Londres foi varrido da "França".

No Sena, ocorreu um movimento semelhante, embora em ritmo mais lento. Como ironiza Bloch, "o francês, quer dizer, uma língua que era vista como mera corruptela do latim, levou muitos séculos para se alçar até a dignidade literária",¹⁴ só se tornou a língua oficial dos tribunais em 1539, quando Francisco I lançou o Edito de Villers-Cotterêts.¹⁵ Em outros reinos dinásticos, o latim sobreviveu por muito mais tempo — sob os Habsburgo, até anos bem avançados do século XIX. Em outros ainda, os vernáculos "estrangeiros" acabaram prevalecendo: no século XVIII, as línguas da corte Romanov eram o francês e o alemão.¹⁶

Em todo caso, a "escolha" da língua aparece como fruto de um desenvolvimento gradual, inconsciente, pragmático, para não dizer aleatório. Enquanto tal, ela se diferencia profundamente das políticas linguísticas autoconscientes dos dinastas oitocentistas, diante do crescimento de nacionalismos linguísticos populares de oposição. (Ver adiante, capítulo 5.) Um sinal claro dessa diferença é que as antigas línguas administrativas eram *apenas isso*: línguas usadas pelo e para o funcionalismo, e para a sua própria conveniência interna. Não havia a ideia de impor sistematicamente a língua às várias populações sob o domínio dinástico.¹⁷ Contudo, a

---

13. Não devemos supor que a unificação vernacular administrativa tenha se realizado de imediato ou de forma integral. É improvável que a Guiana governada a partir de Londres fosse administrada primariamente em médio-inglês.
14. Bloch, *Feudal society*, I, p. 98.
15. Seton-Watson, *Nations and states*, p. 48.
16. *Ibid.*, p. 83.
17. Temos uma confirmação interessante desse ponto com Francisco I, que, como vimos, proibiu a impressão de todo e qualquer livro em 1535, e adotou o francês como a língua da corte quatro anos depois!

ascensão desses vernáculos à condição de línguas oficiais, onde elas, em certo sentido, concorriam com o latim (o francês em Paris, o médio-inglês em Londres), contribuiu para o declínio da comunidade imaginada da cristandade.

No fundo, é provável que, nesse contexto, a esoterização do latim, a Reforma e o desenvolvimento aleatório de vernáculos administrativos tenham um significado basicamente negativo — a saber, a sua contribuição para destronar o latim. É plenamente possível conceber o surgimento das novas comunidades nacionais imaginadas sem um desses fatores, ou mesmo sem nenhum deles. O que tornou possível imaginar as novas comunidades, num sentido positivo, foi uma interação mais ou menos casual, porém explosiva, entre um modo de produção e de relações de produção (o capitalismo), uma tecnologia de comunicação (a imprensa) e a fatalidade da diversidade linguística humana.[18]

O elemento da fatalidade é essencial. Pois, por mais que o capitalismo fosse capaz de proezas extraordinárias, ele enfrentava dois adversários ferrenhos na morte e nas línguas.[19] As línguas particulares podem morrer ou ser exterminadas, mas não havia e não há nenhuma possibilidade de uma unificação linguística geral da humanidade. No entanto, historicamente, essa mútua incomunicabilidade não foi de grande importância até o momento em que o capitalismo e a imprensa criaram públicos leitores de massa e monoglotas.

18. Não foi o primeiro "acaso" desse tipo. Febvre e Martin observam que, embora já fosse visível a existência de uma burguesia na Europa no final do século XIII, o uso generalizado do papel só ocorreu no final do século XIV. Apenas a superfície plana e lisa do papel possibilitaria a reprodução em série de textos e figuras — e isso só se verificou nos 75 anos seguintes. Mas o papel não foi uma invenção europeia. Ele veio de uma outra história — da China —, passando pelo mundo islâmico. *The coming of the book*, pp. 22, 30 e 45.
19. Ainda não temos nenhuma multinacional gigante no mundo editorial.

Embora seja fundamental ter em mente a ideia de fatalidade, no sentido de uma condição *geral* de diversidade linguística irremediável, seria um erro identificar essa ideia com aquele elemento comum às ideologias nacionalistas que insiste na fatalidade primordial das línguas *particulares* e em sua ligação com unidades territoriais também *particulares*. O essencial é a *interação* entre fatalidade, tecnologia e capitalismo. Na Europa anterior à imprensa e, claro, em todo o resto do mundo, a diversidade das línguas faladas, aquelas que forneciam a trama e a urdidura da vida de seus usuários, era imensa; tão imensa, de fato, que se o capitalismo editorial tivesse tentado explorar cada mercado vernacular em potencial, teria adquirido dimensões minúsculas. Mas esses idioletos variados podiam ser montados, dentro de certos limites, como línguas impressas de número muito mais reduzido. A própria arbitrariedade de qualquer sistema de signos para os sons facilitava o processo de montagem.[20] (Ao mesmo tempo, quanto mais ideográficos os signos, maior a potencial zona de montagem. Aqui podemos enxergar uma espécie de hierarquia decrescente, desde a álgebra, passando pelo chinês e pelo inglês, até os silabários regulares do francês ou do indonésio.) Nada serviu melhor para "montar" vernáculos aparentados do que o capitalismo, o qual, dentro dos limites impostos pela gramática e pela sintaxe, criava línguas impressas, reproduzidas mecanicamente, capazes de se disseminar através do mercado.[21]

Essas línguas impressas lançaram as bases para a consciência nacional de três maneiras diferentes. Em primeiro lugar, e acima de

---

20. Para uma boa discussão sobre esse ponto, ver S. H. Steinberg, *Five hundred years of printing*, capítulo 5. O fato de o signo *ough* ter diferentes pronúncias nas palavras *although*, *bough*, *lough*, *rough*, *cough* e *hiccough*, mostra tanto a variedade idioletal de onde surgiu a pronúncia padronizada do inglês quanto a qualidade ideográfica do produto final.

21. Eu digo "nada serviu melhor [...] do que o capitalismo" deliberadamente. Tanto Steinberg quanto Eisenstein quase teomorfizam a "imprensa" em si como o gênio

tudo, elas criaram campos unificados de intercâmbio e comunicação abaixo do latim e acima dos vernáculos falados. Os falantes da enorme diversidade de variantes francesas, inglesas e espanholas, que achariam difícil ou mesmo impossível se entender oralmente, puderam se entender através do papel e da letra impressa. Com isso, foram tomando consciência gradual das centenas de milhares, e até milhões, de pessoas dentro daquele campo linguístico particular, e ao mesmo tempo percebendo que *apenas essas* centenas de milhares, ou milhões, pertenciam a tal campo. Esses companheiros de leitura, aos quais estavam ligados através da letra impressa, constituíram, na sua invisibilidade visível, secular e particular, o embrião da comunidade nacionalmente imaginada.

Em segundo lugar, o capitalismo tipográfico conferiu uma nova fixidez à língua, o que, a longo prazo, ajudou a construir aquela imagem de antiguidade tão essencial à ideia subjetiva de nação. Como lembram Febvre e Martin, o livro impresso guardava uma forma constante, capaz de reprodução praticamente infinita no tempo e no espaço. Ele não estava mais sujeito aos hábitos individualizantes e "inconscientemente modernizantes" dos monges copistas. Assim, se o francês usado por Villon no século XV era muito diferente do francês do século XII, no século XVI o ritmo da mudança havia diminuído de forma marcante. "No século XVII, as línguas na Europa haviam assumido, de modo geral, suas formas modernas."[22] Em outros termos, faz três séculos que essas línguas

---

da história moderna. Febvre e Martin nunca esquecem que, por trás da imprensa, existem gráficas e editoras. Neste contexto, vale lembrar que a imprensa foi inventada a princípio na China, talvez quinhentos anos antes de aparecer na Europa, mas não teve nenhum impacto significativo, e muito menos revolucionário — justamente devido à inexistência do capitalismo.

22. *The coming of the book*, p. 319. Cf. *L'Apparition*, p. 477: "Au XVIIe siècle, les langues nationales apparaissent un peu partout cristallisées" [No século XVII, as línguas nacionais aparecem cristalizadas um pouco por toda parte].

impressas vêm ganhando um verniz resistente; temos um acesso mais direto às palavras dos nossos antepassados do século XVII do que Villon em relação aos seus antepassados do século XII. Em terceiro lugar, o capitalismo tipográfico criou línguas oficiais diferentes dos vernáculos administrativos anteriores. Inevitavelmente, alguns dialetos estavam "mais próximos" da língua impressa e acabaram dominando suas formas finais. Os primos pobres, que ainda podiam ser assimilados na língua impressa em formação, acabaram perdendo posição, principalmente porque não conseguiram (ou conseguiram apenas em parte) ter a sua própria forma impressa. O "alemão do noroeste" tornou-se o *Platt Deutsch*, um alemão muito falado, e portanto um subpadrão de língua, porque pôde ser assimilado no idioma impresso de uma forma que não foi possível para o tcheco falado da Boêmia. O alto--alemão, o inglês do rei e, mais tarde, o tailandês central foram alçados a novas alturas político-culturais. (Daí as lutas na Europa de algumas "sub"-nacionalidades, no final do século XX, para mudar sua condição subordinada entrando com força na imprensa — e no rádio.)

Resta apenas enfatizar que a fixação e a obtenção de um estatuto diferenciado das línguas impressas foram, em suas origens, processos inconscientes que resultaram da interação explosiva entre o capitalismo, a tecnologia e a diversidade linguística humana. Mas, como tantas outras coisas na história do nacionalismo, uma vez estando "lá", elas puderam se converter em modelos formais a serem imitados e, quando fosse o caso, conscientemente explorados num espírito maquiavélico. Hoje, o governo tailandês desencoraja vivamente as tentativas dos missionários estrangeiros de fornecer sistemas de transcrição linguística para as minorias tribais das montanhas e desenvolver publicações nas suas línguas nativas: mas o mesmo governo é indiferente ao que essas minorias *falam*. O destino dos povos de fala turca nas zonas incorporadas a

Turquia, Irã, Iraque e União Soviética é especialmente ilustrativo. Uma família de línguas faladas, que podiam ser montadas numa ortografia arábica, tornando-se assim compreensíveis entre si, perdeu essa unidade devido a manipulações deliberadas. Para enaltecer a consciência nacional da Turquia túrquica, em detrimento de qualquer identificação islâmica mais profunda, Atatürk impôs uma romanização obrigatória.[23] As autoridades soviéticas seguiram a mesma trilha, primeiro com uma romanização compulsória anti-islâmica e antipersa e depois, nos anos 1930, com Stálin e sua cirilização russificante obrigatória.[24]

Podemos resumir as conclusões dos argumentos apresentados até agora dizendo que a convergência do capitalismo e da tecnologia de imprensa sobre a fatal diversidade da linguagem humana criou a possibilidade de uma nova forma de comunidade imaginada, a qual, em sua morfologia básica, montou o cenário para a nação moderna. A extensão potencial dessas comunidades era intrinsecamente limitada, e, ao mesmo tempo, não mantinha senão a mais fortuita relação com as fronteiras políticas existentes (que, no geral, correspondiam ao ponto culminante dos expansionismos dinásticos).

Mas é evidente que, embora quase todas as nações — e também estados nacionais — modernas, que se concebem como tais, atualmente tenham "línguas impressas nacionais", muitas delas compartilham uma mesma língua, e, em outros casos, apenas uma fração minúscula da população "usa" a língua nacional na fala ou na escrita. Os Estados nacionais da América espanhola ou da

---

23. Hans Kohn, *The age of nationalism*, p. 108. É de se acrescentar que Kemal, dessa maneira, também esperava alinhar o nacionalismo turco à civilização romanizada moderna da Europa Ocidental.
24. Seton-Watson, *Nations and states*, p. 317.

"família anglo-saxônica" são exemplos claros do primeiro caso; muitos Estados ex-coloniais, principalmente na África, são exemplos do segundo. Em outras palavras, a formação concreta dos Estados nacionais contemporâneos não guarda nenhuma relação isomórfica com o campo de abrangência das línguas impressas específicas. Para explicar a descontinuidade e a inter-relação entre as línguas impressas, a consciência nacional e os Estados nacionais, cumpre observar o grande conjunto de novas entidades políticas que surgiram no hemisfério ocidental entre 1776 e 1838, todas definindo-se de modo autoconsciente como nações e, com a interessante exceção do Brasil, como repúblicas (não dinásticas). Pois não só foram historicamente os primeiros Estados nacionais a surgir no cenário mundial, portanto passando a fornecer inevitavelmente os primeiros modelos reais do que deveriam "parecer" tais Estados, como também a quantidade e a época de seu surgimento simultâneo oferecem um terreno fecundo para a pesquisa comparada.

3. Pioneiros crioulos

Os novos estados americanos do final do século XVIII e começo do XIX são de interesse extraordinário, pois parece praticamente impossível explicá-los a partir dos dois fatores que, decerto por ser fácil derivá-los dos nacionalismos europeus da metade do século, têm dominado grande parte da reflexão europeia sobre o surgimento do nacionalismo.

Em primeiro lugar, quer se pense no Brasil, nos Estados Unidos ou nas ex-colônias espanholas, a língua não era um elemento que os diferenciasse das respectivas metrópoles imperiais. Todos, inclusive os Estados Unidos, eram estados crioulos, formados e liderados por gente que tinha a mesma língua e a mesma ascendência do adversário a ser combatido.[1] Na verdade, cabe dizer

---

1. *Creole* (*criollo*), pessoa de descendência europeia pura (pelo menos teoricamente), mas nascida nas Américas (e, por extensão, em qualquer lugar fora da Europa). [Na tradução, "crioulo" cf. Houaiss, 3. "quem, embora descendente de europeus, nasceu nos países hispano-americanos e em outros originários da colonização europeia" — N.T.]

que a língua nunca se colocou como questão nessas primeiras lutas de libertação nacional.

Em segundo lugar, há sérias razões para crer que boa parte do hemisfério ocidental não se presta à explicação proposta pela tese, sob outros aspectos convincente, de Nairn:

O advento do nacionalismo num sentido propriamente moderno esteve ligado ao batismo político das classes inferiores... Embora por vezes avessos à democracia, os movimentos nacionalistas sempre foram de perfil populista e tentaram conduzir as classes inferiores à vida política. Na sua versão mais característica, ele assumiu a forma de uma liderança intelectual e de classe média descontente, tentando despertar e canalizar as energias populares em favor dos novos estados.[2]

Pelo menos na América Central e na América do Sul, a "classe média" de estilo europeu, ainda no final do século XVIII, era insignificante. O mesmo quanto à intelectualidade. Pois, "naqueles calmos dias coloniais, pouca leitura interrompia o ritmo esnobe e faustoso da vida dos homens".[3] Como vimos, o primeiro romance hispano-americano foi publicado somente em 1816, bem depois da eclosão das guerras de independência. Isso sugere claramente que a liderança estava nas mãos de fazendeiros ricos, aliados a um número um pouco menor de comerciantes, e a vários tipos de profissionais (advogados, militares, funcionários locais e provinciais).[4]

2. *The break-up of Britain*, p. 41.
3. Gerhard Masur, *Simón Bolívar*, p. 17.
4. Lynch, *The Spanish-American revolutions*, pp. 14-7 e *passim*. Essas proporções se devem ao fato de que as funções administrativas e comerciais mais importantes eram, em larga medida, monopolizadas por espanhóis reinóis, ao passo que a propriedade fundiária era plenamente aberta aos crioulos.

Longe de tentar "conduzir as classes inferiores à vida política", um fator essencial que impulsionou a luta pela independência em relação a Madri, em casos importantes como os da Venezuela, do México e do Peru, foi o *medo* de mobilizações políticas das "classes baixas": a saber, as revoltas dos índios ou dos escravos negros.[5] (Esse medo só aumentou quando o "secretário do espírito universal" de Hegel conquistou a Espanha em 1808, privando assim os crioulos de um respaldo militar da metrópole em casos de emergência.) No Peru, ainda era fresca a lembrança da grande *jacquerie* liderada por Tupac Amarú (1740-81).[6] Em 1791, Toussaint L'Ouverture comandou uma insurreição de escravos negros que, em 1804, deu origem à segunda república independente do hemisfério ocidental — e aterrorizou os grandes fazendeiros escravocratas da Venezuela.[7] Quando Madri, em 1789, decretou uma nova lei mais humanitária para os escravos, especificando detalhadamente os direitos e deveres de senhores e escravos, "os crioulos rejeitaram a intervenção estatal alegando que os escravos eram propensos ao vício e à independência [!], e eram fundamentais para a economia. Na Venezuela — na verdade, em todo o Caribe espanhol — os fazendeiros resistiram à lei e conseguiram a sua suspensão em 1794".[8] O próprio Bolívar, o Libertador, disse certa vez que uma revolta negra era "mil vezes pior do que uma invasão espanhola".[9] E tampouco podemos esquecer que muitos líderes do movimento

---

5. Sob esse aspecto, há claras semelhanças com o nacionalismo bôer, um século depois.
6. É notável que Tupac Amarú não tenha rejeitado totalmente uma aliança com o rei espanhol. Ele e os seus seguidores (majoritariamente índios, mas também alguns brancos e mestiços) se insurgiram furiosamente contra o regime em Lima. Masur, *Bolívar*, p. 24.
7. Seton-Watson, *Nations and states*, p. 201.
8. Lynch, *The Spanish-American revolutions*, p. 192.
9. *Ibid.*, p. 224.

pela independência nas Treze Colônias eram magnatas rurais escravocratas. O próprio Thomas Jefferson foi um dos fazendeiros da Virgínia que, nos anos 1770, ficaram enfurecidos com a proclamação do governador legalista, libertando os escravos que rompessem com os seus senhores sediciosos.[10] É instrutivo que uma das razões pelas quais Madri conseguiu retomar a Venezuela entre 1814-16, e manter o controle sobre a longínqua Quito até 1820, foi o apoio que conquistou entre os escravos no primeiro caso, e entre os índios no segundo, na luta contra os crioulos revoltosos.[11] Além disso, a longa duração da luta continental contra a Espanha, que então era uma potência europeia de segunda ordem, e ela própria recém-conquistada, sugere que esses movimentos latino-americanos pela independência eram de "pouca espessura social".

E, no entanto, *eram* movimentos de independência nacional. Bolívar mudou de ideia em relação aos escravos,[12] e o seu companheiro de luta San Martín decretou, em 1821, que "no futuro, os aborígines não serão chamados índios ou nativos; eles são filhos *e cidadãos* do Peru e serão conhecidos como peruanos".[13] (E poderia-

---

10. Edward S. Morgan, "The heart of Jefferson", *The New York Review of Books*, agosto 17, 1978, p. 2.
11. Masur, *Bolívar*, p. 207; Lynch, *The Spanish-American revolutions*, p. 237.
12. Não sem alguns vaivéns. Ele libertou os seus escravos logo depois da declaração de independência da Venezuela, em 1810. Quando fugiu para o Haiti, em 1816, conseguiu ajuda militar do presidente Alexandre Pétion em troca da promessa de terminar com a escravidão em todos os territórios libertados. A promessa foi cumprida em Caracas em 1818 — mas cabe lembrar que Madri teve êxito na Venezuela durante 1814-16 em parte porque *ela* emancipou os escravos leais à Coroa. Quando Bolívar se tornou presidente da Grande Colômbia (Venezuela, Nova Granada e Equador), em 1821, ele solicitou e obteve junto ao Congresso uma lei que libertava os *filhos* dos escravos. Ele "não havia pedido ao Congresso que abolisse a escravidão porque não queria incorrer na ira dos grandes fazendeiros". Masur, *Bolívar*, pp. 125, 206-7, 329 e 388.
13. Lynch, *The Spanish-American revolutions*, p. 276. Grifo meu.

mos acrescentar: embora o capitalismo tipográfico ainda não tivesse chegado até esses iletrados.)

Eis, então, o enigma: por que foram precisamente as comunidades *crioulas* que desenvolveram concepções tão precoces sobre sua condição nacional [*nation-ness*] — *bem antes que a maior parte da Europa*? Por que essas colônias, geralmente com grandes populações oprimidas e que não falavam o espanhol, geraram crioulos que redefiniram conscientemente essas populações como integrantes da mesma nacionalidade e a Espanha,[14] à qual estavam ligados de tantas maneiras, como inimigo estrangeiro? Por que o Império Hispano-americano, que havia existido serenamente por quase três séculos, de repente se fragmentou em dezoito estados diferentes?

Os dois fatores geralmente apresentados são o aumento do controle madrilenho e a difusão das ideias liberalizantes do Iluminismo na segunda metade do século XVIII. É, sem dúvida, inegável que as políticas seguidas pelo hábil "déspota esclarecido" Carlos III (r. 1759-88) foram frustrando, enfurecendo e alarmando cada vez mais as classes altas crioulas. Nessa "segunda conquista das Américas", como às vezes é ironicamente chamada essa política espanhola, Madri estabeleceu novos tributos, aumentou a eficiência da arrecadação, impôs monopólios comerciais para a metrópole, restringiu o comércio no hemisfério em proveito próprio, centralizou hierarquias administrativas e promoveu uma imigração maciça de *peninsulares*.[15] O México, por exemplo, fornecia à Coroa, no começo do século XVIII, uma renda anual média de 3 milhões de pesos. No final do século, porém, esse repasse tinha

---

14. Um anacronismo. No século XVIII, usava-se ainda Las Españas [as Espanhas], e não España [Espanha]. Seton-Watson, *Nations and states*, p. 53.
15. Essa nova agressividade da metrópole derivava, em parte, das doutrinas iluministas, em parte de problemas fiscais crônicos e em parte, depois de 1779, da guerra contra a Inglaterra. Lynch, *The Spanish-American revolutions*, pp. 4-17.

quase quintuplicado, passando para 14 milhões de pesos, dos quais apenas 4 milhões eram utilizados para pagar os custos do governo local.[16] Paralelamente, o volume da migração peninsular nos anos 1780-90 era cinco vezes maior do que havia sido entre 1710-30.[17] Também é inegável que a melhoria nas comunicações transatlânticas e o fato de que as várias Américas compartilhavam línguas e culturas com suas respectivas metrópoles permitiram uma difusão relativamente fácil e rápida das novas doutrinas políticas e econômicas que estavam surgindo na Europa Ocidental. A vitória da revolta das Treze Colônias no final dos anos 1770 e o início da Revolução Francesa no final dos anos 1780 não deixaram de exercer uma influência vigorosa. Não há nada que confirme melhor essa "revolução cultural" do que o *republicanismo* que perpassava as novas comunidades independentes.[18] Em nenhum lugar houve qualquer tentativa séria de recriar o princípio dinástico nas Américas, com a exceção do Brasil; e, mesmo nesse caso, provavelmente isso não teria ocorrido sem a imigração do próprio imperador português, em 1808, fugindo de Napoleão. (Ele permaneceu por treze anos e, quando voltou a Portugal, o seu filho foi coroado localmente como Pedro I do Brasil.)[19]

16. *Ibid.*, p. 301. Quatro milhões se destinavam a subsidiar a administração de outras partes da América espanhola e 6 milhões eram puro lucro.
17. *Ibid.*, p. 17.
18. A Constituição da Primeira República Venezuelana (1811) tinha muitas passagens tomadas de empréstimo à Constituição norte-americana. Masur, *Bolívar*, p. 131.
19. Encontra-se uma magnífica e complexa análise das razões estruturais para a exceção brasileira em José Murilo de Carvalho, "Political elites and state building: the case of nineteenth-century Brazil", *Comparative studies in society and history*, 24:3 (1982), pp. 378-99. Dois dos fatores mais importantes foram: (1) Diferenças educacionais. Enquanto "23 universidades estavam disseminadas por aquele espaço que se tornaria treze países diferentes" nas Américas espanholas, "Portugal se recusava sistematicamente a permitir a organização de qualquer instituição de ensino superior nas suas colônias, não considerando como tais os seminários

No entanto, a agressividade de Madri e o espírito do liberalismo, embora sejam essenciais para entender o ímpeto de resistência nas Américas espanholas, não bastam para explicar por que entidades como o Chile, a Venezuela e o México se mostraram emocionalmente plausíveis e politicamente viáveis,[20] e nem por que San Martín haveria de decretar que certos aborígines deviam ser identificados com o neologismo "peruanos". Nem, afinal, explicam os sacrifícios concretos que foram feitos. Pois, se é verdade que as classes altas crioulas, *concebidas como formações sociais históricas*, se beneficiaram muito da independência a longo prazo, muitos membros concretos dessas classes, *vivendo* entre 1808 e 1828, se viram financeiramente arruinados. (Para citar apenas um exemplo: durante a contraofensiva madrilenha de 1814-16, "mais de 2/3 das famílias proprietárias de terras da Venezuela sofreram pesados confiscos".[21]) E muita gente, nessa mesma proporção, dedicou voluntariamente a vida à causa. Esse espírito de sacrifício das classes abastadas dá o que pensar.

E então? Um começo de resposta é o fato notável de que "cada uma das novas repúblicas sul-americanas tinha sido uma unidade administrativa desde o século XVI até o século XVIII ".[22] Sob esse

---

teológicos". Só se podia frequentar o ensino superior na Universidade de Coimbra, e para lá iam os filhos da elite crioula, na terra materna, a grande maioria para estudar na faculdade de direito. (2) Diferentes possibilidades de carreira para os crioulos. Carvalho aponta "a exclusão muito maior dos espanhóis nascidos na América dos cargos mais altos, no lado espanhol [sic]". Ver também Stuart B. Schwartz, "The Formation of a Colonial Identity in Brazil", capítulo 2 *in* Nicholas Canny e Anthony Pagden (orgs.), *Colonial identity in the atlantic world, 1500--1800*, que nota de passagem (p. 38) que "não funcionou nenhuma imprensa no Brasil durante os três primeiros séculos da era colonial".
20. Isso vale em boa medida também para a posição de Londres diante das Treze Colônias, e a ideologia da Revolução de 1776.
21. Lynch, *The Spanish-American revolutions*, p. 208; cf. Masur, *Bolívar*, pp. 98-9 e 231.
22. Masur, *Bolívar*, p. 678.

aspecto, elas anteciparam os novos estados da África e de partes da Ásia, de meados do século XX, e contrastam de forma aguda com os novos estados europeus do final do século XIX e começo do XX. A moldagem inicial das unidades administrativas americanas foi, em certa medida, arbitrária e fortuita, marcando os limites espaciais de conquistas militares específicas. Mas, com o correr do tempo, elas adquiriram uma realidade mais firme sob a influência de fatores geográficos, políticos e econômicos. A própria imensidão do Império Hispano-americano, a enorme variedade de solos e climas e, sobretudo, a tremenda dificuldade de comunicação numa época pré-industrial contribuíram para dar um caráter autossuficiente a essas unidades. (Na época colonial, a viagem por mar de Buenos Aires a Acapulco levava quatro meses, e a viagem de volta ainda mais tempo; a jornada por terra de Buenos Aires a Santiago normalmente levava dois meses, e até Cartagena nove meses.[23]) Além disso, a política comercial de Madri fez com que as unidades administrativas se transformassem em zonas econômicas distintas. "Qualquer concorrência com a metrópole estava vedada aos americanos, e mesmo as partes individuais do continente não podiam comerciar entre si. Mercadorias americanas partindo de uma ponta da América a outra tinham de seguir o circuito passando por portos espanhóis, e a navegação espanhola tinha o monopólio no comércio com as colônias."[24] Esses fenômenos ajudam a explicar por que "um dos princípios básicos da revolução americana" foi o do "*uti possidetis*, pelo qual cada nação preservaria o *status quo* territorial de 1810, ano em que se iniciou o movimento pela independência".[25] Eles também contribuíram, sem dúvida, para o esfacela-

23. Lynch, *The Spanish-American revolutions*, pp. 25-6.
24. Masur, Bolívar, p. 19. Naturalmente, essas medidas foram implantadas apenas em parte, e sempre existiu bastante contrabando.
25. *Ibid.*, p. 546.

mento da efêmera Gran Colombia de Bolívar e das Províncias Unidas do Rio de la Plata, que retrocederam às suas partes constituintes anteriores (hoje conhecidos como Venezuela-Colômbia-Equador e Argentina-Uruguai-Paraguai-Bolívia). Contudo, *em si mesmas*, as zonas comerciais, "natural"-geográficas ou político-administrativas, não criam laços. Quem se disporia a morrer voluntariamente pelo Comecon ou pela CEE?

Para entender como as unidades administrativas puderam, ao longo do tempo, ser vistas como terras pátrias, não só nas Américas, mas também em outras partes do mundo, é preciso observar de que modo as organizações administrativas criam significado. O antropólogo Victor Turner é muito elucidativo ao escrever sobre a "jornada" — entre tempos, condições e lugares — como uma experiência que cria significado.[26] Todas essas jornadas requerem interpretação (por exemplo, a jornada do nascimento até a morte deu origem a várias concepções religiosas). Para nossas finalidades, a jornada modelar é a peregrinação. Não se trata apenas de que as cidades de Roma, Meca ou Benares, para os cristãos, muçulmanos ou hindus, fossem os centros de geografias sagradas, e sim que essa centralidade era vivida e "encenada" (no sentido dramatúrgico) pelo afluxo constante de peregrinos vindos de localidades distantes, *as quais não guardavam nenhuma outra relação entre si*. Na verdade, em certo sentido os limites externos das antigas comunidades religiosas imaginadas eram determina-

---

26. Ver o seu *The Forest of Symbols, Aspects of Ndembu Ritual*, em esp. [*Floresta de símbolos: aspectos do ritual ndembu*, EDUFF, 2005]. O capítulo "Betwixt and Between: The Liminal Period in *Rites de Passage*". Para uma elaboração posterior e mais complexa, ver o seu *Dramas, fields, and metaphors, symbolic action in human society*, capítulos 5 ("Pilgrimages as Social Processes") e 6 ("Passages, Margins, and Poverty: Religious Symbols of Communitas").

dos pelas peregrinações que as pessoas faziam.[27] Como vimos antes, a estranha justaposição física de malaios, persas, indianos, berberes e turcos em Meca é incompreensível sem a ideia de alguma forma de comunidade entre eles. O berbere que encontra o malaio na frente da Caaba decerto pergunta a si mesmo: "Por que esse homem está fazendo o mesmo que eu, dizendo as mesmas palavras que eu, mesmo que um não possa falar com o outro?". Só há uma resposta, que deve ser aprendida: "Porque *nós* [...] somos muçulmanos". Claro que sempre houve um duplo aspecto na coreografia das grandes peregrinações religiosas: uma imensa horda de iletrados falando vernáculo fornecia a realidade física densa do percurso cerimonial, enquanto um pequeno segmento de fiéis letrados bilíngues, oriundos de cada comunidade vernácula, executava os ritos de unificação, interpretando o significado daquele movimento coletivo para os seus respectivos cortejos.[28] Numa época anterior à imprensa, a realidade da comunidade religiosa imaginada dependia profundamente de viagens incontáveis e incessantes. O que mais impressiona na cristandade ocidental, nos seus dias de glória, é o fluxo desimpedido de fiéis de toda a Europa com destino a Roma, passando pelos famosos "centros regionais" de ensino monástico. Essas grandes instituições de língua latina reuniam o que hoje chamaríamos de irlandeses, dinamarqueses, portugueses, alemães e assim por diante, formando

---

27. Ver Bloch, *Feudal society*, I, p. 64.
28. Temos aqui claras semelhanças com os respectivos papéis da intelectualidade bilíngue e das massas camponesas e operárias majoritariamente analfabetas na gênese de certos movimentos nacionalistas — antes do advento do rádio. Inventado apenas em 1895, o rádio foi uma alternativa à imprensa e conseguiu criar uma representação auditiva da comunidade imaginada nos locais onde a página impressa tinha parca penetração. O seu papel na revolução vietnamita e indonésia, e de modo geral nos nacionalismos da metade do século XX, tem sido muito subestimado e pouco estudado.

comunidades cujo significado sagrado era decifrado diariamente a partir da justaposição de seus membros no refeitório, a qual, de outra maneira, seria inexplicável.

As peregrinações religiosas são, provavelmente, as jornadas mais comoventes e grandiosas da imaginação, mas elas tiveram, e ainda têm, equivalentes seculares mais modestos e limitados.[29] Para o que aqui nos interessa, os mais importantes são os novos tipos de viagem criados pela ascensão das monarquias absolutizantes e, mais tarde, dos Estados imperiais mundiais com sede na Europa. A tendência interna do Absolutismo era criar um aparato estatal unificado, leal e controlado diretamente pelo governante, *contra* uma nobreza feudal descentralizada e particularista. A unificação significava uma intercambialidade intrínseca de homens e documentos. A intercambialidade humana foi alimentada pelo recrutamento — em graus variáveis — de *homines novi*, os quais, justamente por essa razão, não dispunham de poder independente próprio e podiam servir como emanações da vontade dos seus senhores.[30] Os funcionários do Absolutismo, assim, empreendiam viagens que eram fundamentalmente diversas das de nobres feudais.[31] Podemos esquematizar essa diferença da seguinte maneira: no modelo da jornada feudal, o herdeiro do nobre A, após a morte do pai, sobe um degrau para ocupar o lugar paterno. Essa ascensão demanda uma viagem ao centro, para a investidura, e depois o

---

29. Não se deve entender a "peregrinação secular" como uma simples metáfora fantasiosa. Conrad foi irônico, mas também exato, ao descrever os agentes espectrais de Leopoldo II como "peregrinos" no coração das trevas.
30. Principalmente onde: (a) a monogamia era imposta pela religião e pela lei; (b) a primogenitura era a regra; (c) os títulos não dinásticos eram hereditários, e também diferentes em termos legais e conceituais do nível hierárquico dentro do funcionalismo, ou seja, onde as aristocracias de província tinham um poder independente significativo — a Inglaterra, em oposição ao Sião.
31. Ver Bloch, *Feudal society*, II, pp. 422 ss.

retorno aos domínios ancestrais. Para o novo funcionário, porém, as coisas são mais complexas. O que define sua carreira é o talento, não a morte. Ele vê à frente um topo, não um centro. Ele vai escalando as laterais numa série de arcos que, espera ele, ficarão cada vez menores e mais apertados conforme se aproximam do alto. Enviado para a cidade A no nível V, ele pode voltar à capital com o nível W; então segue para a província B com o nível X, vai até o vice-reino C com o nível Y, e termina a sua peregrinação na capital com o nível Z. Nessa jornada, não há nenhum descanso garantido; toda pausa é provisória. A última coisa que quer o funcionário é voltar para casa, pois ele *não tem* uma casa com qualquer valor intrínseco. E mais: na sua ascensão em espiral, ele encontra os colegas de funcionalismo, companheiros de percurso tão ávidos quanto ele, oriundos de lugares e famílias de que mal ouviu falar e certamente espera nunca ter de conhecer. Mas, ao conhecê-los como companheiros de viagem, brota uma consciência de interligação ("Por que estamos *nós* [...] *aqui* [...] *juntos?*"), principalmente quando todos falam uma mesma língua oficial. Assim, se o funcionário A da província B administra a província C, e o funcionário D da província C administra a província B — situação que passa a ser provável sob o Absolutismo —, essa experiência de intercambialidade requer uma explicação própria: a ideologia do Absolutismo, que tanto os próprios "homens novos" quanto o soberano ajudam a elaborar.

    A intercambialidade dos documentos, que reforçava a intercambialidade dos homens, foi alimentada pelo desenvolvimento de uma língua oficial padronizada. Como mostra a pomposa sucessão, entre os séculos XI e XIV, do anglo-saxão, latim, normando e médio-inglês em Londres, *qualquer* língua escrita, em princípio, serviria para essa função — desde que detivesse os direitos de monopólio. (Mas pode-se objetar que, onde os vernáculos detiveram o monopólio em detrimento do latim, o que ocorreu foi um aumento da centralização, restringindo uma tendência de aproximação dos funcionários de um determinado soberano aos aparatos estatais rivais: por assim dizer, garantindo que os funcionários-peregrinos de Madri não fossem intercambiáveis com os de Paris.) Em princípio, a expansão extraeuropeia dos grandes reinos da Europa moderna teria simplesmente ampliado o modelo acima descrito, com o desenvolvimento de grandes burocracias transcontinentais. Mas, na verdade, isso não ocorreu. A racionalidade instrumental do aparato absolutista — sobretudo a sua tendência de recrutar e promover mais pelo mérito do que pelo berço — operou apenas espasmodicamente para além das costas orientais do Atlântico.[32]

O padrão é claro nas Américas. Por exemplo, num total de 170 vice-reis na América espanhola, até 1813, apenas quatro eram crioulos. Esses números são ainda mais desconcertantes se notarmos que, em 1800, nem 5% dos 3,2 milhões de "brancos" crioulos no Império Ocidental (que se impunham sobre 13,7 milhões de indígenas) eram espanhóis reinóis. No início da revolução no México, havia apenas um bispo crioulo, embora a proporção no vice-reino fosse de setenta crioulos para um *peninsular*.[33] E nem é preciso dizer que era quase inédito que um crioulo atingisse uma posição importante no funcionalismo da Espanha.[34] Além disso, as peregrinações dos funcionários crioulos eram barradas não só no

---

32. Naturalmente, não se deve exagerar essa racionalidade. O caso do Reino Unido, onde os católicos estiveram excluídos do funcionalismo até 1829, não é único. Alguém duvida de que essa longa exclusão teve um papel importante no fortalecimento do nacionalismo irlandês?
33. Lynch, *The Spanish-American revolutions*, pp. 18-9, 298. Entre os cerca de 15 mil *peninsulares*, metade era de soldados.
34. Na primeira década do século XIX, consta que havia cerca de quatrocentos sul-americanos morando na Espanha. Entre eles, estava o "argentinista" San Martín, que foi levado ainda menino para a Espanha, vivendo por lá durante 27 anos, ingressando na Academia Real para os jovens nobres e desempenhando um papel de destaque na luta armada contra Napoleão, antes de voltar à terra natal ao ter

sentido vertical. Se os funcionários espanhóis podiam ir de Saragoça a Cartagena, a Madri e Lima, e voltar a Madri, o crioulo "mexicano" ou "chileno" geralmente servia apenas nos territórios coloniais do México ou do Chile: os seus movimentos laterais eram tão restritos quanto a sua ascensão vertical. Assim, o auge da sua carreira, o centro administrativo mais elevado para o qual ele poderia ser designado, era a capital da unidade administrativa imperial em que ele se encontrava.[35] E no entanto, nessa peregrinação tão limitada, ele encontrava companheiros de viagem e passava a sentir que esse companheirismo se baseava não só naquele trecho específico da peregrinação, e sim na fatalidade comum do nascimento naquele lado do Atlântico. Mesmo que ele tivesse nascido uma semana depois da imigração paterna, o acaso do nascimento nas Américas o destinava à subordinação — muito embora em termos de língua, religião, antepassados ou costumes, praticamente não se distinguisse do espanhol reinol. Não havia

---

notícias da sua declaração de independência; e Bolívar, que se hospedou por algum tempo em Madri com Manuel Mello, amante "americano" da rainha Maria Luísa. Segundo Masur, Bolívar pertencia (c. 1805) a "um grupo de jovens sul-americanos" que, como ele, "eram ricos, ociosos e em desfavor com a Corte. O ódio e o sentimento de inferioridade de muitos crioulos em relação à metrópole estavam se transformando em impulsos revolucionários". *Bolívar*, pp. 41-7 e 469-70 (San Martín).
35. Com o tempo, as peregrinações militares se tornaram tão importantes quanto as civis. "A Espanha não tinha nem o dinheiro nem o pessoal disponível para manter grandes guarnições de soldados regulares na América, e dependia basicamente de milícias coloniais, que, a partir dos meados do século XVIII, foram ampliadas e reorganizadas", *ibid.*, p. 10. Essas milícias eram componentes totalmente locais, não intercambiáveis, de um aparato de segurança continental. Desempenharam um papel cada vez mais crítico a partir dos anos 1760, com o aumento das incursões britânicas. O pai de Bolívar tinha sido um importante comandante miliciano, defendendo os portos venezuelanos contra os invasores. O próprio Bolívar, na adolescência, serviu na antiga unidade do pai. (Masur, *Bolívar*, pp. 30 e 38.) Sob esse aspecto, ele é um exemplo típico da primeira geração de líderes nacionalistas da Argentina, Venezuela e Chile. Ver Robert L. Gilmore, *Caudillism and militarism in Venezuela, 1810-1910*, capítulos 6 ("The Militia") e 7 ("The Military").

nada a fazer: ele era *irremediavelmente* crioulo. Mas como essa exclusão lhe devia parecer irracional! E, no entanto, oculta nessa irracionalidade estava a seguinte lógica: nascido nas Américas, ele não podia ser um verdadeiro espanhol; *ergo*, nascido na Espanha, o *peninsular* não podia ser um verdadeiro americano.[36]

O que dava uma aparência racional à exclusão na metrópole? Certamente a confluência de um venerando maquiavelismo com o aumento das ideias sobre a contaminação biológica e ecológica, que desde o século XVI acompanharam a expansão planetária dos europeus e do poder europeu. Do ponto de vista do soberano, os crioulos americanos, em número sempre crescente e enraizamento local maior a cada geração, apresentavam um problema político historicamente único. Pela primeira vez, as metrópoles tinham de lidar com uma quantidade enorme — para os padrões da época — de "colegas europeus" (em 1800, mais de 3 milhões nas Américas espanholas) muito longe da Europa. Se os indígenas podiam ser derrotados por armas e doenças, e controlados pelos mistérios do cristianismo e por uma cultura totalmente estranha (além de uma organização política avançada para a época), o mesmo não valia para os crioulos, que dividiam com os metropolitanos praticamente a mesma relação com armas, doenças, cristianismo e cultura europeia. Em outras palavras, em princípio eles dispunham dos meios políticos, culturais e militares para se fazerem valer.

36. Notem-se as transformações que a independência trouxe para os americanos: a primeira geração de imigrantes se torna agora "a mais inferior", em vez de "a superior", ou seja, a mais contaminada por um local fatal de nascimento. Ocorrem inversões parecidas, em reação ao racismo. O "sangue negro" — manchado por essa *nódoa* — passa a ser considerado, sob o imperialismo, uma contaminação irremediável para qualquer "branco". Hoje, pelo menos nos Estados Unidos, o "mulato" já é figura de museu. O mais leve traço de "sangue negro" torna a pessoa negra, e com orgulho ["*black is beautiful*"]. Compare-se com o programa otimista de miscigenação de Fermín e a sua total despreocupação com a cor da progênie esperada.

Constituíam ao mesmo tempo uma comunidade colonial e uma classe superior. Deviam ser economicamente submetidos e explorados, mas também eram essenciais para a estabilidade do império. Sob essa luz, podemos ver um certo paralelismo entre a posição dos magnatas crioulos e a dos barões feudais, essenciais para o poder do soberano, mas também uma ameaça a ele. Assim, os *peninsulares* enviados como vice-reis e bispos serviam às mesmas funções dos *homines novi* das burocracias protoabsolutistas.[37] Se o vice-rei era um grande dignitário na sua Andaluzia natal, aqui, a quase 8 mil quilômetros de distância, ao lado dos crioulos, ele era efetivamente um *homo novus* na dependência total de seu senhor metropolitano. O tenso equilíbrio entre funcionário peninsular e magnata crioulo era, assim, uma expressão da velha política do *divide et impera* num novo cenário.

Ademais, o aumento das comunidades crioulas, sobretudo nas Américas, mas também em partes da Ásia e da África, levou inevitavelmente ao surgimento de eurasiáticos, euro-africanos e euro-americanos, não como meras curiosidades ocasionais, e sim como grupos sociais visíveis. Esse surgimento favoreceu um estilo de pensamento que prefigura o racismo moderno. Portugal, o primeiro conquistador europeu em escala mundial, oferece uma boa ilustração desse ponto. Na última década do século XIV, d. Manuel I ainda podia "resolver" a sua "questão judaica" pela conversão obrigatória em massa — provavelmente, foi o último governante europeu a achar essa solução "natural" e satisfatória.[38] Mas, nem decorridos cem anos, temos Alexandre Valignano, o grande reor-

---

37. Em vista do profundo interesse de Madri que o governo das colônias estivesse em mãos confiáveis, "era um axioma que os cargos elevados fossem ocupados exclusivamente por espanhóis nativos". Masur, *Bolívar*, p. 10.
38. Charles R. Boxer, *The Portuguese seaborne empire, 1415-1825*, p. 266.

ganizador da missão jesuíta na Ásia entre 1574 e 1606, esbravejando contra o ingresso de índios e euro-índios no sacerdócio:[39]

Todas essas raças escuras são muito obtusas e malvadas, e com o mais vil espírito... Quanto aos *mestiços* e *castiços*, não devemos aceitar nenhum ou apenas pouquíssimos, principalmente dos *mestiços*, pois quanto mais sangue nativo eles têm, mais se parecem com os índios e menos estimados são pelos portugueses.

(Mas Valignano recomendava vivamente a aceitação de japoneses, coreanos, chineses e "indochineses" em funções eclesiásticas — será talvez porque os mestiços ainda não existiam naquelas regiões?) Da mesma forma, os franciscanos portugueses em Goa eram enfaticamente contrários ao ingresso de crioulos na ordem, alegando que, "mesmo nascidos de pais brancos puros, [eles] foram aleitados por amas indianas durante a infância e o sangue deles ficou contaminado para toda a vida".[40] Boxer mostra que as proibições e exclusões "raciais" aumentaram drasticamente nos séculos XVII e XVIII em comparação à prática anterior. Essa tendência perniciosa ganhou um grande reforço com o ressurgimento da escravidão em larga escala (pela primeira vez na Europa, desde a Antiguidade), cujo pioneiro foi Portugal, a partir de 1510. Já nos anos 1550, 10% da população lisboeta era formada por escravos; em 1800, havia quase um milhão de escravos no total de 2,5 milhões de habitantes do Brasil.[41]

Indiretamente, o Iluminismo também ajudou a cristalizar uma distinção irreversível entre metropolitanos e crioulos. Nos 22 anos em que esteve no poder (1755-77), o autocrata esclarecido

---

39. *Ibid.*, p. 252.
40. *Ibid.*, p. 253.
41. Rona Fields, *The Portuguese revolution and the armed forces movement*, p. 15.

Pombal não só expulsou os jesuítas dos domínios portugueses como também converteu em crime o uso de nomes ofensivos, como "negro" ou "mestiço" [sic], para designar os súditos "de cor". Mas ele justificou esse decreto citando as concepções da Roma antiga sobre os cidadãos do império, e não as doutrinas dos *philosophes*.[42] Além disso, de grande influência foram os textos de Rousseau e Herder, sustentando que o clima e a "ecologia" tinham um impacto decisivo sobre a formação da cultura e do caráter.[43] A partir daí, era facílimo chegar à conclusão simples e conveniente de que os crioulos, nascidos num hemisfério selvagem, eram por natureza diferentes e inferiores aos metropolitanos — e, portanto, inadequados para cargos mais elevados.[44]

Até aqui, temos dedicado a nossa atenção aos mundos dos funcionários nas Américas — mundos de importância estratégica, mas ainda de dimensões reduzidas. Além disso, com os seus conflitos entre *peninsulares* e crioulos, eram mundos anteriores ao surgimento da consciência nacional americana, no final do século XVIII. As peregrinações restritas dos vice-reis não teriam nenhuma consequência decisiva enquanto a extensão territorial não pudesse ser imaginada como uma nação — em outras palavras, enquanto não surgisse o capitalismo tipográfico.

A imprensa em si chegou cedo à Nova Espanha, mas durante dois séculos ficou sob o controle rígido da Coroa e da Igreja. Até o

---

42. Boxer, *The Portuguese Seaborne Empire*, pp. 257-8.
43. Kemiläinen, *Nationalism*, pp. 72-3.
44. Aqui ressalto as distinções de raça entre *peninsulares* e crioulos porque o principal tema de análise é o surgimento do nacionalismo crioulo. Mas não estou minimizando o aumento simultâneo do racismo crioulo contra os mestiços, os negros e os índios, nem a disposição de uma metrópole não ameaçada em proteger (até certo ponto) esses infelizes.

final do século XVII, só existiam gráficas na Cidade do México e em Lima, e a produção era quase inteiramente eclesiástica. Na América do Norte, protestante, a imprensa praticamente nem existiu naquele século. Mas, no decorrer do século XVIII, houve quase que uma revolução. Entre 1691 e 1820, foram editados nada menos que 2 120 "jornais", sendo que 461 duraram mais de dez anos.[45]

A figura de Benjamin Franklin está indissociavelmente ligada ao nacionalismo crioulo na América do Norte. Mas talvez a importância da sua profissão não seja tão evidente. Aqui, mais uma vez, Febvre e Martin são esclarecedores. Eles nos lembram que "a imprensa só se desenvolveu na América [do Norte] no século XVIII quando os tipógrafos descobriram uma nova fonte de renda — o jornal".[46] Os tipógrafos que iniciavam novos negócios sempre incluíam um jornal entre as suas edições, geralmente sendo seus únicos ou principais redatores. Assim, o editor-jornalista foi, a princípio, um fenômeno essencialmente norte-americano. Como o principal problema para o editor-jornalista era atingir o leitor, desenvolveu-se uma aliança tão íntima com o agente postal que, amiúde, trocavam de posições. Assim, a oficina tipográfica surgiu como elemento-chave das comunicações e da vida intelectual comunitária dos Estados Unidos. Na América espanhola, embora de modo mais lento e intermitente, ocorreram processos semelhantes que resultaram nas primeiras tipografias locais, na segunda metade do século XVIII.[47]

Quais eram as características dos primeiros jornais norte e sul-americanos? Eles começaram basicamente como apêndices do mercado. As primeiras gazetas traziam — além das notícias sobre a metrópole — informações comerciais (datas de chegada e parti-

---

45. Febvre e Martin, *The Coming of the Book*, pp. 208-11.
46. *Ibid.*, 211.
47. Franco, *An introduction*, p. 28.

da dos navios, preços vigentes de tais e tais mercadorias em tais e tais portos), decretos políticos coloniais, casamentos de pessoas ricas, e assim por diante. Em outras palavras, o que unia, na mesma página, *este* casamento e *aquele navio*, *este* preço e *aquele* bispo era a própria estrutura da administração colonial e do sistema mercantil. Assim, o jornal de Caracas criava muito naturalmente, e até apoliticamente, uma comunidade imaginada entre um conjunto específico de leitores, a quem pertenciam *estes* navios, bispos, noivas e preços. Claro que seria apenas uma questão de tempo até aparecerem os elementos políticos.

Um traço fecundo desses jornais era sempre o seu caráter local. Se pudesse, um crioulo colonial leria um jornal de Madri (que não lhe diria nada sobre o seu próprio mundo), mas um funcionário reinol, morando na mesma rua, *não* leria, caso fosse possível, a edição de Caracas. Essa assimetria se reproduzia ao infinito em outras situações coloniais. Um outro traço interessante era a pluralidade. Os jornais hispano-americanos do final do século XVIII eram redigidos com a plena consciência de outros habitantes de província em mundos paralelos aos deles. Os leitores de jornais da Cidade do México, de Buenos Aires e de Bogotá, mesmo que não lessem as gazetas uns dos outros, ainda assim sabiam da existência delas. Daí a famosa duplicidade do nacionalismo hispano-americano em seus primórdios, alternando o seu grande alcance espacial e o seu localismo particularista. Os primeiros nacionalistas mexicanos se referiam a si mesmos, na letra impressa, como *nosotros los Americanos* e ao México como *nuestra America* — esse fato tem sido interpretado como expressão da vaidade dos crioulos locais, que se viam como o centro do Novo Mundo, pois o México era, de longe, a possessão americana mais valiosa da Espanha.[48] Mas, na verdade, todos na América espanhola se consideravam "america-

---

48. Lynch, *The Spanish-American revolutions*, p. 33.

nos", visto que esse termo designava justamente a fatalidade de terem nascido fora da Espanha.[49]

Ao mesmo tempo, vimos que a própria concepção do jornal supõe a refração dos "fatos do mundo" num certo mundo imaginado de leitores do vernáculo, e quão importante para essa comunidade imaginada é a ideia de uma simultaneidade sólida e constante ao longo do tempo. Devido à vastidão do Império Hispano-americano e ao isolamento das suas partes constituintes, era difícil imaginar essa simultaneidade.[50] Os crioulos mexicanos podiam tomar conhecimento, meses depois, de fatos ocorridos em Buenos Aires, mas seria através dos jornais mexicanos, e não dos rio-platenses; e os fatos iriam parecer "semelhantes" aos mexicanos, mas não "partes" integrantes deles.

Nesse sentido, o "malogro" da experiência hispano-americana em criar um nacionalismo permanente em toda a região reflete tanto o nível geral do desenvolvimento capitalista e tecnológico no final do século XVIII quanto o atraso "local" do capitalismo e da tecnologia espanhóis em relação à extensão administrativa do império. (A era histórico-mundial em que surgiu cada nacionalismo provavelmente tem um impacto significativo nesse aspecto. Não será o nacionalismo indiano inseparável da unificação administrativo-comercial colonial a que procedeu, após o motim, a maior e mais avançada potência imperial?)

Os crioulos protestantes de fala inglesa, mais ao norte, estavam numa situação muito mais favorável para concretizar a ideia da

---

49. "Um peão foi se queixar que o capataz espanhol da sua fazenda tinha batido nele. San Martín ficou indignado, mas era uma indignação mais nacionalista do que socialista. 'O que você acha? Depois de três anos de revolução, um *maturrango* [espanhol reinol] se atreve a levantar a mão contra um americano!'" *Ibid.*, p. 87.
50. Temos uma evocação fascinante da lonjura e do isolamento das populações hispano-americanas no retrato da fabulosa Macondo de Márquez, em *Cem anos de solidão*.

"América", e, com efeito, acabaram tomando para si o nome corrente de "americanos". As Treze Colônias originais abrangiam uma área menor que a Venezuela, e 1/3 do tamanho da Argentina.[51] Geograficamente próximos, os centros comerciais de Boston, Nova York e Filadélfia tinham rápida comunicação entre si, e havia laços bastante fortes entre os seus respectivos habitantes, tanto pela imprensa quanto pelo comércio. Os "Estados Unidos" foram se multiplicando ao longo dos 183 anos seguintes, à medida que as povoações avançavam da costa leste rumo ao oeste. Mas, mesmo no caso dos Estados Unidos, também há alguns elementos de "malogro" ou retração — a não absorção do Canadá anglófono, a década da independência e soberania do Texas (1835-46). Se tivesse existido uma comunidade anglófona significativa na Califórnia durante o século XVIII, não seria provável que surgisse um Estado independente, que faria o papel da Argentina em relação ao Peru das Treze Colônias? Mesmo nos Estados Unidos os laços afetivos do nacionalismo eram bastante elásticos, capazes, junto com a rápida expansão da fronteira oeste e as contradições entre as economias do Norte e do Sul, de precipitar uma guerra de secessão *quase cem anos depois da Declaração de Independência*; essa guerra hoje nos faz lembrar vivamente os conflitos que separaram a Venezuela e o Equador da Grande Colômbia, e o Uruguai e o Paraguai das Províncias Unidas do Rio de la Plata.[52]

51. As Treze Colônias ocupavam uma área total de 322 497 milhas quadradas. A Venezuela, 352 143; a Argentina, 1 072 067, e a América do Sul espanhola, 3 417 625. [Respectivamente, 835 267,23 km², 912 050,37 km², 2 775 653 53 km², 8 851 648,75 km². — N. T.]
52. O Paraguai constitui um caso de interesse excepcional. Graças à ditadura relativamente benévola estabelecida pelos jesuítas no começo do século XVII, os indígenas foram mais bem tratados do que em qualquer outra parte da América espanhola, e o guarani alcançou a condição de língua impressa. Com a expulsão dos jesuítas da América espanhola em 1767, por determinação da Coroa, o Paraguai passou a fazer parte do Rio de la Plata, mas em data avançada e pelo prazo de pouco mais de uma geração. Ver Seton-Watson, *Nations and states*, pp. 200-1.

* * *

Como conclusão provisória, cabe relembrar o objetivo específico e limitado do argumento apresentado até o momento. Mais do que explicar as bases socioeconômicas da resistência antimetropolitana no hemisfério ocidental entre, digamos, 1760 e 1830, ele pretende esclarecer por que a resistência foi concebida basicamente em formas "nacionais" no plural. Os interesses econômicos em jogo são conhecidos e têm, evidentemente, uma importância fundamental. O liberalismo e o Iluminismo também exerceram um impacto profundo, sobretudo ao oferecer um arsenal de críticas ideológicas aos modelos imperiais e aos *anciens régimes*. Mas o que eu estou defendendo é que nem o interesse econômico, nem o liberalismo ou o Iluminismo *em si mesmos* poderiam criar, e não criaram, o *tipo* ou a forma de comunidade imaginada a ser protegida contra as depredações desses regimes; em outros termos, eles não forneceram o quadro de uma nova consciência — a periferia praticamente ignorada do seu campo visual — em oposição aos objetos de admiração ou desagrado que ocupavam o foco de suas atenções.[53] Para *essa* tarefa específica, o papel histórico decisivo foi desempenhado por funcionários-peregrinos e impressores locais crioulos.

---

53. Note-se algo interessante: a Declaração de Independência de 1776 fala apenas em "o povo", e a palavra "nação" só vai aparecer pela primeira vez na Constituição de 1789. Kemiläinen, *Nationalism*, p. 105.

4. Velhas línguas, novos modelos

O final da era dos movimentos vitoriosos de libertação nacional nas Américas coincidiu em boa medida com o início da era do nacionalismo na Europa. Se considerarmos o caráter desses novos nacionalismos que, entre 1820 e 1920, mudaram a face do Velho Mundo, dois traços notáveis os diferenciam de seus predecessores. Em primeiro lugar, em quase todos eles as "línguas impressas nacionais" foram de fundamental importância ideológica e política, ao passo que o espanhol e o inglês nunca foram questões relevantes nas Américas revolucionárias. Em segundo lugar, todos eles podiam funcionar a partir de modelos visíveis, oferecidos pelos seus antecedentes distantes e, após as convulsões da Revolução Francesa, nem tão distantes. Assim, desde logo a "nação" se tornou objeto de uma aspiração consciente, e não uma perspectiva de mundo que ganhava foco aos poucos. Na verdade, como veremos, a "nação" foi uma invenção sem patente, e seria impossível registrá-la. Pôde ser copiada por mãos muito diversas, e às vezes inesperadas. Assim, neste capítulo, o objeto de análise será a língua impressa e a cópia "pirata".

* * *

Ignorando despreocupadamente alguns fatos extraeuropeus evidentes, o grande Johann Gottfried von Herder (1744-1803) declarou, no final do século XVIII: *"Denn jedes Volk ist Volk; es hat seine National Bildung wie seine Sprache"* [assim, *cada* povo é um povo; tem a *sua* formação nacional como a *sua* língua].[1] Essa concepção esplendidamente europeizada da condição nacional [*nation-ness*] vinculada à propriedade privada da língua teve enorme influência na Europa oitocentista e, mais estritamente, na teorização posterior da natureza do nacionalismo. Quais foram as origens desse sonho? Muito provavelmente, elas residem na profunda retração temporal e espacial do mundo europeu que se iniciou já no século XIV, provocada a princípio pelas investigações dos humanistas e depois, paradoxalmente, pela expansão mundial da Europa.

Como tão bem diz Auerbach:[2]

> Desde o alvorecer do humanismo começa-se a achar que os acontecimentos da lenda e da história antigas, e também os da Bíblia, estão separados dos da própria época não somente pelo transcurso do tempo, mas também pela total diversidade das condições de vida. O humanismo, com o seu programa de renovações das antigas formas de vida e de expressão, cria em primeiro lugar uma visão histórica numa profundidade jamais alcançada anteriormente: vê a Antiguidade em profundidade histórica, e, contrastando com ela, os tempos obscuros da Idade Média que lhe sucede. [...] [Isso impossibilitou restaurar] a vida autárquica natural da cultura antiga, ou a ingenuidade histórica dos séculos XII ou XIII.

1. Kemiläinen, *Nationalism*, p. 42. Grifo meu.
2. *Mimesis*, p. 282. Grifo meu. [Ed. bras., pp. 285-6.]

O desenvolvimento da "história comparada", como podemos chamá-la, levou, com o tempo, à concepção inédita de "modernidade" explicitamente contraposta à "antiguidade", e não necessariamente em favor desta última. A questão foi ferrenhamente debatida na "Querela entre os Antigos e os Modernos", que dominou a vida intelectual francesa no último quartel do século XVII.[3] Para citar Auerbach uma vez mais, "durante o reinado de Luís XIV, tinha-se a coragem de achar que a própria cultura, junto com a antiga, tinha valor modelar, e esta concepção foi imposta, efetivamente, ao restante da Europa".[4]

Durante o século XVI, a "descoberta" europeia de civilizações grandiosas até então conhecidas apenas por vagos rumores — China, Japão, Sudoeste Asiático e Índia — ou totalmente desconhecidas — México asteca e Peru incaico — mostrou um irremediável pluralismo humano. Em sua maioria, essas civilizações tinham se desenvolvido de modo totalmente separado da história conhecida da Europa, da cristandade, da Antiguidade e até do homem: as suas genealogias não remetiam ao Éden, e nem poderiam ser assimiladas a ele. (Apenas o tempo vazio e homogêneo iria lhes oferecer acomodação.) Pode-se avaliar o impacto dessas "descobertas" pelas geografias peculiares das políticas imaginárias da época. A *Utopia* de More, que surgiu em 1516, se apresentava por meio da narrativa de um marinheiro que integrou a expedição de Américo Vespúcio às Américas em 1497-98 e que o autor havia encontrado na Antuérpia. A novidade da *Nova Atlântida* de Francis Bacon (1626) consistia, talvez, principalmente no fato de estar

---

3. A querela começou em 1689, quando Charles Perrault, aos 59 anos de idade, publicou o poema "Siècle de Louis le Grand", defendendo que as artes e as ciências tinham atingido o apogeu naquela sua época e país.
4. *Mimesis*, p. 343 [ed. bras., p. 348]. Nota-se que Auerbach diz "cultura", e não "língua". Também devemos ter cautela antes de pensar que a "condição de nação" era "a própria".

situada no oceano Pacífico. A magnífica ilha dos Houyhnhnms de Swift (1726) vinha com um mapa fictício da sua localização no Atlântico Sul. (O significado dessas locações talvez fique mais claro se pensarmos quão inconcebível seria situar a República de Platão em qualquer mapa, real ou fictício.) Todas essas utopias sardônicas, "modeladas" a partir de descobertas reais, são pintadas não como paraísos perdidos, e sim como sociedades *contemporâneas*. Pode-se argumentar que assim deveriam ser, pois foram escritas como críticas *às* sociedades da época e, com os descobrimentos, não havia mais a necessidade de procurar modelos numa antiguidade desaparecida.[5] Na esteira dos utopistas vieram os luminares do Iluminismo, Vico, Montesquieu, Voltaire e Rousseau, que cada vez mais utilizavam uma não Europa "real" para uma enxurrada de textos subversivos contra as instituições políticas e sociais europeias da época. Com efeito, tornou-se possível pensar a Europa como apenas uma entre muitas civilizações, e não necessariamente a "eleita" ou a melhor.[6]

Com o tempo, os descobrimentos e as conquistas também provocaram uma revolução nas ideias europeias sobre as línguas. Desde o começo, marinheiros, missionários, comerciantes e soldados portugueses, holandeses e espanhóis, por razões práticas — navegação, catequização, comércio e guerra —, tinham montado listas de palavras em línguas não europeias para formar dicionários elementares. Mas foi apenas no final do século XVIII que o estu-

---

5. Da mesma forma, temos um belo contraste entre os dois famosos mongóis do teatro inglês. *Tamburlaine the Great* (1587-88), de Marlowe, descreve um dinasta famoso falecido em 1407. *Aurangzeb* (1676), de Dryden, retrata um imperador reinante da época (1658-1707).
6. Assim, quando o imperialismo europeu saiu despreocupadamente mundo afora, outras civilizações se viram traumaticamente confrontadas com pluralismos que aniquilaram as suas genealogias sagradas. Ilustrativo desse processo é o caso do Reino do Meio, marginalizado para o Extremo Oriente.

do científico comparado das línguas realmente deslanchou. Com a conquista inglesa de Bengala, surgiram as investigações pioneiras do sânscrito de William Jones (1786), que permitiram entender melhor que a civilização indiana era muito anterior à Grécia e à Judeia. Com a expedição napoleônica ao Egito, os hieróglifos foram decifrados por Jean Champollion (1835), o que pluralizou a Antiguidade extraeuropeia.[7] O progresso nos estudos semíticos acabou com a ideia de que o hebreu era a única língua antiga ou que possuía origem divina. Mais uma vez, foram descobertas genealogias que só poderiam se acomodar num tempo vazio e homogêneo. "A língua, mais do que uma continuidade entre um poder externo e o falante humano, tornou-se um campo interno criado e usado mutuamente pelos usuários da língua."[8] Essas descobertas levaram à filologia, com os seus estudos de gramática comparada, à classificação das línguas em famílias e à reconstrução de "protolínguas", que o raciocínio científico tirou do esquecimento. Com razão, Hobsbawm observou que aí estava "a primeira ciência que via a evolução como o seu próprio cerne".[9]

A partir daí, as antigas línguas sagradas — o latim, o grego e o hebreu — foram obrigadas a se misturar em pé de igualdade ontológica com uma variada multidão plebeia de vernáculos rivais, num movimento que complementava sua anterior depreciação no mercado por obra do capitalismo editorial. Se agora todas as línguas tinham o mesmo estatuto (intra)mundano, então todas eram, em princípio, igualmente dignas de estudo e admiração. Mas de quem? Logicamente de seus novos donos, os falantes — e leitores — nativos de cada língua, pois agora nenhuma pertencia a Deus.

7. Hobsbawm, *A era das revoluções, Europa 1789-1848* [Paz e Terra, 1977], p. 337.
8. Edward Said, *Orientalism*, p. 136 [*Orientalismo. O Oriente como invenção do Ocidente*, Companhia das Letras, 2001].
9. Hobsbawm, *The Age of Revolution*, p. 337.

Como Seton-Watson mostra de maneira muito interessante, o século XIX, na Europa e na periferia mais próxima, foi a idade de ouro dos lexicógrafos, gramáticos, filólogos e literatos do vernáculo.[10] As intensas atividades desses intelectuais profissionais foram de importância central para a formação dos nacionalismos europeus oitocentistas, num absoluto contraste com a situação nas Américas entre 1770 e 1830. Os dicionários monolíngues eram enormes compêndios do tesouro impresso de cada língua, podendo ser levados (mesmo que, às vezes, com certa dificuldade) da livraria para a escola, do escritório para a residência. Os dicionários bilíngues mostravam uma abordagem igualitária das línguas — quaisquer que fossem as realidades políticas lá fora, dentro das capas do dicionário tcheco-alemão, alemão-tcheco, as línguas emparelhadas tinham o mesmo estatuto. Aqueles visionários que trabalhavam como mouros e dedicavam-se durante anos à compilação desses dicionários eram por força levados às grandes bibliotecas da Europa, ou incentivados por elas, sobretudo as universitárias. E grande parte da sua clientela imediata era composta, não menos inevitavelmente, de estudantes universitários e pré-universitários. A frase de Hobsbawm — "o progresso das escolas e das universidades dá a medida do avanço do nacionalismo, assim como as escolas e especialmente as universidades se tornaram seus paladinos mais conscientes"— certamente é correta para a Europa oitocentista, se não para outros tempos e lugares.[11]

10. "Como a história da língua, na nossa época, em geral fica tão rigidamente segregada das histórias política, econômica e social convencionais, julguei desejável aproximá-la delas, mesmo em detrimento de um domínio mais especializado do assunto", *Nations and states*, p. 11. De fato, um dos aspectos mais valiosos do texto de Seton-Watson é justamente a atenção que ele dedica à história da língua — mesmo que se possa discordar do uso que ele lhe dá.
11. *The Age of Revolution*, p. 166. As instituições acadêmicas foram insignificantes para os nacionalismos americanos. O próprio Hobsbawm nota que existiam

Então podemos ilustrar essa revolução lexicográfica como se fosse o trovejar crescente num arsenal que começa a explodir, conforme cada pequena explosão se propaga e detona outras, até que o clarão final transforma a noite em dia.

Em meados do século XVIII, a labuta prodigiosa dos eruditos alemães, franceses e ingleses não só tornara acessível, num formato impresso de fácil manejo, praticamente todo o conjunto remanescente de clássicos gregos, com seus devidos anexos filológicos e lexicográficos, como também recriara, em dúzias de livros, uma antiga civilização helênica resplandecente (e decididamente pagã). No último quartel do século, esse "passado" foi se tornando sempre mais acessível a um pequeno número de jovens intelectuais cristãos de língua grega, os quais, em sua maioria, estudaram ou viajaram para fora do Império Otomano.[12] Entusiasmados com o filo-helenismo nos centros da civilização europeia ocidental, eles se dedicaram à "desbarbarização" dos gregos modernos, isto é, à sua transformação em seres dignos de Péricles e Sócrates.[13] Essa mudança de consciência se expressa emblematicamente nas seguintes palavras de um daqueles jovens, Adamantios Koraes

---

6 mil estudantes em Paris na época, mas não desempenharam praticamente nenhum papel na Revolução Francesa (p. 167). Ele também nos lembra que a educação se difundiu rapidamente na primeira metade do século XIX, mas o número de adolescentes na escola ainda era minúsculo pelos padrões modernos: meros 19 mil estudantes de *lycée* na França em 1842; 20 mil colegiais entre 68 milhões de habitantes da Rússia imperial em 1850; um total provável de 48 mil estudantes universitários em toda a Europa em 1848. E, no entanto, nas revoluções *daquele* ano específico, esse grupo ínfimo, mas estratégico, desempenhou um papel fundamental (pp. 166-7).
12. Os primeiros jornais em grego apareceram em 1784 em Viena. Philike Hetairia, a sociedade secreta em larga medida responsável pela revolta antiotomana de 1821, foi fundada no "novo grande porto cerealista russo de Odessa" em 1814.
13. Ver a introdução de Elie Kedourie a *Nationalism in Asia and Africa*, p. 40.

(que depois se tornou um ardoroso lexicógrafo!), num discurso para um público francês em Paris, em 1803:[14]

Pela primeira vez, a nação assiste ao medonho espetáculo da sua ignorância e treme ao medir com os olhos a distância que a separa da glória de seus ancestrais. Essa dolorosa *descoberta*, porém, não precipita os gregos no desespero: Nós somos os descendentes dos gregos, dizem implicitamente para si mesmos, devemos tentar ser novamente dignos deste nome, ou não devemos portá-lo.

Da mesma forma, no final do século XVIII apareceram gramáticas, dicionários e livros de história da Romênia, junto com um movimento de substituição do alfabeto cirílico pelo romano (separando nitidamente a Romênia dos seus vizinhos eslavos ortodoxos), o qual teve êxito primeiro nos domínios da dinastia Habsburgo e depois nos domínios otomanos.[15] Entre 1789 e 1794, a Academia Russa, nos moldes da Academia Francesa, organizou um dicionário russo em seis volumes, ao qual se seguiu, em 1802, uma gramática oficial. Ambos representaram o triunfo da língua vernácula sobre o eslavônico eclesiástico. Embora, em anos bem avançados do século XVIII, o tcheco fosse falado apenas pelos camponeses na Boêmia (a nobreza e as classes médias em formação falavam o alemão), o padre católico Josef Dobrovský (1753-1829) escreveu em 1792 a sua *Geschichte der böhmischen Sprache und ältern Literatur*, a primeira história sistemática da língua e litera-

---

14. *Ibid.*, pp. 43-4. Grifo meu. A íntegra do texto "The present state of civilization in Greece" se encontra nas pp. 157-82. Ele contém uma análise surpreendentemente moderna das bases sociológicas do nacionalismo grego.
15. Sem pretensões de qualquer conhecimento especializado da Europa Central e Oriental, eu me baseei largamente em Seton-Watson para a análise subsequente. Sobre a Romênia, ver *Nations and states*, p. 177.

tura tchecas. Em 1835-39, apareceu o dicionário pioneiro de Josef Jungmann, do tcheco para o alemão, em cinco volumes.[16] Quanto ao nascimento do nacionalismo húngaro, Ignotus escreve que é um fato "recente o bastante para sabermos a data: 1772, ano da publicação de algumas obras ilegíveis do versátil autor húngaro György Bessenyei, então residindo em Viena e membro do corpo de guarda de Maria Teresa. [...] A magna opera de Bessenyei pretendia provar que a língua húngara se prestava ao mais excelso gênero literário".[17] Outros incentivos vieram com as longas publicações de Ferenc Kazinczy (1759-1831), "o pai da literatura húngara", e com a transferência daquela que se tornaria a Universidade de Budapeste, passando da cidadezinha interiorana de Trnava para Budapeste. A sua primeira expressão política foi a reação hostil da nobreza magiar latinófona à decisão do imperador José II, nos anos 1780, de substituir o latim pelo alemão como a língua preferencial do governo imperial.[18]

No período 1800-50, em virtude do trabalho pioneiro dos eruditos locais, formaram-se três diferentes línguas literárias nos Bálcãs do norte: o esloveno, o servo-croata e o búlgaro. Se, nos anos 1830, os "búlgaros" eram geralmente considerados membros da mesma nação dos sérvios e dos croatas (e de fato participaram do Movimento Ilírio), em 1878 surgiria um Estado nacional búlgaro

16. Ibid., pp. 150-3.
17. Paul Ignotus, Hungary, p. 44. "Ele realmente provou, mas o seu ímpeto polêmico era mais convincente do que o valor estético dos exemplos apresentados." Talvez valha a pena notar que essa passagem aparece numa subseção intitulada "A invenção da nação húngara", que começa a seguinte frase sugestiva: "Uma nação nasce quando algumas pessoas decidem que ela deve nascer".
18. Seton-Watson, Nations and states, pp. 158-61. A reação foi violenta a ponto de convencer o sucessor Leopoldo II (r. 1790-92) a restabelecer o latim. Ver também mais adiante, no capítulo 5. É instrutivo que, nessa questão, Kazinczy se alinhasse politicamente com José II (Ignotus, Hungary, p. 48).

em separado. No século XVIII, o idioma ucraniano ("pequeno russo") era tolerado com desdém, como língua de campônios. Mas, em 1798, Ivan Kotlarevsky escreveu a sua *Eneida*, um poema satírico tremendamente popular sobre a vida ucraniana. Em 1804, foi fundada a Universidade de Cracóvia, que se tornou logo o centro de uma explosão da literatura ucraniana. Em 1819, surgiu a primeira gramática ucraniana — apenas dezessete anos depois da gramática russa oficial. E nos anos 1830 seguiram-se as obras de Taras Shevchenko, a cujo respeito Seton-Watson observa que "a formação de uma língua literária ucraniana em comum deve mais a ele do que a qualquer outra pessoa. O uso dessa língua foi a etapa decisiva na formação de uma consciência nacional ucraniana".[19] Logo a seguir, em 1846, foi fundada em Kiev a primeira organização nacionalista ucraniana — e por um historiador!

No século XVIII, a língua oficial na atual Finlândia era o sueco. Após a unificação com o império czarista em 1809, a língua oficial passou a ser o russo. Mas nos anos 1820 surgiu um interesse "estimulante" pelo finlandês e seu passado, o qual inicialmente, no final do século XVIII, havia se manifestado em textos escritos em latim e sueco, e agora se expressava na língua vernácula.[20] Os líderes do nascente movimento nacionalista finlandês eram "pessoas cuja profissão consistia em larga medida no manuseio da língua: escritores, professores, pastores e advogados. O estudo do folclore, a redescoberta e a reunião de poemas épicos populares acompanharam a publicação de gramáticas e dicionários, e levaram ao surgimento de periódicos que serviram para padronizar a língua literária [isto é, impressa] finlan-

19. *Nations and states*, p. 187. Desnecessário dizer que o czarismo logo liquidou esse pessoal. Shevchenko sucumbiu na Sibéria. Os Habsburgo, porém, deram um certo incentivo aos nacionalistas ucranianos na Galícia — para compensar os poloneses.
20. Kemiläinen, *Nationalism*, pp. 208-15.

desa, em nome da qual se podiam levantar reivindicações políticas mais vigorosas".[21] No caso da Noruega, que por muito tempo compartilhou a mesma língua escrita com os dinamarqueses apesar da pronúncia totalmente diferente, o nacionalismo surgiu com a nova gramática (1848) e o novo dicionário (1850) de norueguês, da lavra de Ivar Aasen, obras que incentivavam e respondiam às demandas de uma língua impressa especificamente norueguesa.

Em outros lugares, na segunda metade do século XIX, temos o nacionalismo africâner liderado por pastores e literatos bôeres, que nos anos 1870 conseguiram converter o dialeto holandês local numa língua literária e não mais europeia. Maronitas e coptas, muitos deles egressos do colégio americano de Beirute (fundado em 1866) e do colégio jesuíta de São José (fundado em 1875), deram uma grande contribuição para o ressurgimento do árabe clássico e para a difusão do nacionalismo árabe.[22] E é fácil perceber as sementes do nacionalismo turco no surgimento de uma vigorosa imprensa em vernáculo em Istambul, nos anos 1870.[23]

E não podemos esquecer que, na mesma época, deu-se a vernaculização de uma outra forma de página impressa: a partitura. Depois de Dobrovský, vieram Smetana, Dvořák e Janáček; depois de Aasen, Grieg; depois de Kazinczy, Béla Bártok; e assim por diante, pelo século XX adentro.

Ao mesmo tempo, é claro que todos esses lexicógrafos, filólogos, gramáticos, folcloristas, jornalistas e compositores não desenvolviam as suas atividades revolucionárias no vazio. Afinal, produ-

21. Seton-Watson, *Nations and states*, p. 72.
22. *Ibid.*, pp. 232 e 261.
23. Kohn, *The age of nationalism*, pp. 105-7. Isso significava o repúdio do "otomano", um oficialês dinástico misturado a elementos do turco, persa e árabe. Não por acaso, Ibrahim Sinasi, fundador do primeiro jornal em vernáculo, tinha acabado de voltar de cinco anos de estudos na França. Outros logo seguiram sua trilha. Em 1876, havia sete diários em turco em Constantinopla.

ziam para o mercado editorial, e estavam ligados, por meio desse silencioso bazar, ao público consumidor. Quem eram esses consumidores? No sentido mais geral, eram as famílias das classes leitoras — não apenas o "pai trabalhador", mas também a esposa que dispunha de empregada e as crianças em idade escolar. Se notarmos que, ainda em 1840, e mesmo na Grã-Bretanha e na França, os países mais adiantados da Europa, quase metade da população ainda era analfabeta (e na Rússia atrasada, quase 98%), as "classes leitoras" consistiam em pessoas de certo poder. Mais concretamente, para além das velhas classes dominantes da nobreza e da pequena nobreza rural, dos cortesãos e religiosos, eram as novas camadas médias e plebeias de pequenos funcionários e profissionais liberais, e ainda a burguesia mercantil e industrial.

Na metade do século XIX, a Europa presenciou um aumento acelerado nos gastos públicos e no tamanho das burocracias estatais (civis e militares), apesar de não se registrar nenhuma grande guerra local. "Entre 1830-50, os gastos públicos *per capita* aumentaram 25% na Espanha, 40% na França, 44% na Rússia, 50% na Bélgica, 70% na Áustria, 75% nos EUA e mais de 90% na Holanda."[24] A expansão burocrática, que também significava especialização, abriu as portas dos cargos oficiais a um número muito maior de pessoas, e com origens sociais muito mais variadas. Tomemos inclusive a máquina de Estado austro-húngara, decrépita, repleta de sinecuras, dominada pela nobreza: a proporção de homens com origens de classe média nos escalões civis mais altos passou de zero em 1804 para 27% em 1829, 35% em 1859 e 55% em 1878. Nas Forças Armadas foi registrada a mesma tendência, embora, como seria de esperar, em ritmo mais lento e atrasado: a parcela de classe média no oficialato passou de 10% para 75% entre 1859 e 1918.[25]

24. Hobsbawm, *The Age of Revolution*, p. 229.
25. Peter J. Katzenstein, *Disjointed partners, Austria and Germany since 1815*, pp. 74 e 112.

Se o crescimento das classes médias burocráticas foi um fenômeno relativamente homogêneo, ocorrido em um ritmo parecido nos estados adiantados e atrasados da Europa, por outro lado, o surgimento das burguesias mercantil e industrial foi extremamente irregular — maciço e rápido em alguns lugares, lento e mirrado em outros. Mas, onde quer que seja, esse "surgimento" deve ser entendido na sua relação com o capitalismo tipográfico em vernáculo.

As classes dirigentes pré-burguesas, em certo sentido, criavam coesão fora do campo da língua ou, pelo menos, da língua impressa. Se o governante do Sião tomava como concubina uma nobre malaia, ou se o rei da Inglaterra se casava com uma princesa espanhola, será que eles realmente conversavam? A solidariedade resultava do parentesco, da relação clientelar e das lealdades pessoais. Nobres "franceses" podiam estar ao lado de reis "ingleses" contra monarcas "franceses" não por causa de uma língua ou cultura em comum, e sim, cálculos maquiavélicos à parte, por relações de parentesco e amizade. As dimensões relativamente reduzidas das aristocracias tradicionais, as suas bases políticas fixas e a personalização das relações políticas através do sexo e da herança significavam que essas classes tinham uma coesão não só imaginada, mas também muito concreta. Uma nobreza iletrada ainda podia agir como nobreza. Mas e a burguesia? Era uma classe que, em termos figurados, nasceu como classe apenas por múltiplas repetições. O dono de uma fábrica em Lille estava ligado ao dono de uma fábrica em Lyon apenas por reverberação. Não precisavam se conhecer, não precisavam casar seus filhos, não precisavam herdar os bens um do outro. Mas esses industriais de fato enxergavam genericamente a existência de milhares e milhares de outros parecidos com eles, através da língua impressa. Pois uma burguesia iletrada é praticamente inconcebível. Assim, em termos histórico--mundiais, a burguesia foi a primeira classe a construir uma solidariedade a partir de uma base essencialmente imaginada. Mas, numa Europa oitocentista em que o latim havia sido derrotado pelo capitalismo tipográfico vernacular cerca de dois séculos antes, essa solidariedade tinha como limite externo a legibilidade do vernáculo. Em outros termos, pode-se dormir com qualquer um, mas só se pode ler a escrita de alguns.

A nobreza, a pequena nobreza rural, os profissionais liberais, os funcionários e os comerciantes — eram estes, pois, os consumidores *potenciais* da revolução filológica. Mas esse público potencial nunca chegou a se concretizar plenamente quase em lugar nenhum, e a composição dos consumidores efetivos variou muito conforme os locais. Para entender a razão disso, devemos voltar ao contraste básico entre a Europa e as Américas, que apresentamos antes. Nas Américas, havia um isomorfismo quase total entre a extensão dos vários impérios e a extensão de suas respectivas línguas vernáculas. Na Europa, porém, essas coincidências eram muito raras, e os impérios dinásticos intraeuropeus eram basicamente polivernaculares. Em outras palavras, os mapas do poder e da língua impressa eram diferentes.

O crescimento geral da alfabetização, do comércio, da indústria, das comunicações e dos aparelhos de Estado, que marcou o século XIX, gerou um vigoroso impulso em busca de uma unificação linguística vernácula dentro de cada reino dinástico. O latim se manteve como língua oficial no Império Austro-Húngaro até o começo dos anos 1840, mas a seguir desapareceu quase instantaneamente. Ele podia ser língua oficial, mas não era, em pleno século XIX, a língua dos negócios, das ciências, da imprensa ou da literatura, principalmente num mundo em que tais línguas se interpenetravam sem cessar.

Entrementes, os vernáculos oficiais foram assumindo uma posição e um poder sempre maiores, num processo em larga medida espontâneo, pelo menos no começo. Assim, o inglês expulsou o gaélico da maior parte da Irlanda, o francês empurrou o bretão contra a parede, o castelhano reduziu o catalão à marginalidade. Nesses reinos, como a Grã-Bretanha e a França, onde, por razões totalmente alheias, calhou existir, na metade do século, uma coincidência bastante grande entre a língua oficial e a língua da população,[26] a interpenetração geral acima mencionada não teve grandes efeitos políticos. (Estes são os casos mais próximos aos das Américas.) Em muitos outros reinos, cujo grande exemplo é provavelmente o austro-húngaro, as consequências foram inevitavelmente explosivas.

No seu império imenso, decrépito, poliglota, mas cada vez mais alfabetizado, a substituição do latim por *qualquer* vernáculo, na metade do século XIX, prometia enormes vantagens para os súditos que *já* usavam a língua impressa, e parecia igualmente ameaçadora para os que não a usavam. Friso a palavra *qualquer* porque, como veremos mais detidamente, a consagração oitocentista do alemão pela corte dos Habsburgo (alemã, como alguns podem considerá-la) não teve absolutamente nada a ver com o nacionalismo alemão. (Nesse caso, seria de esperar que um nacionalismo autoconsciente surgisse *em último lugar* entre os leitores nativos do vernáculo oficial em cada reino dinástico. E isso é corroborado pelos registros históricos.)

Assim, quanto à clientela dos nossos lexicógrafos, não surpreende que existissem grupos de consumidores muito variados, conforme as diversas condições políticas. Na Hungria, por exemplo, onde praticamente não havia burguesia e 1/8 da população alegava ter algum *status* aristocrático, quem defendeu o húngaro impresso contra a arremetida do alemão foram alguns setores da pequena nobreza e de uma nobreza rural empobrecida.[27] Pode-se

---

26. Como vimos, a vernaculização das línguas oficiais nesses dois reinos se iniciou muito cedo. No caso do Reino Unido, a derrota militar do Gaeltacht no começo do século XVIII e a Fome dos anos 1840 foram fatores de grande importância.
27. Hobsbawm, *The Age of Revolution*, p. 165. Para uma excelente e detalhada discussão, ver Ignotus, *Hungary*, pp. 44-56; também Jászi, *The dissolution*, pp. 224-5.

dizer quase o mesmo em relação aos leitores do polonês. Mas o caso mais exemplar era a coalizão entre pequenos fidalgos, acadêmicos, profissionais liberais e homens de negócios, numa aliança em que muitas vezes os primeiros forneciam os líderes de "posição", os segundos e terceiros entravam com mitos, poesias, jornais e formulações ideológicas, e os últimos colaboravam com dinheiro e instalações comerciais. O simpático Koraes nos oferece uma bela vinheta da primeira clientela do nacionalismo grego, na qual predominavam os intelectuais e os empresários:[28]

> Naquelas cidades em que havia menos pobres, alguns habitantes abastados e algumas escolas, e portanto, algumas pessoas que sabiam ao menos ler e entender os autores antigos, a revolução começou mais cedo e teve um progresso mais rápido e encorajador. Em algumas dessas cidades, as escolas já estão sendo ampliadas e está sendo introduzido o estudo de línguas *estrangeiras* e mesmo daquelas ciências que são ensinadas na Europa [sic]. Os ricos patrocinam a edição de livros traduzidos do italiano, francês, alemão e inglês; enviam para a Europa, por sua conta, rapazes com vontade de aprender; dão aos filhos uma educação melhor, sem excetuar as meninas. [...]

Esse tipo de aliança em prol da leitura, com uma composição variável dentro do espectro que vai do húngaro ao grego, também se desenvolveu por toda a Europa Central e Oriental, chegando, no decorrer do século, ao Oriente Próximo.[29] Naturalmente, a

---

28. Kedourie, *Nationalism in Asia and Africa*, p. 170. Grifo meu. Tudo aqui é exemplar. Koraes olha para a "Europa", mas por cima do próprio ombro, pois está de frente para Constantinopla. O otomano ainda não é uma língua estrangeira. E as futuras senhoras do lar estão entrando no mercado editorial.
29. Ver exemplos em Seton-Watson, *Nations and states*, pp. 72 (Finlândia), 145 (Bulgária), 153 (Boêmia) e 432 (Eslováquia); Kohn, *The Age of Nationalism*, pp. 83 (Egito) e 103 (Pérsia).

participação das massas urbanas e rurais nessas novas comunidades vernaculamente imaginadas também variava muito. Isso dependia, em larga medida, da relação entre essas massas e os missionários do nacionalismo. Num dos extremos, poderíamos talvez citar a Irlanda, onde um clero católico de origem rural e próximo ao campesinato desempenhou um papel mediador fundamental.

Um outro extremo é apontado pelo comentário irônico de Hobsbawm: "Os camponeses galicianos se opuseram aos revolucionários poloneses em 1846, muito embora estes tivessem proclamado a abolição da servidão, preferindo massacrar fidalgos e confiar nos funcionários do imperador".[30] Mas, na verdade, com o aumento da alfabetização, por toda parte ficou mais fácil granjear o apoio popular, as massas descobrindo uma nova glória na consagração impressa das línguas que elas sempre, humildemente, haviam falado.

Assim, até certo ponto, a interessante formulação de Nairn é correta — de que "a nova intelectualidade de classe média do nacionalismo tinha de convidar as massas para a história; e o convite devia vir escrito numa língua que elas entendessem".[31] Mas seria difícil perceber por que o convite parecia tão atraente, e por que alianças tão diferentes puderam enviá-lo (a intelectualidade de classe média de Nairn não era de maneira alguma a única anfitriã), se não examinarmos agora a questão da cópia "pirata".

Hobsbawm observa que "a Revolução Francesa não foi feita ou liderada por um partido ou movimento no sentido moderno, nem por homens tentando executar um programa sistemático. E praticamente nem projetou 'líderes' do tipo a que as revoluções do século XX nos acostumaram, até a figura pós-revolucionária

30. *The Age of Revolution*, p. 169.
31. *The break-up of Britain*, p. 340.

de Napoleão".³² Mas, tendo ocorrido, ela entrou na memória cumulativa da imprensa. A concatenação desconcertante e irresistível dos fatos vividos por seus autores e suas vítimas se tornou uma "coisa" — e com nome próprio: A Revolução Francesa. Tal como uma vasta rocha informe se torna uma pedra arredondada pela ação de incontáveis gotas de água, a experiência foi modelada por milhões de palavras impressas, tornando-se um "conceito" na página impressa e, com o tempo, convertendo-se em modelo. Por que "ela" eclodiu, a que "ela" visava, por que "ela" venceu ou fracassou? Essas questões viraram tema de polêmicas infindáveis de amigos e inimigos: mas, desde então, ninguém mais duvidou da sua existência.³³

Algo muito parecido ocorreu com os movimentos de independência nas Américas, os quais, tão logo se tornaram matéria de imprensa, viraram "conceitos", "modelos" e até "projetos". Na "realidade", o medo de Bolívar quanto às insurreições dos negros e a convocação de San Martín para levar os seus índios à "peruanidade" entrechocavam-se caoticamente. Mas as palavras impressas logo varreram o primeiro, de tal modo que, se acaso viesse a ser lembrado, aquele medo pareceria uma anomalia sem maiores consequências. Do tumulto americano brotaram essas realidades imaginadas: estados nacionais, instituições republicanas, cidadania universal, soberania popular, bandeiras e hinos nacionais etc., e o fim dos seus opostos conceituais: impérios dinásticos, instituições monárquicas, absolutismos, vassalagens, nobrezas hereditá-

32. *The Age of Revolution*, p. 80.
33. Compara-se: "O próprio nome da Revolução Industrial reflete o seu impacto relativamente tardio na Europa. A coisa [sic] existiu na Grã-Bretanha antes da palavra. Foi apenas nos anos 1820 que os socialistas ingleses e franceses — eles mesmos um grupo sem precedentes — a inventaram, provavelmente por analogia com a revolução política da França", *ibid.*, p. 45.

rias, servidões, guetos, e assim por diante. (Nada mais espantoso nesse contexto do que o "apagamento" geral da escravidão em massa, excluída do "modelo" norte-americano oitocentista, e do uso de uma mesma língua, excluído do "modelo" republicano hispano-americano.) Além disso, a validade e a capacidade de generalização do projeto eram inquestionavelmente confirmadas pela *pluralidade* dos estados independentes.

Com efeito, nos anos 1810, se não antes, havia um "modelo" para "o" Estado nacional independente pronto para ser copiado.[34] (Os primeiros grupos a fazê-lo foram as coligações vernaculares marginalizadas das camadas instruídas, abordadas no presente capítulo.) Mas, exatamente por ser um modelo conhecido na época, ele impunha certos "padrões" que impossibilitavam desvios muito acentuados. Mesmo a pequena nobreza atrasada e reacionária da Hungria e da Polônia tinha dificuldade em não armar um vasto espetáculo de "convites" aos seus compatriotas oprimidos (mesmo que fosse só para a cozinha). Digamos que era a lógica da "peruanização" de San Martín que estava em funcionamento. Se os "húngaros" mereciam um Estado nacional, isso então significava *os húngaros*, todos eles;[35] significava um Estado em que o *locus* último da soberania tinha de ser a coletividade que falava e lia húngaro; e significava também, no devido tempo, o fim da servidão, o

---

34. Provavelmente seria mais exato dizer que o modelo era uma mistura complexa de elementos franceses e americanos. Mas a "realidade observável" da França até depois de 1870 eram as monarquias restauradas e o sucedâneo dinástico do sobrinho-neto de Napoleão.
35. Não que isso fosse uma questão muito clara. Metade dos súditos do reino da Hungria era não magiar. Apenas 1/3 dos servos era de língua magiar. No começo do século XIX, a alta aristocracia magiar falava francês ou alemão; a média e a pequena nobreza "conversavam num latim estropiado misturado com expressões magiares, mas também eslovacas, sérvias e romenas, além do alemão vernáculo [...]", Ignotus, *Hungary*, pp. 45-6 e 81.

fomento da educação popular, a ampliação do direito de voto, e assim por diante. Dessa maneira, o caráter "populista" dos primeiros nacionalismos europeus, mesmo quando liderados demagogicamente pelos grupos sociais mais retrógrados, foi mais profundo do que os americanos: a servidão *tinha* de sumir, a escravidão legal era inimaginável — quando menos porque o modelo conceitual assim o exigia irretorquivelmente.

5. Imperialismo e nacionalismo oficial

No decorrer e, principalmente, na segunda metade do século XIX, a revolução filológico-lexicográfica e o surgimento de movimentos nacionalistas na Europa, frutos não só do capitalismo mas da elefantíase dos estados dinásticos, foram criando várias dificuldades culturais, e, portanto, políticas para muitas dinastias. Pois, como vimos, a legitimidade fundamental da maioria delas não tinha nada a ver com uma condição nacional. Os Romanov governavam tártaros e letos, alemães e armênios, russos e finlandeses. Os Habsburgo dominavam magiares e croatas, eslovacos e italianos, ucranianos e austro-germânicos. A casa de Hanover comandava bengalis e quebequianos, escoceses e irlandeses, ingleses e galeses.[1] Além disso, na Europa continen-

---

1. Curiosamente, o que veio a se tornar o Império Britânico não foi governado por nenhuma dinastia "inglesa" desde o começo do século XI: a partir de então, um desfile variado de normandos (Plantageneta), galeses (Tudor), escoceses (Stuart), holandeses (Casa de Orange) e alemães (Casa de Hanover) abancou-se no trono imperial. Ninguém se importou muito até a revolução filológica e um surto de nacionalismo inglês na Primeira Guerra Mundial. Casa de Windsor rima com Casa de Schönbrunn ou com Casa de Versalhes.

tal, parentes das mesmas famílias dinásticas governavam estados diferentes, e às vezes rivais. Que nacionalidade poderíamos atribuir aos Bourbon na França e na Espanha, aos Hohenzollern na Prússia e na Romênia, aos Wittelbach na Bavária e na Grécia? Também vimos que essas dinastias, em ritmos variados, tinham instituído certos vernáculos impressos como línguas oficiais, para finalidades essencialmente administrativas — sendo a "escolha" da língua, acima de tudo, uma questão de conveniência ou herança inconsciente.

A revolução lexicográfica na Europa, porém, criou e aos poucos difundiu a convicção de que as línguas (pelo menos naquele continente) eram, por assim dizer, propriedades pessoais de grupos muito específicos — seus leitores e falantes diários — e, ademais, que esses grupos, imaginados como comunidades, tinham o direito de ocupar uma posição autônoma dentro de uma confraria de iguais. Assim, os incendiários filológicos colocaram os dinastas perante um dilema incômodo que só veio a se aprofundar. O caso mais claro é o do Império Austro-Húngaro. Quando o absolutista esclarecido José II decidiu trocar o latim pelo alemão como língua oficial, no começo dos anos 1780, "ele não combateu, por exemplo, o magiar, ele combateu o latim. [...] Ele achava que não se poderia realizar nenhum trabalho efetivo no interesse das massas tendo como base a administração medieval latina da nobreza. Considerava uma necessidade peremptória que houvesse uma língua unificadora interligando todas as partes do seu império. Diante de tal necessidade, ele só poderia escolher o alemão, a única língua que dispunha de uma vasta cultura e literatura, e que contava com uma minoria considerável em todas as províncias".[2] Na verdade, "os Habsburgo *não* eram um poder

---

2. Jászi, *The dissolution*, p. 71. É interessante que José tenha se recusado ao juramento de coroação como rei da Hungria, pois teria que se comprometer a respeitar os privilégios "constitucionais" da nobreza magiar. Ignotus, *Hungary*, p. 47.

consciente e coerentemente germanizante. [...] Havia *Habsburgos que nem falavam alemão*. Mesmo aqueles imperadores Habsburgo que, por vezes, adotaram uma política de germanização não eram movidos por nenhum ponto de vista nacionalista, e as suas medidas eram ditadas pelo objetivo de unificação e universalismo dos seus impérios".[3] A meta essencial era o *Hausmacht*. Mas, na segunda metade do século XIX, o alemão foi adquirindo cada vez mais uma dupla condição: "imperial-universal" e "nacional-particular". Quanto mais a dinastia pressionava pelo predomínio do alemão, mais parecia se alinhar aos seus súditos germanófonos, e tanto mais despertava antipatia entre os restantes. Mas, se não pressionasse tanto, e até fizesse concessões a outras línguas, principalmente ao húngaro, não só surgiriam obstáculos para a unificação, como também os súditos germanófonos se permitiriam interpretar o fato como uma afronta. Assim, ela corria o risco de ser odiada como paladina dos alemães e, ao mesmo tempo, como traidora deles. (Analogamente, os otomanos seriam odiados pelos turcófonos como apóstatas, e pelos não turcófonos como turquizantes.)

Na medida em que todas as dinastias, na metade do século, estavam usando *algum* vernáculo como língua oficial,[4] e também devido ao prestígio que a ideia nacional vinha conquistando rapidamente em toda a Europa, houve uma tendência visível entre as monarquias euromediterrâneas de passar a adotar uma identificação nacional que fosse atraente. Os Romanov descobriram que eram grão-russos, os hanoverianos descobriram que eram ingleses, os Hohenzollern, que eram alemães — e os seus primos, com um pouco mais de dificuldade, viraram romenos, gregos, e assim

---

3. *Ibid.*, p. 137. Grifo meu.
4. Talvez se pudesse dizer que uma longa era se encerrou em 1844, quando o magiar finalmente substituiu o latim como língua oficial no Reino da Hungria. Mas, como vimos, um latim estropiado era de fato a língua *vernácula* da pequena e média nobreza magiar, até anos avançados do século XIX.

por diante. Por um lado, essas novas identificações escoravam legitimidades que, na era do capitalismo, do ceticismo e da ciência, poderiam se apoiar cada vez menos numa suposta sacralidade e na mera antiguidade. Por outro lado, elas apresentavam novos riscos. Se o Kaiser Guilherme II se considerava "o alemão número um", implicitamente estava reconhecendo que era *um entre muitos da mesma espécie*, que ele tinha uma função representativa e que, portanto, em princípio poderia ser um *traidor* dos seus companheiros alemães (algo inconcebível nos dias de glória da dinastia. Traidor de quem ou pelo quê?). Após o desastre que atingiu a Alemanha em 1918, ele foi pego pela própria palavra. Agindo em nome da nação alemã, alguns políticos civis (publicamente) e o Estado-Maior (com a sua coragem habitual: secretamente) o despacharam sumariamente da pátria para um obscuro subúrbio holandês. Da mesma forma, Mohammad-Reza Pahlavi, tendo se assumido, não como xá, e sim como xá do Irã, foi rotulado de traidor. Uma pequena comédia, no momento da sua partida para o exílio, mostra que ele mesmo aceitava, não o veredicto, mas, por assim dizer, a jurisdição do tribunal nacional. Antes de subir a rampa do seu jato, ele beijou o chão para os fotógrafos e anunciou que estava levando consigo um pouco de terra do solo sagrado do Irã. Essa cena é de um filme sobre Garibaldi, não sobre o Rei-Sol.[5]

As "naturalizações" das dinastias europeias — manobras que, em muitos casos, exigiram algumas acrobacias diversionistas — acabaram levando ao que Seton-Watson chama sarcasticamente de "nacionalismos oficiais",[6] cujo exemplo mais conhecido é a rus-

---

5. O professor Chehabi, da Universidade Harvard, me informou que o xá estava imitando o pai, Reza Pahlavi, que, quando Londres o mandou para o exílio em Mauritius, levou um pouco de solo iraniano na bagagem.
6. Seton-Watson, *Nations and states*, p. 148. Infelizmente, o sarcasmo abrange apenas a Europa Oriental. Seton-Watson é mordaz, e com razão, às custas dos regimes Romanov e soviético, mas passa por cima de políticas parecidas atuantes em Londres, Paris, Berlim, Madri e Washington.

sificação czarista. Esses "nacionalismos oficiais" podem ser explicados como uma maneira de combinar a naturalização e a manutenção do poder dinástico, em especial sobre os imensos domínios poliglotas amealhados desde a Idade Média, ou, dizendo de outra forma, de esticar a pele curta e apertada da nação sobre o corpo gigantesco do império. Assim, a "russificação" do conjunto heterogêneo de súditos do czar representava uma solda violenta e consciente de duas ordens políticas opostas, uma antiga, outra totalmente nova. (Embora exista uma certa semelhança com, digamos, a hispanização das Américas e das Filipinas, resta uma diferença fundamental. Os conquistadores culturais do império czarista do final do século XIX estavam agindo com um maquiavelismo autoconsciente, ao passo que os seus antepassados espanhóis do século XVI agiam por um pragmatismo corriqueiro e inconsciente. Para eles, nem era realmente uma "hispanização" — era simplesmente a *conversão* de pagãos ou selvagens.)

A chave para situar o "nacionalismo oficial" — a fusão deliberada entre a nação e o império dinástico — é lembrar que ele se desenvolveu *depois*, e *em reação* aos movimentos nacionais populares que proliferavam na Europa desde os anos 1820. Se esses nacionalismos tinham se modelado pelas histórias americana e francesa, agora eles se tornavam modulares.[7] Bastava apenas um certo truque ilusionista para que o império se tornasse um travesti nacional atraente.

Para ter uma visão de todo esse processo de modelação secundária e reacionária, será útil avaliar alguns casos paralelos, que apresentam um contraste interessante.

7. Há um paralelo elucidativo nas reformas político-militares de Scharnhorst, Clausewitz e Gneisenau, que, num espírito conscientemente conservador, adaptaram muitas das inovações espontâneas da Revolução Francesa ao montar o grande exército regular, de serviço obrigatório e com corpo profissional de oficiais, modelar do século XIX.

Seton-Watson mostra magnificamente o desconforto inicial da autocracia Romanov "ao sair para as ruas".[8] Como vimos antes, a língua da corte de São Petersburgo no século XVIII era o francês, enquanto boa parte da nobreza provincial falava alemão. Após a invasão napoleônica, o conde Sergei Uvarov, num relatório oficial de 1832, propôs que o reino se apoiasse nos três princípios da autocracia, ortodoxia e nacionalidade (*natsionalnost*). Se os dois primeiros eram antigos, o terceiro era totalmente novo — e um tanto prematuro numa época em que metade da "nação" ainda era composta de servos, e mais da metade não tinha o russo como língua materna. O relatório de Uvarov lhe valeu o cargo de ministro da Educação, mas não muito mais que isso. Por mais meio século, o czarismo resistiu às sugestões uvarovianas. Foi apenas sob o reinado de Alexandre III (1881-94) que a russificação se tornou uma política dinástica oficial: muito depois do surgimento do nacionalismo ucraniano, finlandês, leto e outros dentro do império. E, por ironia, as primeiras medidas russificantes se dirigiam justamente contra as "nacionalidades" que tinham sido mais *Kaisertreu* [fiéis ao imperador] — como os alemães do Báltico. Em 1887, nas províncias bálticas, o russo se tornou a língua obrigatória de ensino em todas as escolas públicas após os primeiros anos do primário, medida esta que, depois, foi implantada também nas escolas particulares. Em 1893, a Universidade de Dorpat, uma das mais ilustres do império, foi fechada por usar o alemão nas salas de aula. (Lembre-se que, até então, o alemão tinha sido uma língua oficial nas províncias, e *não* a voz de um movimento nacionalista popular.) E assim por diante. Seton-Watson chega a arriscar a hipótese de que a Revolução de 1905 foi "tanto uma revolução de não russos contra a russificação quanto uma revolução de operários, camponeses e intelectuais radicais contra a autocracia. As

---

8. *Ibid.*, pp. 83-7.

duas revoltas, evidentemente, estavam interligadas: a revolução social, de fato, foi mais aguda nas regiões não russas, tendo como protagonistas os operários poloneses e os camponeses letos e georgianos".[9] Ao mesmo tempo, seria um grande equívoco pensar que a russificação, por ser uma política *dinástica*, não teria atingido uma das suas principais finalidades — dispor um crescente nacionalismo "grão-russo" na retaguarda do trono. E não apenas na base do sentimento. Afinal, agora havia imensas oportunidades para os funcionários e empresários russos na vasta burocracia e no mercado em expansão, proporcionadas pelo império.

Tão interessante quanto Alexandre III, o czar russificante de todas as Rússias, é a sua contemporânea Vitória von Saxe--Coburg-Gotha, rainha da Inglaterra *e*, em idade avançada, imperatriz da Índia. Na verdade, o seu título é mais interessante do que sua pessoa, pois ele representa emblematicamente o resistente metal da fusão entre nação e império.[10] O reinado dela também marca o início de um "nacionalismo oficial" de estilo londrino, com grandes afinidades com a russificação em curso em São Petersburgo. Uma boa maneira de avaliar essas afinidades é a comparação longitudinal.

Em *The break-up of Britain*, Tom Nairn levanta um problema: por que não existiu um movimento nacionalista escocês no final do século XVIII, apesar do crescimento de uma burguesia escocesa e de uma intelectualidade escocesa de alto nível?[11] Hobsbawm descartou categoricamente a sensata pergunta de Nairn, com a

---

9. *Ibid.*, p. 87.
10. Essa solda se desfaz conforme o andar da procissão: o Império Britânico passando para o *Commonwealth* britânico, daí passando para o *Commonwealth*, e daí...?
11. *The break-up of Britain*, pp. 106 ss.

seguinte observação: "É puro anacronismo esperar que [os escoceses] reivindicassem um Estado independente naquela época".[12] Mas, se lembrarmos que Benjamin Franklin, cossignatário da Declaração de Independência dos Estados Unidos, tinha nascido cinco anos antes de David Hume, talvez nos sintamos inclinados a achar que esse julgamento é que é um tanto anacrônico.[13] A meu ver, as dificuldades — e suas soluções — encontram-se em outra parte.

Por outro lado, há a boa tendência nacionalista de Nairn em tratar a sua "Escócia" como um dado primordial e não problemático. Bloch nos lembra o passado tumultuado dessa "entidade", observando que as devastações dos dinamarqueses e de Guilherme, o Conquistador, destruíram para sempre a hegemonia cultural da Nortúmbria anglo-saxônica do norte, simbolizada por luminares como Alcuíno e Beda:[14]

> Uma parte da zona norte foi separada para sempre da Inglaterra propriamente dita. Apartadas das outras populações de fala anglo-saxônica pelo estabelecimento dos vikings em Yorkshire, as terras baixas em volta da cidadela nortúmbria de Edimburgo caíram sob o domínio dos chefes montanheses celtas. Assim, o reino bilíngue da Escócia foi, por uma espécie de golpe transverso, uma criação das invasões escandinavas.

E Seton-Watson, por sua vez, escreve que o idioma escocês:[15]

---

12. "Some Reflections", p. 5.
13. Num livro com o significativo título *Inventing America: Jefferson's declaration of independence*, Gary Wills defende, de fato, que o pensamento nacionalista de Jefferson foi moldado, fundamentalmente, não por Locke, e sim por Hume, Hutcheson, Adam Smith e outros expoentes do Iluminismo escocês.
14. *Feudal society*, I, p. 42.
15. *Nations and states*, pp. 30-1.

se desenvolveu a partir da confluência do saxão e do francês, embora com menos elementos do francês e mais elementos das fontes celtas e escandinavas do que no sul. Essa língua era falada não só no leste da Escócia, mas também no norte da Inglaterra. O escocês, ou "inglês do norte", era falado na corte escocesa e pela elite social (que podia ou não falar também o gaélico), e por toda a população das Terras Baixas. Era a língua dos poetas Robert Henryson e William Dunbar. Poderia ter evoluído para uma língua literária específica nos tempos modernos se a união das coroas em 1603 não tivesse acarretado o predomínio do inglês do sul, através da sua penetração na corte, no governo e nas classes altas da Escócia.

O ponto fundamental, aqui, é que uma grande parte daquilo que, um dia, seria imaginado como Escócia já era anglófona no começo do século XVII, e tinha acesso imediato ao inglês impresso, desde que houvesse um mínimo de alfabetização. Então, no começo do século XVIII, as Terras Baixas anglófonas colaboraram com Londres para praticamente exterminar o Gaeltacht. E tampouco no "avanço para o norte" seguiu-se uma política anglicizante deliberada — nos dois casos, a anglicização foi basicamente um efeito colateral. Mas, juntos, eles de fato eliminaram, "antes" da era do nacionalismo, qualquer possibilidade de um movimento nacionalista com um vernáculo próprio, ao estilo europeu. E por que não um movimento nacionalista ao estilo americano? Nairn, de passagem, responde a uma parte dessa pergunta, quando fala em uma "emigração intelectual maciça" rumo ao sul, a partir de meados do século XVIII.[16] Mas foi mais do que uma emigração intelectual. Os políticos escoceses iam legislar no sul, e os homens de negócios escoceses tinham livre acesso aos mercados londrinos. De fato, ao contrário do que ocorria nas Treze

16. *The break-up of Britain*, p. 123.

Colônias (e, em menor medida, na Irlanda), *não havia nenhuma barricada* bloqueando o caminho de todos esses peregrinos para o centro. (Compare-se com o caminho desimpedido que se abria para os húngaros letrados em latim e alemão rumo a Viena, no século XVIII.) O inglês ainda estava por se tornar uma língua "inglesa".

Pode-se sustentar a mesma coisa de um outro ângulo. É verdade que Londres, no século XVII, voltou a adquirir territórios ultramarinos, o que havia deixado de fazer desde o fim catastrófico da Guerra dos Cem Anos. Mas o "espírito" dessas conquistas ainda era fundamentalmente o mesmo da era pré-nacional. A mais espantosa confirmação disso é o fato de que a "Índia" só se tornou "britânica" vinte anos depois da entronização da rainha Vitória. Em outras palavras, mesmo depois do Motim de 1857, a "Índia" era governada por uma empresa comercial — não por um Estado, e muito menos por um Estado nacional.

Mas a mudança já se aproxima. Quando a Companhia das Índias Orientais pediu renovação da sua concessão em 1813, o Parlamento determinou que fossem alocadas 100 mil rúpias por ano para a educação nativa, *tanto* "oriental" *quanto* "ocidental". Em 1823, foi instalado um comitê de educação pública em Bengala; em 1834, Thomas Babington Macaulay se tornou o presidente desse comitê. Declarando que "uma única prateleira de uma boa biblioteca europeia vale por toda a literatura nativa da Índia e da Arábia",[17] no ano seguinte ele criou a sua famosa "Minuta sobre a educação". Com mais sorte que Uvarov, as suas recomendações foram imediatamente acatadas. Iria se implantar um sistema educacional totalmente inglês, o qual, nas inefáveis palavras de Macaulay, criaria "uma classe de pessoas, indianas no sangue e na cor,

---

17. Podemos ter certeza de que Uvarov, esse presunçoso jovem inglês de classe média, não conhecia nada daquela "literatura nativa".

mas inglesas no gosto, na opinião, na moral e no intelecto".[18] Em 1836, ele escreveu que:[19]

> Nenhum hindu que recebeu uma educação inglesa jamais fica sinceramente ligado à sua religião. Creio firmemente [como, aliás, sempre fazia] que, se os nossos projetos educacionais forem seguidos, daqui a trinta anos não haverá um único idólatra entre as classes respeitáveis de Bengala.

Há aí, claro, um certo otimismo ingênuo, que nos lembra Fermín em Bogotá, meio século antes. Mas o importante é que vemos uma política de longo prazo (trinta anos!), conscientemente formulada e praticada, para converter os "idólatras" não tanto em cristãos, e sim em pessoas culturalmente inglesas, apesar da cor e do sangue irremediavelmente hindus. Pretende-se uma espécie de miscigenação mental, que, comparada à miscigenação física de Fermín, mostra que o imperialismo, como tantas outras coisas na época vitoriana, teve um enorme avanço em matéria de requinte. Em todo caso, podemos afirmar com segurança que, a partir de então e por todo o império em expansão, praticou-se o macaulaísmo.[20]

Tal como a russificação, a anglicização naturalmente oferecia

---

18. Ver Donald Eugene Smith, *India as a secular state*, pp. 337-8; e Percival Spear, *India, Pakistan and the West*, p. 163.
19. Smith, *India*, p. 339.
20. Ver, por exemplo, o relatório imperturbável de Roff sobre a fundação da Universidade Malaia Kuala Kangsar, que logo passou a ser conhecida, não sem um certo escárnio, como "o Eton malaio". Fiéis às prescrições de Macaulay, os seus alunos eram oriundos de "classes respeitáveis" — isto é, a aristocracia malaia dócil. Metade dos primeiros internos era de descendentes diretos de vários sultões malaios. William R. Roff, *The origins of malay nationalism*, pp. 100-5.

róseas oportunidades às legiões de metropolitanos de classe média (inclusive aos escoceses!) — funcionários, professores, comerciantes, colonos — que logo se espalharam pelo imenso reino onde o sol nunca se punha. Mas havia uma diferença fundamental entre o império governado por São Petersburgo e o governado por Londres. O império czarista era um domínio continental "contínuo", restrito às zonas temperadas e árticas da Eurásia. Por assim dizer, podia-se percorrê-lo de uma ponta a outra. O parentesco linguístico com as populações eslavas da Europa Oriental, e os laços — para dizer de forma delicada — históricos, políticos, religiosos e econômicos com vários povos não eslavos significavam que, *relativamente* falando, as barreiras no caminho para São Petersburgo não eram impermeáveis.[21] O Império Britânico, por outro lado, era uma colcha de retalhos de possessões basicamente tropicais, espalhadas por todos os continentes. Apenas uma minoria dos povos submetidos tinha algum vínculo religioso, linguístico, cultural ou mesmo político e econômico duradouro com a metrópole. Reunidos no ano do Jubileu, eles pareciam aquelas coleções aleatórias de "antigos mestres", montadas às pressas por milionários ingleses e americanos, que acabam virando museus públicos solenemente imperiais.

Temos uma boa ilustração das consequências disso nas acres lembranças de Bipin Chandra Pal, que em 1932, cem anos após a "Minuta" de Macaulay, ainda se sentia revoltado o suficiente para escrever que os magistrados indianos:[22]

> não só tinham enfrentado um exame muito rígido nos mesmos termos dos funcionários britânicos, como haviam passado os melhores anos de formação da sua juventude na Inglaterra. Na volta à terra

---

21. As populações dos trans-Urais eram outra história.
22. Ver as suas *Memories of my life and times*, pp. 331-2. Grifo meu.

natal, eles viviam praticamente no mesmo estilo dos seus irmãos advogados, e seguiam *quase religiosamente* as convenções sociais e os padrões éticos destes últimos. Naqueles dias, o advogado nascido na Índia [sic — compare com os nossos crioulos hispano-americanos] praticamente se desligava da sociedade dos seus pais, e vivia e se movia e se sentia bem na atmosfera tão amada dos seus colegas britânicos. *No espírito e nas maneiras, ele era tão inglês quanto qualquer inglês*. O que era um grande sacrifício, pois, dessa maneira, ele ficava totalmente apartado da sociedade do seu próprio povo e se tornava, social e moralmente, um pária entre eles. [...] Ele era tão *estrangeiro na sua terra natal* quanto os europeus residentes no país.

Até aqui, temos Macaulay. Muito mais grave, porém, era que tais estrangeiros na própria terra natal eram, *ademais,* condenados — tão inevitavelmente quanto os crioulos americanos — a uma permanente subordinação "irracional" aos *maturrangos* ingleses. Não apenas pelo fato de que, por mais anglicizado que um *pal* ["camarada"] se tornasse, ele estaria sempre impossibilitado de ocupar postos mais altos do *raj*. Estava impedido também de sair do perímetro imperial — lateralmente, digamos, para a Costa do Ouro ou Hong Kong, e verticalmente para a metrópole. Até podia ficar "totalmente apartado da sociedade de seu próprio povo", mas era obrigado a servir pelo resto da vida entre eles. (É claro que o conteúdo desse "eles" variava conforme a extensão das conquistas britânicas no subcontinente indiano.)[23]

23. É verdade que havia funcionários indianos empregados na Birmânia; que, no entanto, foi parte administrativa da Índia Britânica até 1937. Havia também indianos servindo em funções subordinadas — principalmente na polícia — em Cingapura e na Malaia britânica, mas serviam como "locais" e "imigrantes", ou seja, não podiam ser transferidos "de volta" para as forças policiais da Índia. Note

Adiante veremos as consequências dos nacionalismos oficiais no surgimento de suas versões asiáticas e africanas no século XX. Aqui, o que se deve ressaltar é que a anglicização criou milhares de *pals* por todo o mundo. Nada sublinha melhor a contradição fundamental do nacionalismo oficial inglês, ou seja, a incompatibilidade intrínseca entre o império e a nação. E digo "nação" deliberadamente, porque sempre há a tentação de explicar os *pals* em termos racistas. Ninguém na plena posse das suas faculdades negaria o caráter profundamente racista do imperialismo oitocentista inglês. Mas os *pals* também existiram nas colônias *brancas* — Austrália, Nova Zelândia, Canadá e África do Sul. Lá também proliferavam os mestres ingleses e escoceses, e a anglicização também era uma política cultural. Tal como para os *pals* indianos, estava-lhes vedada a tortuosa rota de ascensão ainda aberta, no século XVIII, para os escoceses. Os australianos anglicizados não podiam fazer parte do serviço público de Dublin ou de Manchester, e tampouco de Ottawa ou da Cidade do Cabo. E, até que se passasse muito tempo, nem podiam se tornar governadores-gerais de Canberra.[24] Só os "ingleses ingleses" podiam — ou seja, os membros de uma nação inglesa semioculta.

Três anos antes que a Companhia das Índias Orientais perdesse a sua zona de caça, o almirante Perry, com os seus navios negros,* derrubou fragorosamente as defesas que por tanto tempo

---

que a ênfase aqui recai sobre os funcionários: quantidades consideráveis de trabalhadores braçais, comerciantes e mesmo profissionais liberais indianos se mudaram para colônias britânicas no Sudoeste Asiático, no sul da África e África Oriental, e até no Caribe.

24. Sem dúvida, no final da época eduardiana, alguns "coloniais brancos" realmente emigraram para Londres e se tornaram membros do Parlamento ou importantes lordes da imprensa.

* *Black Ships*: nome que os japoneses davam aos navios ocidentais a vela que chegavam ao arquipélago desde o século XV, e mais tarde especificamente à frota do almirante Perry, neste caso devido ao fumo negro das suas caldeiras a carvão que envolvia o porto. [N. T.]

haviam mantido o Japão no seu isolamento voluntário. Após 1854, o *bakufu* (o xogunato Tokugawa) logo perdeu a autoconfiança e a legitimidade interna, destruídas pela sua visível impotência diante da penetração ocidental. Sob o estandarte do Sonnō Jōi (Reverenciemos o Soberano, Expulsemos os Bárbaros), um pequeno grupo de samurais de escalão médio, principalmente do *han* Satsuma e do *han* Chōshū, finalmente derrubou a dinastia Tokugawa em 1868. Uma das razões da vitória foi uma incorporação excepcionalmente criativa, sobretudo após 1860, da nova ciência militar ocidental, sistematizada desde 1815 por profissionais das Forças Armadas prussianas e francesas. Assim, eles mostraram a sua eficiência no uso de 7 300 rifles ultramodernos (a maioria sucata da Guerra Civil norte-americana), comprados de um negociante de armas inglês.[25] "No uso das armas [...] os homens de Chōshū

25. Aqui, a figura-chave foi Ōmura Masujirō (1824-69), o chamado "Pai do Exército Japonês". Era um samurai de baixo escalão de Chōshū, que começou a sua carreira estudando medicina ocidental em manuais em holandês. (Cabe lembrar que, até 1854, os holandeses eram os únicos ocidentais com permissão de acesso ao Japão, limitado, aliás, basicamente à ilha de Deshima, fora do porto de Nagasaki, controlado pelo *bakufu*.) Ao se formar no Tekijyuku em Osaka, que na época era o melhor centro de ensino de holandês no país, ele voltou ao lar para praticar medicina — mas sem muito sucesso. Em 1853, Masujiro conseguiu um lugar em Uwajima como professor de estudos ocidentais, com uma incursão até Nagasaki para estudar ciências navais. (Ele projetou e supervisionou a construção do primeiro navio a vapor do Japão, baseando-se em manuais escritos.) Sua oportunidade surgiu com a chegada de Perry; ele se mudou para Edo em 1856, a fim de trabalhar como instrutor na futura Academia Militar Nacional e no departamento de pesquisas avançadas do *bakufu* para o estudo de textos ocidentais. As suas traduções de obras militares europeias, principalmente sobre as inovações táticas e estratégicas de Napoleão, lhe granjearam fama e um convite para ir de volta a Chōshū em 1860, para trabalhar como conselheiro militar. Em 1864-65, ele provou que os seus textos eram realmente aplicáveis, com as suas vitórias como comandante na guerra civil de Chōshū. Mais tarde, tornou-se o primeiro Ministro da Guerra dos Meiji, e elaborou os projetos revolucionários do regime para

tinham uma tal perícia que os velhos métodos dos espadachins foram totalmente inúteis contra eles."²⁶ Mas, uma vez assumido o poder, os rebeldes, que hoje conhecemos como a oligarquia Meiji, descobriram que as suas proezas militares não garantiam automaticamente a legitimidade política. O *tennō* (imperador) podia ser restaurado rapidamente após a abolição do xogunato, mas não era tão fácil expulsar os bárbaros.²⁷ A segurança geopolítica do Japão continuava tão frágil quanto antes. Assim, um dos principais meios adotados para consolidar a posição interna da oligarquia foi uma variante do "nacionalismo oficial" da metade do século, seguindo conscientemente os moldes germano-prussianos dos Hohenzollern. Entre 1868-71, todas as unidades militares "feudais" remanescentes foram dissolvidas, outorgando a Tóquio o monopólio centralizado dos meios de violência. Em 1872, um decreto imperial determinou a implantação de um programa de alfabetização geral de adultos do sexo masculino. Em 1873, muito antes do Reino Unido, o Japão instaurou o serviço militar obrigatório. Ao mesmo tempo, o regime acabou com a classe privilegiada e legalmente definida dos samurais, numa medida essencial de abertura (lenta) do corpo de oficiais a todos os talentos, e também para se adequar ao novo modelo, agora "disponível", da nação-de-cidadãos. O campesinato japonês

---

o recrutamento em massa e a eliminação da casta legal dos samurais. Para a sua desgraça, foi assassinado por um samurai enfurecido. Ver Albert M. Craig, *Chōshū in the Meiji Restoration*, em esp. pp. 202-4, 267-80.

26. Conforme um observador japonês da época, cit. *in* E. Herbert Norman, *Soldier and peasant in Japan*, p. 31.

27. Eles sabiam disso por dura experiência própria. Em 1862, um esquadrão inglês tinha arrasado metade do porto de Satsuma, na província de Kagoshima; em 1864, uma unidade naval múltipla, americana, holandesa e inglesa, destruiu as fortificações costeiras do porto de Shimonoseki, na província de Chōshū. John M. Maki, *Japanese militarism*, pp. 146-7.

foi libertado da sujeição ao sistema feudal do *han*, e a partir daí passou a ser explorado diretamente pelo Estado e por fazendeiros de agricultura comercial.[28] Em 1889, instaurou-se uma Constituição de estilo prussiano, e depois o voto masculino universal. Nessa campanha metódica, os homens de Meiji tiveram a colaboração de três fatores mais ou menos fortuitos. O primeiro deles era o grau relativamente elevado da homogeneidade etnocultural japonesa, decorrente de 250 anos de isolamento e pacificação interna por obra do *bakufu*. O japonês falado em Kyūshū era quase incompreensível em Honshū, e mesmo Edo-Tóquio e Kyoto-Osaka tinham problemas na comunicação oral, mas o sistema ideográfico de leitura, semissinizado, existia desde muito tempo em todo o arquipélago, e assim foi fácil e tranquilo desenvolver a alfabetização em massa pelas escolas e pela imprensa. Em segundo lugar, a antiguidade exclusiva da casa imperial (o Japão é o único país em que a monarquia foi monopolizada por uma só dinastia ao longo de toda a história documentada) e a sua identidade nipônica (à diferença dos Bourbon e dos Habsburgo) simplificavam muito a utilização da figura do imperador para finalidades nacionalistas oficiais.[29] Em terceiro lugar, a penetração dos bárbaros foi brusca, maciça, ameaçadora, a um grau que levou muita gente politizada a cerrar fileiras por trás de um programa de autodefesa concebido nos novos termos nacionais. Cabe frisar que essa possibilidade estava profundamente relacionada à época da

---

28. Tudo isso faz lembrar uma daquelas reformas feitas na Prússia após 1810, em resposta ao veemente apelo de Blücher a Berlim: "Deem-nos um exército nacional!", Vagts, *A history of militarism*, p. 130; cf. Gordon A. Craig, *The politics of the Prussian army*, cap. 2.
29. Mas eu fui informado por estudiosos do Japão que algumas escavações recentes das primeiras tumbas reais sugerem enfaticamente que a origem da família pode ter sido — horror dos horrores! — coreana. O governo japonês tem desestimulado vivamente maiores pesquisas nesses sítios.

penetração ocidental, ou seja, aos anos 1860 em oposição aos 1760. Pois nessa data a "comunidade nacional" já se gestava na Europa dominante por meio século, tanto na versão popular quanto na versão oficial. Com efeito, a autodefesa podia se desenhar segundo as linhas e de acordo com as "normas internacionais" que vinham se firmando.

Se a aposta deu certo, apesar dos sofrimentos terríveis impostos ao campesinato com a impiedosa cobrança de taxas, necessária para custear um programa de desenvolvimento baseado na indústria armamentista, certamente foi por causa, pelo menos em parte, da sincera determinação dos próprios oligarcas. Com a sorte de terem chegado ao poder numa época em que contas numeradas na Suíça pertenciam a um futuro nem sequer sonhado, eles não tinham a tentação de transferir os excedentes arrecadados para fora do Japão. Com a sorte de governarem numa época em que a tecnologia militar ainda não estava se desenvolvendo depressa demais, eles puderam, com o programa de modernização armamentista, converter o Japão no final do século XIX numa potência militar independente. O êxito espetacular do exército japonês (na base do alistamento obrigatório) contra a China em 1894-95 e da marinha contra a Rússia czarista em 1905, e mais a anexação de Taiwan (1895) e da Coreia (1910), todos propagandeados através das escolas e da imprensa, foram de imensa valia para criar a impressão geral de que a oligarquia conservadora era uma representante autêntica da nação, enquanto os japoneses começavam a se imaginar membros dela.

Esse nacionalismo assumiu um caráter imperialista agressivo, mesmo fora dos círculos dirigentes, o que pode ser explicado por dois fatores: a longa herança isolacionista e a força do modelo nacional oficial. Maruyama é perspicaz ao destacar que todos os nacionalismos na Europa surgiram no contexto de um pluralismo tradicional de estados dinásticos em interação — conforme dito antes, o universalismo europeu do latim nunca teve um correlato político:[30]

Portanto, a consciência nacional na Europa, desde o início, trouxe a marca de uma consciência de sociedade internacional. Era uma premissa óbvia que as disputas entre estados soberanos eram conflitos entre membros independentes dessa sociedade internacional. Foi exatamente por essa razão que a guerra, desde Grotius, ocupou um lugar importante e sistemático no direito internacional.

Os séculos de isolamento japonês, porém, significavam que:[31]

estava totalmente ausente qualquer consciência de igualdade nos assuntos internacionais. Os defensores da expulsão [dos bárbaros] viam as relações internacionais numa posição dentro da hierarquia nacional baseada na supremacia dos superiores sobre os inferiores. Por conseguinte, quando as premissas da hierarquia nacional se transferiram horizontalmente para a esfera internacional, os problemas desta ficaram reduzidos a uma única alternativa: conquistar ou ser conquistado. Na ausência de qualquer padrão normativo mais elevado para aferir as relações internacionais, a regra será inevitavelmente a política do poder, e a tímida posição defensiva do passado se tornará o expansionismo desenfreado do presente.

Em segundo lugar, os principais modelos da oligarquia eram as dinastias europeias que se naturalizavam. Na medida em que essas dinastias se definiam cada vez mais em termos nacionais, ao mesmo tempo que expandiam o seu poderio para além da Europa, não surpreende que o modelo tenha sido entendido em termos

30. Maruyama Masao, *Thought and behaviour in modern Japanese politics*, p. 138.
31. *Ibid.*, pp. 139-40.

imperiais.³² Como mostrou a partilha da África no Congresso de Berlim (1885), as grandes nações eram conquistadoras mundiais. Nada mais plausível, então, do que argumentar que o Japão, para ser aceito como "grande", também teria de converter o Tennō em imperador e se lançar nas aventuras ultramarinas, mesmo entrando tarde no jogo e tendo que compensar esse grande atraso. Uma das coisas que melhor mostram como essas deduções se implantavam na consciência da população letrada é a seguinte formulação do ideólogo e revolucionário nacionalista radical Kita Ikki (1884--1937), em *Nihon Kaizō Hōan Taikō* [Projeto para a reconstrução do Japão], obra de grande influência, publicada em 1924:³³

> Assim como a luta de classes é travada dentro de uma nação para corrigir as desigualdades, da mesma forma a guerra entre as nações por uma causa honrada vai corrigir as atuais injustiças. O Império Britânico é um milionário que possui riquezas em todo o mundo; e a Rússia é um grande latifundiário que ocupa metade do hemisfério norte. O Japão, com a sua franja [sic] dispersa de ilhas, faz parte do proletariado, e tem o direito de declarar guerra contra as grandes potências monopolistas. Os socialistas ocidentais se contradizem quando admitem o direito da luta de classes para o proletariado dentro do seu país e, ao mesmo tempo, condenam a guerra travada por um proletariado entre as nações, como militarismo e agressão. [...] Se é admissível que a classe operária se una para derrubar a autoridade injusta derramando sangue, então também o Japão deveria receber aprovação incondicional para aperfeiçoar o seu exército e a sua marinha, e travar guerra pela retificação das frontei-

---

32. Infelizmente, na época, a única alternativa aos estados *dinásticos* com uma política de nacionalização oficial — o Império Austro-Húngaro — não estava entre as potências com presença significativa no Extremo Oriente.
33. Cf. trad. e cit. *in* Richard Storry, *The double patriots*, p. 38.

ras internacionais injustas. Em nome da democracia social racional, o Japão reivindica a posse da Austrália e da Sibéria Oriental.

Resta apenas acrescentar que, com a expansão imperial após 1900, a niponização *à la* Macaulay passou a ser uma política de Estado consciente. No entreguerras, as populações da Coreia, Taiwan e Manchúria, e depois, com a eclosão da Guerra do Pacífico, da Birmânia, da Indonésia e das Filipinas foram submetidas a políticas formuladas segundo o modelo europeu, já estabelecido na prática. E tal como no Império Britânico, o caminho dos coreanos, taiwaneses ou birmaneses niponizados até a metrópole estava absolutamente barrado. Eles podiam ler e falar japonês à perfeição, mas nunca ocupariam uma prefeitura em Honshū ou tampouco seriam enviados para fora das suas zonas de origem.

Após avaliar esses três casos diferentes de "nacionalismo oficial", cumpre frisar que o modelo também podia ser conscientemente adotado por Estados sem pretensões de grande potência, desde que as classes dirigentes ou seus elementos de liderança se sentissem ameaçados pela difusão mundial da comunidade nacionalmente imaginada. Aqui será útil uma comparação entre dois desses Estados, o Sião e a Hungria-dentro-do-Império-Austro-Húngaro.

Contemporâneo de Meiji, Chulalongkorn, no seu longo reinado (r. 1868-1910), defendeu o seu reino contra o expansionismo ocidental num estilo muito diferente de seu par japonês.[34] Espremido entre as colônias britânicas da Birmânia, Malásia e da Indochina francesa, ele se dedicou a uma diplomacia manipuladora de muita

---

34. A seção subsequente é uma versão resumida de uma parte dos meus "Studies of the Thai State: The State of Thai Studies", *in* Eliezer B. Ayal (org.), *The state of Thai studies*.

sagacidade, em vez de tentar montar uma efetiva máquina de guerra. (O Ministério da Guerra só foi criado em 1894.) De uma forma que faz lembrar a Europa setecentista, suas Forças Armadas consistiam basicamente num exército variado de mercenários e súditos vietnamitas, cambojanos, laosianos, malaios e chineses. E tampouco se fez muita coisa para impor um nacionalismo oficial através de um sistema educacional moderno. Na verdade, o ensino primário só se tornou obrigatório dez anos depois da morte de Chulalongkorn, e a primeira universidade do país foi inaugurada em 1917, quatro décadas depois da fundação da Universidade Imperial de Tóquio. No entanto, Chulalongkorn se considerava um modernizador. Mas os seus modelos principais não eram o Reino Unido ou a Alemanha, e sim os *Beamtenstaaten* [Estados-clientes] coloniais das Índias Orientais holandesas, a Malaia britânica e o *raj*.[35] A adoção desses modelos significava a racionalização e a centralização do governo monárquico, a eliminação dos pequenos Estados tributários semiautônomos tradicionais e o incentivo ao desenvolvimento econômico segundo moldes um tanto coloniais. O exemplo mais flagrante disso — o qual, em sua estranheza, antecipa a Arábia Saudita contemporânea — foi o incentivo a uma imigração maciça de jovens estrangeiros, solteiros, do sexo masculino, para formar uma mão de obra desorganizada e sem força política, necessária para edificar instalações portuárias, construir estradas de ferro, cavar canais e ampliar a agricultura comercial. Essa importação de *Gastarbeiter* [trabalhadores convidados] tinha o seu paralelo, na verdade um modelo, na política das autoridades na Batávia e em Cingapura. E, como no caso das Índias holandesas e da Malásia britânica, os trabalhadores importados durante o século XIX vinham, em sua gran-

---

35. Battye mostra bem que o propósito das visitas do jovem monarca à Batávia e a Cingapura em 1870 e à Índia em 1872 era, nas doces palavras do próprio Chulalongkorn, "escolher modelos que possam ser seguros". Ver "The Military, Government and Society in Siam, 1868-1910", p. 118.

de maioria, do sudeste da China. É interessante notar que esse modelo não criava escrúpulos pessoais nem dificuldades políticas — como tampouco servia de exemplo aos dirigentes coloniais. Na verdade, ele fazia sentido, a curto prazo, para um Estado *dinástico*, visto que criava uma classe operária impotente "externa" à sociedade tailandesa, deixando-a em larga medida "inalterada".

O seu filho e sucessor Wachirawut (r. 1910-25) teve de juntar os pedaços, dessa vez adotando como modelo os dinastas europeus naturalizados. Embora — e porque — educado na Inglaterra no final da era vitoriana, ele assumiu o papel do "primeiro nacionalista" do seu país.[36] O alvo desse nacionalismo, porém, não era o Reino Unido, que controlava 90% do comércio siamês, nem a França, que tinha acabado de se apropriar das partes orientais do antigo reino: eram os chineses, tão recente e alegremente importados pelo seu pai. O estilo da sua postura antichinesa aparece no título de dois dos seus mais famosos panfletos: *Os judeus do oriente* (1914) e *Travas nas nossas rodas* (1915).

Por que essa mudança? Certamente devido a fatos dramáticos ocorridos pouco antes e pouco depois de sua coroação, em novembro de 1910. No mês de junho, a polícia tivera de intervir para acabar com uma greve geral dos trabalhadores e comerciantes chineses de Bangcoc (filhos dos primeiros imigrantes, já em ascensão social), a qual marcou o ingresso deles na política siamesa.[37] No

---

36. "A inspiração do programa nacionalista de Vajiravudh [Wachirawut] era, primeiro e acima de tudo, a Grã-Bretanha, a nação ocidental que Vajiravudh melhor conhecia, nessa época arrebatada por um entusiasmo imperialista", Walter F. Vella, *Chaiyo! King Vajiravudh and the Development of Thai Nationalism*, p. xiv. Ver também pp. 6 e 67-8.
37. A greve foi provocada pela decisão do governo em cobrar dos chineses o mesmo imposto *per capita* dos tailandeses nativos. Até então era mais baixo, como estímulo à imigração. Ver Bevars D., Mabry, *The development of labor institutions in Thailand*, p. 38. (A arrecadação entre os chineses vinha principalmente da taxação do ópio.)

ano seguinte, a Monarquia Celestial em Pequim foi varrida por uma aliança heterogênea de vários grupos, entre eles os comerciantes. Assim, os "chineses" apareciam como arautos de um *republicanismo* popular profundamente ameaçador para o princípio dinástico. Além disso, como sugerem as palavras "judeus" e "oriente", o monarca anglicizado tinha absorvido os racismos próprios da classe dirigente inglesa. Mas, como se não bastasse, havia o fato de que Wachirawut era uma espécie de Bourbon asiático. Numa época pré-nacional, seus antepassados não haviam demorado em escolher belas chinesas como esposas e concubinas, resultando que ele próprio tinha (em termos mendelianos) mais "sangue" chinês do que tailandês.[38]

Eis aí um bom exemplo do caráter do nacionalismo oficial — uma estratégia de antecipação adotada por grupos dominantes ameaçados de marginalização ou exclusão de uma nascente comunidade imaginada em termos nacionais. (Nem é preciso dizer que Wachirawut também começou empregando todas as alavancas políticas do nacionalismo oficial: o ensino primário obrigatório sob o controle do Estado, a propaganda estatal organizada, a reescrita oficial da história, o militarismo — aqui mais como espetáculo do que como realidade — e os intermináveis discursos pela afirmação da identidade dinástica e nacional.)[39]

O desenvolvimento do nacionalismo húngaro no século XIX mostra a marca do modelo "oficial" de uma outra maneira. Mencionamos acima a oposição ferrenha da nobreza magiar latinófo-

---

38. Para detalhes genealógicos, ver os meus "Studies of the Thai State", p. 214.
39. Ele também criou o slogan *Chat, Sasana, Kasat* (Nação, Religião, Monarquia), que tem sido o lema dos regimes de direita no Sião no último quarto de século. Aqui, a autocracia, ortodoxia, nacionalidade de Uvarov aparecem na ordem invertida do tailandês.

na à tentativa de José II, nos anos 1780, de converter o alemão na única língua oficial do império. Os segmentos mais favorecidos dessa classe temiam a perda de suas sinecuras numa administração centralizada, de eficiência burocrática, dominada por funcionários imperiais alemães. Os escalões mais baixos se sentiam em pânico diante da possibilidade de perder a isenção de impostos e a dispensa do serviço militar obrigatório, além do controle sobre os servos e os condados rurais. Mas, ao lado do latim, eles também faziam uma defesa muito oportunista do magiar, "visto que, a longo prazo, uma administração magiar parecia a única alternativa viável a uma administração alemã".[40] Irônico, Béla Grünwald nota que "os mesmos condes que, argumentando contra o decreto do imperador, insistiam na possibilidade de uma administração na língua magiar a declararam em 1811 — isto é, 27 anos depois — como uma impossibilidade". E ainda vinte anos mais tarde, num condado húngaro muito "nacionalista", houve quem declarasse que "a introdução da língua magiar poria em risco a nossa constituição e todos os nossos interesses".[41] Foi realmente apenas nos anos 1840 que a nobreza magiar — classe que consistia em cerca de

---

40. Ignotus, *Hungary*, pp. 47-8. Assim, em 1820, o *Tiger im Schlafrock* [Tigre de camisola], o imperador Francisco II, causou uma bela impressão no seu discurso em latim para os magnatas húngaros na assembleia em Pest. Mas, em 1825, o grão--senhor romântico radical conde István Széchenyi "desconcertou os seus colegas magnatas" na Dieta, ao lhes discursar em magiar! Jászi, *The dissolution*, p. 80; e Ignotus, *Hungary*, p. 51.
41. Citação traduzida do seu *The old Hungary* (1910) *in* Jászi, *The dissolution*, pp. 70-1. Grünwald (1839-91) foi uma figura interessante e trágica. Filho de uma família nobre magiarizada de origem saxônica, ele se tornou um excelente administrador e um dos primeiros cientistas sociais da Hungria. A publicação da sua pesquisa, demonstrando que os famosos "condados" controlados pela pequena nobreza rural magiar eram parasitas da nação, despertou uma campanha selvagem de difamação pública. Ele fugiu para Paris e lá se afogou no Sena. Ignotus, *Hungary*, pp. 108-9.

136 mil pessoas monopolizando a terra e os direitos políticos, num país com 11 milhões de habitantes —[42] passou a se empenhar seriamente na magiarização, e isso só para impedir a sua própria marginalização histórica.

Ao mesmo tempo, o vagaroso aumento da alfabetização (em 1869, 1/3 da população adulta), a difusão do magiar impresso e o crescimento de uma intelectualidade liberal, diminuta, mas cheia de energia, estimularam um nacionalismo húngaro *popular*, concebido em termos muito diferentes do da nobreza. Esse nacionalismo popular, simbolizado para as gerações posteriores na figura de Lajos Kossuth (1802-94), teve seu dia de glória na Revolução de 1848. O regime revolucionário não se livrou dos governadores imperiais designados por Viena, mas aboliu a Dieta dos Condados Nobres, de caráter feudal e supostamente magiar desde priscas eras, e decretou reformas para terminar com a servidão e a isenção de impostos dos nobres, bem como para refrear drasticamente a vinculação dos bens de raiz (morgadios). Além disso, determinou-se que todos os falantes de húngaro deviam ser húngaros (coisa que, antes, só os privilegiados eram), e todos os húngaros deviam falar magiar (coisa que, antes, só alguns magiares costumavam fazer). Como diz Ignotus, em tom um tanto sarcástico: "A 'nação', pelos padrões daquela época (que via a ascensão das duas estrelas gêmeas do Liberalismo e do Nacionalismo com um otimismo ilimitado), podia se sentir, com justiça, extremamente generosa ao 'aceitar' o camponês magiar sem discriminações, a não ser aquelas referentes à propriedade;[43] e os cristãos não magiares sob a condição de que se tornassem magiares; e, por fim, com alguma relutância e um atraso de vinte

---

42. Jászi, *The dissolution*, p. 299.
43. O regime de Kossuth instituiu o voto masculino adulto, mas com tamanhas exigências de bens pessoais que relativamente poucas pessoas podiam votar.

anos, os judeus".⁴⁴ A posição pessoal de Kossuth, nas suas negociações infrutíferas com os líderes das várias minorias não magiares, era a de que esses povos deviam ter exatamente os mesmos direitos civis dos magiares, mas, por não terem uma "personalidade histórica", não poderiam formar nações próprias. Hoje, essa posição talvez pareça um pouco arrogante. Mas ela surge sob outro prisma ao lembrarmos que o jovem e brilhante poeta Sándor Petöfi, nacionalista radical (1823-49), com grande espírito de liderança em 1848, certa vez se referiu às minorias como "úlceras no corpo da terra materna".⁴⁵

Derrotado o regime revolucionário pelos exércitos czaristas em agosto de 1849, Kossuth se exilou pelo resto da vida. Agora estava montado o cenário para o ressurgimento de um nacionalismo magiar "oficial", sintetizado nos regimes reacionários do conde Kálmán Tisza (1875-90) e do seu filho István (1903-06). As razões desse ressurgimento são muito instrutivas. Nos anos 1850, a administração burocrático-autoritária de Bach em Viena somou uma rigorosa repressão política e uma sólida implementação de políticas sociais e econômicas defendidas pelos revolucionários de 1848 (mais notadamente pelo fim da servidão e da isenção tributária da nobreza) à modernização dos meios de comunicação e ao incentivo de empreendimentos capitalistas em grande escala.⁴⁶ Despojada da sua segurança e dos seus privilégios feudais, incapaz de concorrer economicamente com os grandes latifundiários e os enérgicos empresários alemães e judeus, a velha nobreza magiar, de médio e baixo escalão, decaiu e tornou-se uma pequena nobreza rural assustada e descontente.

Mas a sorte estava ao lado dela. Com a derrota humilhante sob

44. Ignotus, *Hungary*, p. 56.
45. *Ibid.*, p. 59.
46. Ignotus observa que Bach realmente deu uma certa indenização financeira aos nobres, pela perda dos seus privilégios, "provavelmente nem mais nem menos do que teriam recebido de Kossuth" (pp. 64-5).

os exércitos prussianos no campo de Königgrätz em 1866, Viena foi obrigada a concordar com a instituição da Monarquia Dual no *Ausgleich* (acordo) de 1867. A partir de então, o reino da Hungria passou a ter uma autonomia bastante considerável para conduzir os seus assuntos internos. O primeiro beneficiário do *Ausgleich* foi um grupo de grandes aristocratas magiares de espírito liberal e de profissionais liberais instruídos. Em 1868, o governo do culto magnata conde Gyula Andrássy promulgou uma Lei das Nacionalidades, que conferia às minorias não magiares "todos os direitos que algum dia reivindicaram ou poderiam ter reivindicado — quase convertendo a Hungria numa federação".[47] Mas a chegada de Tisza ao cargo de primeiro-ministro, em 1875, inaugurou uma era em que a pequena nobreza rural reacionária pôde reconstituir a sua posição, relativamente livre de interferências vienenses.

No campo econômico, o regime de Tisza deu livre espaço aos grandes magnatas agrários,[48] mas o poder político ficou essencialmente monopolizado nas mãos da pequena nobreza rural. Pois

> restava apenas um refúgio para os despojados: a rede administrativa do governo local e nacional e o exército. Para isso, a Hungria precisava de uma equipe enorme; e, se não precisava, pelo menos podia fingir que precisava. Metade do país consistia em "nacionalidades" que deviam ser reprimidas. Pagar uma legião de magistrados magiares de confiança, da pequena nobreza rural, era um pequeno preço em favor do interesse nacional — tal era o raciocínio. O problema das múltiplas nacionalidades também era um presente dos céus; era a desculpa para a multiplicação das sinecuras.

47. *Ibid.*, p. 74.
48. Em decorrência disso, o número de morgados triplicou entre 1867 e 1918. No fim da Monarquia Dual, 1/3 de todas as terras da Hungria, incluindo os bens da Igreja, era inalienável. Os capitalistas alemães e judeus também se deram bem sob Tisza.

Assim, "os magnatas conservaram os seus morgados fundiários; e a pequena nobreza conservou os seus morgados administrativos".[49] Foi essa a base social para uma política implacável de magiarização forçada que, a partir de 1875, converteu a Lei das Nacionalidades em letra morta. A restrição legal do direito ao voto, a proliferação de burgos corruptos, eleições fraudulentas e grupos organizados de violência política nas áreas rurais[50] consolidaram o poder de Tisza e do seu eleitorado, e, ao mesmo tempo, acentuaram o caráter "oficial" do seu nacionalismo.

Jászi faz uma comparação correta entre essa magiarização do final do século XIX e "a política do czarismo russo contra os polonenses, os finlandeses e os rutenos; a política da Prússia contra os polonenses e os dinamarqueses; e a política da Inglaterra feudal contra os irlandeses".[51] A conexão entre o reacionarismo e o nacionalismo oficial é bem ilustrada por esses fatos: embora a magiarização linguística fosse um elemento central da política do regime, no final dos anos 1880 apenas 2% dos funcionários nos setores mais importantes dos governos locais e do governo central eram romenos, sendo que os romenos constituíam 20% da população, e "mesmo esses 2% estavam empregados nos níveis mais baixos".[52] Por outro lado, no Parlamento húngaro anterior à Primeira Guer-

---

49. *Ibid.*, pp. 81 e 82.
50. Esse serviço de perseguição política era feito principalmente pelos famosos *pandoors*, soldados colocados à disposição dos governadores dos condados e utilizados como polícia rural para uso de violência.
51. *The dissolution*, p. 328.
52. Segundo os cálculos de Lajos Mocsáry (*Some words on the nationality problem*, Budapeste, 1886), cit. *in ibid.*, pp. 331-2. Mocsáry (1826-1916) tinha fundado, em 1874, o pequeno Partido da Independência no Parlamento húngaro para defender as ideias de Kossuth, especialmente sobre a questão das minorias. Os seus discursos denunciando as flagrantes violações da Lei das Nacionalidades de 1868, por Tisza, levaram primeiro à sua exclusão do Parlamento e, depois, à expulsão

ra Mundial, "não [havia] um único representante das classes operárias e do campesinato sem-terra (a grande maioria do país) [...] e havia apenas oito romenos e eslovacos num total de 413 parlamentares, num país em que apenas 54% dos habitantes tinham o magiar como língua materna".[53] Assim, pouco admira que, quando Viena enviou as suas tropas para dissolver esse parlamento em 1906, "nem sequer um único comício, um único cartaz ou uma única manifestação popular protestou contra a nova era do 'absolutismo vienense'. Pelo contrário, as massas trabalhadoras e as nacionalidades assistiram com uma alegria maliciosa à luta impotente da oligarquia nacional".[54]

Mas não se pode explicar a vitória do "nacionalismo oficial" da pequena nobreza reacionária magiar após 1875 apenas pela força política desse grupo, nem pela liberdade de manobra que obteve com o *Ausgleich*. O fato é que, até 1906, a corte dos Habsburgo não se sentiu em condições de afirmar-se decididamente contra um regime que, sob muitos aspectos, era um pilar do império. Isso principalmente porque a dinastia não tinha como lhe sobrepor um sólido nacionalismo oficial próprio, e não só porque o regime era, nas palavras do eminente socialista Viktor Adler, um *Absolutismus gemildert durch Schlamperei* [absolutismo abranda-

---

do seu próprio partido. Em 1888, foi reconduzido ao Parlamento por um eleitorado totalmente romeno, e se tornou praticamente um pária político. Ignotus, *Hungary*, p. 109.
53. Jászi, *The dissolution*, p. 334.
54. *Ibid*., p. 362. Mesmo em pleno século XX, essa "oligarquia nacional" tinha um certo caráter espúrio. Jászi conta o episódio divertido de um correspondente de um famoso jornal húngaro que, durante a Primeira Guerra Mundial, entrevistou o oficial ferido que se tornaria o ditador reacionário da Hungria no período entreguerras. Horthy ficou furioso com o artigo, onde se afirmava que os seus pensamentos ficavam "voando de volta à pátria húngara, lar dos ancestrais". "Lembre", disse ele, "que, se o meu comandante-chefe está em Baden, então a minha pátria também está lá!", *The dissolution*, p. 142.

do pela negligência].⁵⁵ Mais do que em qualquer outro lugar, a dinastia continuou presa a concepções já desaparecidas. "No seu misticismo *religioso*, cada Habsburgo se sentia ligado por um laço especial com a divindade, como um executor da vontade divina. Isso explica a atitude quase inescrupulosa deles em meio às catástrofes históricas, e a sua proverbial ingratidão. *Der Dank vom Hause Habsburg* tornou-se um dito famoso."⁵⁶ Além disso, uma aguda inveja da Prússia dos Hohenzollern, que foi se apropriando cada vez mais da prata do Sacro Império Romano *e veio, ela*, a se converter na Alemanha, fazia com que a dinastia insistisse no esplêndido "patriotismo para mim" de Francisco II.

Ao mesmo tempo, é interessante que, nos seus últimos dias, a dinastia tenha descoberto, talvez para a sua própria surpresa, afinidades com seus social-democratas, a ponto de alguns inimigos comuns falarem com escárnio de um *"Burgsozialismus"* [socialismo de corte]. Nessa tentativa de coligação, houve uma incontestável mescla de maquiavelismo e idealismo de ambos os lados. Podemos ver tal mes-

55. *Ibid.*, p. 165. "Nos bons velhos tempos do Império Austríaco podia-se saltar do trem do tempo, entrar num trem comum e voltar à terra natal. [...] Naturalmente também corriam automóveis nessas estradas, mas não muitos; também ali se preparavam para conquistar os ares, mas não com muita ênfase. Aqui e ali se mandava um navio para a América do Sul ou Ásia Oriental, mas não muito seguidamente. Não se tinham ambições de economia, nem de potência mundiais; estávamos instalados no centro da Europa onde se cruzam os velhos eixos do mundo; as palavras 'colônia' e 'além-mar' pareciam algo novo e remoto. Apreciava-se o luxo, mas nem de longe tão sofisticado como o dos franceses. Praticavam-se esportes, mas não com a loucura dos anglo-saxões. Gastavam-se imensas somas com o exército, mas só o suficiente para continuar sendo a penúltima das grandes potências." Robert Musil, *The man without qualities*, I, pp. 31-2. Esse livro é o grande romance cômico do século XX. [Cit. ed. brasileira, *O homem sem qualidades*, trad. Lya Luft e Carlos Abbenseth, Rio de Janeiro, Nova Fronteira, 2006, pp. 50-1.]
56. Jászi, *The dissolution*, p. 135. Grifo do autor. Quando Metternich foi demitido após as revoltas de 1848 e teve de fugir, "ninguém em toda a corte lhe perguntou aonde ele iria e como faria para viver". *Sic transit*.

cla na veemente campanha liderada pelos social-democratas austríacos contra o "separatismo" econômico e militar propugnado pelo regime do conde István Tisza, em 1905. Karl Renner, por exemplo, "criticou virulentamente a covardia da burguesia austríaca, que começava a concordar com os planos separatistas dos magiares, embora 'o mercado húngaro seja incomparavelmente mais significativo *para o capital austríaco* do que [o] marroquino para os alemães', que a política externa alemã defende com tanta energia. Na reivindicação de um território húngaro com direitos aduaneiros independentes, ele não via mais do que o clamor dos achacadores, dos vigaristas e dos políticos demagogos, contra os *próprios interesses da indústria austríaca*, das classes trabalhadoras austríacas e da população rural húngara".[57] Numa linha parecida, Otto Bauer escreveu que:[58]

> Na era da revolução russa [de 1905], ninguém ousará empregar a pura força militar para subjugar o país [Hungria], dilacerado como está por antagonismos nacionais e classistas. Mas os conflitos internos do país fornecerão à Coroa mais um instrumento de poder, que ela terá de explorar se não quiser sofrer o mesmo destino da casa de Bernadotte. Ela não pode ser o órgão de duas vontades e ainda continuar a pretender governar a Hungria e a Áustria. Portanto, ela deve tomar providências para garantir que a Hungria e a Áustria tenham uma vontade comum, e que constitua um único império [*Reich*]. A fragmentação interna da Hungria lhe oferece a possibilidade de atingir esse objetivo. Ela enviará o seu exército até a Hungria para recapturá-la para o império, mas inscreverá nas suas bandeiras: voto igual, universal e sem corrupção! Direito de associação para o trabalhador rural! Autonomia

---

57. *Ibid.*, p. 181. Grifo meu.
58. Otto Bauer, *Die Nationalitätenfrage und die Sozialdemocratie* (1907), conforme consta no seu *Werkausgabe*, I, p. 482. Grifo do original. O cotejo entre esta tradução e a de Jászi, apresentada na edição original deste livro, dá boa matéria para reflexão.

nacional! À ideia de um Estado nacional [*Nationalstaat*] húngaro independente, ela irá contrapor a ideia dos *Estados Unidos da Grã--Áustria* [sic], a ideia de um Estado federativo [*Bundesstaat*], em que cada nação administrará com independência os seus assuntos nacionais, e todas as nações se unirão num só Estado, para a preservação dos seus interesses comuns. Inevitável e inelutavelmente, a ideia de um Estado federativo de nacionalidades [*Nationalitätenbundesstaat*] se tornará um instrumento da Coroa [sic! — *Werkzeug der Krone*], cujo império está sendo destruído pela decadência do dualismo.

Parece plausível ver nesses Estados Unidos da Grã-Áustria (EUGA) traços dos Estados Unidos e do Reino Unido da Grã-Bretanha e Irlanda do Norte (que um dia viria a ser governado por um Partido Trabalhista), bem como o prenúncio de uma União das Repúblicas Socialistas Soviéticas, cuja extensão lembra estranhamente a do império czarista. O fato é que esses EUGA, na mente de quem os imaginou, pareciam ser os herdeiros necessários de um domínio dinástico *específico* (a Grã-Áustria) — com os seus componentes emancipados, exatamente aqueles mesmos criados por séculos de "mascateagens" dos Habsburgo.

Tais criações imaginárias "imperiais" faziam parte do infortúnio de um socialismo nascido na capital de um dos grandes impérios dinásticos da Europa.[59] Como notamos antes, as novas comunidades imaginadas (inclusive os EUGA natimortos, mas ainda imaginados) evocadas pela lexicografia e pelo capitalismo editorial sempre se consideraram de alguma maneira antigas. Numa época em que a própria "história" ainda era amplamente

---

59. Certamente elas também refletem o quadro mental próprio de um tipo bem conhecido de intelectual europeu de esquerda, orgulhoso do seu domínio das línguas civilizadas, da sua herança iluminista e da sua aguda compreensão dos problemas de todo o resto do mundo. Nesse orgulho há uma mistura de ingredientes internacionalistas e aristocráticos em doses bem parecidas.

concebida em termos de "grandes fatos" e "grandes líderes", pérolas enfileiradas no colar da narrativa, é claro que seria uma tentação decifrar o passado da comunidade inscrito em antigas dinastias. Daí os EUGA, em que a membrana separando império e nação, Coroa e proletariado, é quase transparente. E tampouco Bauer destoava de tudo isso. Um Guilherme, o Conquistador, e um Jorge I, que não falavam inglês, continuam a aparecer sem problemas como contas do colar "reis da Inglaterra". "Santo" Estevão (r. 1001--38) até podia aconselhar o seu sucessor: [60]

> A utilidade dos estrangeiros e dos hóspedes é tão grande que eles podem receber um lugar de sexta importância entre os ornamentos reais. [...] Pois, como os hóspedes provêm de várias regiões e províncias, eles trazem consigo várias línguas e costumes, vários conhecimentos e armas. Todos estes adornam a corte real, aumentam o seu esplendor e intimidam a arrogância das potências estrangeiras. Pois um país unificado na língua e nos costumes é frágil e débil. [...]

Mas essas palavras não impediram minimamente, mais tarde, a sua consagração apoteótica como primeiro rei da Hungria.

Concluindo, sustentamos que, a partir dos meados do século XIX, dentro da Europa desenvolveram-se "nacionalismos oficiais", na expressão de Seton-Watson. Esses nacionalismos eram historicamente "impossíveis" antes do surgimento de nacionalismos linguísticos populares, pois, no fundo, foram *reações* dos grupos de poder — sobretudo, mas não exclusivamente, dinásticos e aristocráticos — ameaçados de exclusão ou marginalização nas comunidades imaginadas populares. Estava se iniciando uma espécie de

60. Jászi, The dissolution, p. 39.

sublevação tectônica, a qual, depois de 1918 e de 1945, despejou tais grupos para as valas de drenagem de Estoril e Monte Carlo. Tais nacionalismos oficiais eram *políticas* conservadoras, para não dizer reacionárias, adaptadas do modelo dos nacionalismos populares, em larga medida espontâneos, que os precederam.[61] E tampouco ficaram confinados à Europa e ao levante. Em nome do imperialismo, muitas políticas parecidas foram implantadas pelos mesmos tipos de grupos nos vastos territórios asiáticos e africanos submetidos no decorrer do século XIX.[62] Por fim, refratados em culturas e histórias não europeias, eles foram adotados e imitados por grupos dirigentes nativos nas poucas áreas (entre elas, o Japão e o Sião) que escaparam à sujeição direta.

Em quase todos os casos, o nacionalismo oficial ocultava uma discrepância entre a nação e o reino dinástico. Daí uma contradi-

61. Há meio século, Jászi já desconfiava disso: "Podemos indagar se os últimos desenvolvimentos imperialistas do nacionalismo realmente emanam das fontes genuínas da ideia nacional, e não dos interesses monopolistas de certos grupos que eram *alheios* à concepção original dos objetivos nacionais", *ibid*., p. 286. Grifo meu.
62. Esse ponto fica claro na contraposição com o caso das Índias holandesas, que até o final ainda eram governadas em larga medida numa língua que hoje chamamos de "indonésia". Creio que é o único caso de uma grande possessão colonial em que uma língua não europeia continuou língua oficial até o fim. Essa exceção se explica basicamente pela pura e simples antiguidade da colônia, que foi fundada no começo do século XVII por uma corporação (a Vereenigde Oostindische Compagnie — VOC), muito antes da época do nacionalismo oficial. Decerto, além disso, os holandeses nos tempos modernos também não confiavam muito que o seu idioma e a sua cultura tivessem um cunho europeu comparável ao dos ingleses, franceses, alemães, espanhóis ou italianos. (Os belgas no Congo preferiram usar o francês a usar o flamengo.) E, por último, a política educacional da colônia era excepcionalmente conservadora: em 1940, quando a população local contava com bem mais de 70 milhões de pessoas, havia apenas 637 "nativos" na universidade, e apenas 37 formados com bacharelato. Ver George McT. Kahin, *Nationalism and revolution in Indonesia*, p. 32. Para mais referências ao caso indonésio, ver adiante, no capítulo 6.

ção generalizada: eslovacos seriam magiarizados, indianos anglicizados, coreanos niponizados, mas não poderiam se somar às peregrinações que lhes permitiriam administrar magiares, ingleses ou japoneses. O banquete para o qual eram convidados sempre acabava se mostrando um festim do Barmecide.* A razão de tudo isso não era simplesmente o racismo; havia ainda o fato de que também estavam surgindo novas nações — húngara, inglesa e japonesa — no próprio centro dos impérios. E essas nações também resistiam instintivamente ao domínio "estrangeiro". Assim, a ideologia imperialista pós-1850 era um típico truque de exorcismo. E tanto era só um esconjuro que as classes populares metropolitanas, ao fim e ao cabo, calmamente deram de ombros quando "perderam" as colônias, mesmo em casos como a Argélia, que havia sido incorporada legalmente à metrópole. No final, são sempre as classes dirigentes, certamente as burguesas, mas sobretudo as aristocráticas, que pranteiam longamente os impérios, e a sua dor sempre tem um certo ar teatral.

* Barmecide: alcunha de um personagem rico das *Mil e uma noites*, que oferece um banquete em que não há nada para comer ou beber. [N. T.]

6. A última onda

A Primeira Guerra Mundial trouxe o fim da era das grandes dinastias. Em 1922, os Habsburgo, os Hohenzollern, os Romanov e os Otomanos tinham acabado. No lugar do Congresso de Berlim, surgiu a Liga das *Nações*, que não excluía os não europeus. A partir daí, a norma internacional legítima era o Estado nacional, de modo que mesmo as potências imperiais restantes compareciam à Liga em trajes nacionais, e não em uniformes imperiais. Depois do cataclismo da Segunda Guerra Mundial, a maré do Estado nacional atingiu o seu auge. Em meados dos anos 1970, até o Império Português havia se tornado coisa do passado.

Os novos estados do segundo pós-guerra têm suas próprias características, que seriam incompreensíveis a não ser como sucessoras dos modelos que abordamos anteriormente. Uma maneira de apontar essa genealogia é lembrar que um enorme número dessas nações (principalmente as não europeias) veio a ter línguas oficiais europeias. Se, sob esse aspecto, elas se assemelham ao modelo "americano", por outro lado adotaram o ardoroso populismo próprio do nacionalismo linguístico europeu, e a orientação política russificante própria do nacionalismo oficial. E assim procederam porque tanto americanos quanto europeus passaram por experiências históricas complexas que, agora, por toda parte eram imaginadas sob a forma de modelos, e porque as línguas oficiais europeias por elas adotadas eram a herança do nacionalismo oficial imperialista. É por isso que, nas políticas de "construção da nação" dos novos estados, vemos com tanta frequência um autêntico entusiasmo nacionalista popular ao lado de uma instilação sistemática, e até maquiavélica, da ideologia nacionalista através dos meios de comunicação de massa, do sistema educacional, das regulamentações administrativas, e assim por diante. Por sua vez, essa mescla de nacionalismo popular e oficial foi fruto de anomalias criadas pelo imperialismo europeu: a famosa arbitrariedade das fronteiras, e as intelectualidades bilíngues num precário equilíbrio sobre diversas populações monoglotas. Assim, podemos considerar muitas dessas nações como projetos ainda em fase de concretização, e, no entanto, projetos mais no espírito de Mazzini do que de Uvarov.

Ao avaliar as origens do "nacionalismo colonial" recente, uma semelhança fundamental com os nacionalismos coloniais de uma época anterior chama imediatamente a atenção: o isomorfismo entre a extensão territorial de cada nacionalismo e a extensão territorial da unidade administrativa imperial anterior. A semelhança não é mera coincidência; está claramente relacionada com a geografia de todas as peregrinações coloniais. A diferença reside no fato de que os contornos das peregrinações crioulas setecentistas eram traçados não só pelas ambições centralizadoras do absolutismo metropolitano, mas também por problemas reais de comunicação e transporte, e um atraso tecnológico geral. No século XX, em larga medida, esses problemas tiveram de ser superados e, no lugar deles, surgiu uma "russificação" de dupla face.

Afirmei antes que, no final do século XVIII, a unidade administrativa imperial adquiriu um significado nacional em parte porque ela circunscrevia a ascensão dos funcionários crioulos. O mesmo vale para o século XX. Pois, mesmo nos casos em que um jovem inglês negro ou pardo ia receber uma certa formação ou treinamento na metrópole, coisa que poucos dos seus progenitores crioulos puderam fazer, normalmente era a última vez que ele empreendia essa peregrinação burocrática. A partir daí, o ápice do seu voo ascendente seria o *centro administrativo mais elevado para o qual ele poderia ser designado*: Rangoon, Accra, Georgetown ou Colombo. E, no entanto, em cada uma dessas jornadas restritas, ele encontrava companheiros de viagem bilíngues, vindo a sentir uma relação de crescente comunhão entre todos. Na sua jornada, ele logo entendia que o seu ponto de origem — concebido em termos étnicos, linguísticos ou geográficos — pouco importava. No máximo, era de onde ele saía em peregrinação: não determinava fundamentalmente quem ele iria encontrar ou qual seria o seu ponto de chegada. Desse padrão surgiu aquela transformação velada e sutil do estado colonial em Estado nacional, a qual foi possível não só pela sólida permanência do mesmo quadro de funcionários, como também pelo roteiro estabelecido de viagens, forma pela qual os funcionários[1] vivenciavam o Estado.

Mas, após a metade do século XIX, e sobretudo no século XX, cada vez mais essas viagens já não eram feitas apenas por alguns viajantes, e sim por enormes multidões variadas. Aqui, foram três os principais fatores. Primeiro e acima de tudo, estava o enorme

1. Não só funcionários, claro, embora constituíssem o grupo principal. Veja-se, por exemplo, a geografia de *Noli me tangere* (e de muitos outros romances nacionalistas). Embora alguns dos personagens principais da obra de Rizal sejam espanhóis, e alguns dos personagens filipinos tenham estado na Espanha (fora do cenário do romance), o circuito das viagens dos personagens se limita ao que se tornaria, onze anos depois da publicação do romance e dois anos depois da execução do autor, a República das Filipinas.

aumento da mobilidade física, graças às tremendas realizações do capitalismo industrial — estradas de ferro e navios a vapor no século XIX, veículos motorizados e aviões no século XX. As infindáveis viagens às velhas Américas estavam rapidamente se tornando coisas do passado.

Em segundo lugar, a "russificação" imperial tinha o seu lado prático, além do lado ideológico. O puro e simples tamanho dos impérios europeus mundiais e as enormes populações submetidas significavam que não havia como recrutar quadros, em número e em custos, para burocracias exclusivamente metropolitanas, ou mesmo crioulas. O Estado colonial e, um pouco mais tarde, o capitalismo das grandes corporações precisavam de legiões de funcionários de escritório, os quais deviam ser bilíngues, capazes de servir como mediação linguística entre a nação metropolitana e os povos colonizados. E essa necessidade era tanto maior porque, depois da virada do século, as funções especializadas do Estado se multiplicaram por todas as partes. Ao lado do velho funcionário distrital, apareceram o médico, o engenheiro agrônomo, o técnico de extensão no campo, o professor, o policial, e assim por diante, todos eles funcionários públicos. A cada ampliação do Estado, aumentavam os enxames de seus peregrinos internos.[2]

Em terceiro lugar, houve a difusão do ensino no estilo moderno, não só a cargo do Estado colonial, mas também por organizações particulares, religiosas e leigas. Essa expansão se deu não só para fornecer quadros às hierarquias governamentais e corporati-

---

2. Para citar apenas um exemplo: em 1928, havia quase 250 mil nativos na folha de pagamento das Índias Orientais holandesas, os quais correspondiam a 90% de todos os funcionários públicos. (Sintomaticamente, os salários e aposentadorias dos funcionários halandeses e nativos, aliás muito desiguais, somavam até 50% dos gastos públicos!) Ver Amry Vandenbosch, *The Dutch East Indies*, pp. 171-3. Mas, comparativamente, havia nove vezes mais holandeses no serviço público do que os ingleses na Índia britânica (que não era um "Estado nativo").

vas, mas também devido à aceitação crescente da importância moral do conhecimento moderno, mesmo para os povos colonizados.[3] (Na verdade, o fenômeno do desempregado instruído já começava a aparecer numa série de Estados coloniais.) De modo geral, concorda-se que as camadas intelectuais foram fundamentais para o surgimento do nacionalismo nos territórios coloniais, mesmo porque o colonialismo não permitia o desenvolvimento de latifundiários, grandes comerciantes, empresários industriais nem sequer uma ampla classe de profissionais liberais nativos, os quais, portanto, eram relativamente raros.

Por quase toda parte, o poder econômico era monopolizado pelos próprios colonialistas, ou partilhado de forma bastante desigual com uma classe politicamente impotente de homens de negócios párias (não nativos) — libaneses, indianos e árabes na África colonial, chineses, indianos e árabes na Ásia colonial. Costuma-se concordar também que o papel de vanguarda dos intelectuais provinha da alfabetização bilíngue ou, melhor, de sua alfabetização e de seu bilinguismo. A alfabetização já havia permitido que a comunidade imaginada flutuasse num tempo vazio e homogêneo, como dissemos antes. O bilinguismo significava o acesso, através da língua oficial europeia, à cultura ocidental moderna no sentido mais amplo e, em particular, aos modelos de nacionalismo, condição nacional [*nation-ness*] e Estado nacional criados em outros lugares no decorrer do século XIX.[4]

Em 1913, o regime colonial holandês na Batávia, seguindo o

---

3. Mesmo nas Índias holandesas ultraconservadoras, o número de nativos recebendo educação primária de estilo ocidental disparou de uma média de 2 987 entre 1900 e 1904 para 74 697 em 1928; no ensino secundário de perfil ocidental, o número passou de 25 para 6 468, nos mesmos anos. Kahin, *Nationalism*, p. 31.
4. Citando Anthony Barnett, ele também "permitiu aos intelectuais *dizer* para os que falavam a mesma língua [o vernáculo local] que 'nós' podemos ser como 'eles'".

exemplo de Haia, patrocinou enormes festas por toda a colônia, para comemorar o centenário da "libertação nacional" holandesa do imperialismo francês. Expediram-se ordens para garantir a participação física e a contribuição financeira não só das comunidades holandesas e eurasiáticas locais, mas também da população nativa subjugada. Em protesto, o precoce nacionalista javanês--indonésio Suwardi Surjaningrat (Ki Hadjar Dewantoro) escreveu o seu famoso artigo de jornal em holandês, "*Als ik eens Nederlander was*" [Se eu fosse um holandês].[5]

> Na minha opinião, há algo de descabido — algo de indecente — se nós (eu ainda imaginando ser um holandês) pedimos aos nativos que participem das festas que comemoram a nossa independência. Em primeiro lugar, feriremos os seus delicados sentimentos porque estamos aqui comemorando a nossa própria independência no país nativo deles, que nós colonizamos. No momento, estamos muito felizes porque há cem anos nos libertamos do domínio estrangeiro; e tudo isso está se passando diante dos olhos daqueles que ainda estão sob o nosso domínio. Não nos passa pelo espírito que esses pobres escravos também anseiam por um momento como este, quando eles, tal como nós, poderão comemorar a sua independência? Ou sentimos talvez que, devido à nossa política de destruição da alma, vemos todas as almas humanas como se estivessem mortas? Se for assim, então estamos iludindo a nós mesmos, porque, por mais

---

5. Ele apareceu originalmente em *De Expres*, em 13 de julho de 1913, mas logo foi traduzido para o "indonésio" e publicado na imprensa nativa. Suwardi tinha então 24 anos de idade. Aristocrata muito bem-educado e progressista, aliou-se, em 1912, com um plebeu javanês, dr. Tjipto Mangoenkoesoemo, e um eurasiático, Eduard Douwes Dekker, para formarem o Indische Partij, o primeiro partido político da colônia. Para um breve, mas útil, estudo sobre Suwardi, ver Savitri Scherer, "Harmony and Dissonance: Early Nationalist Thought in Java", capítulo 2. No primeiro apêndice, há uma tradução do famoso artigo para o inglês, de onde foi extraída a passagem acima citada.

primitiva que seja uma comunidade, ela é sempre contrária a qualquer tipo de opressão. Se eu fosse um holandês, eu não organizaria uma comemoração de independência num país em que a independência do povo foi roubada.

Com essas palavras, Suwardi conseguia virar a história holandesa contra os holandeses, arranhando a solda entre o nacionalismo e o imperialismo dos holandeses. Além disso, com a transformação imaginária de si mesmo num holandês temporário (que convidava a uma transformação recíproca dos seus leitores holandeses em indonésios temporários), ele abalava todas as fatalidades racistas subjacentes à ideologia colonial holandesa.[6]

A artilharia de Suwardi — que deliciou o seu público indonésio, tanto quanto irritou os holandeses — é uma ilustração exemplar de um fenômeno mundial do século XX. Pois o paradoxo do nacionalismo oficial imperial era que ele trazia inevitavelmente para a consciência dos colonizados tudo o que, cada vez mais, era entendido e tratado nos textos como "histórias nacionais" europeias — não só através de festas ocasionais obtusas, mas também nas salas de aula e de leitura.[7] Os jovens vietnamitas não podiam deixar de aprender sobre os *philosophes* e a Revolução, e o que Debray chama de "nosso antagonismo secular contra a Alemanha".[8] A Magna Carta, a Mãe dos Parlamentos e a Revolução Gloriosa,

---

6. Nota-se aqui o elo pedagógico entre comunidade "imaginada" e comunidade "imaginária".
7. As comemorações de 1913 são um símbolo bastante adequado do nacionalismo oficial num outro sentido. A "libertação nacional", objeto da comemoração, era na verdade a restauração da Casa de Orange por obra dos exércitos vitoriosos da Sagrada Aliança (e não a instauração da República Batava, em 1795); metade da nação libertada logo se separou para formar o Reino da Bélgica, em 1830. Mas certamente o que Suwardi assimilou nas aulas coloniais foi a interpretação de uma "libertação nacional".
8. "Marxism and the national question", p. 41.

apresentadas como a história nacional da Inglaterra, estavam em todas as escolas do Império Britânico. A luta de independência da Bélgica contra a Holanda não podia ser apagada dos livros escolares que as crianças congolesas algum dia leriam. O mesmo com as histórias dos Estados Unidos nas Filipinas e, por último, as de Portugal em Moçambique e Angola. A ironia, claro, é que essas histórias eram escritas a partir de uma consciência historiográfica que, na virada do século e por toda a Europa, vinha se definindo em termos nacionais. (Os barões que impuseram a Magna Carta a João Plantageneta não falavam "inglês", e não se concebiam minimamente como "ingleses", mas, setecentos anos depois, eram taxativamente definidos como prístinos patriotas nas salas de aula do Reino Unido.)

No entanto, há um traço característico da intelectualidade nacionalista nascente nas colônias que, em certa medida, a distancia da intelectualidade nacionalista vernaculizante da Europa oitocentista. Esses intelectuais das colônias eram quase sempre muito jovens, e atribuíam um significado político complexo à sua juventude — significado este que, mesmo se modificando com o passar do tempo, continua importante até hoje. Geralmente considera-se que o nacionalismo birmanês (moderno/organizado) surgiu em 1908, com a fundação da Associação Budista dos Moços (YMBA) em Rangoon, e o malaio em 1938, com a fundação do Kesatuan Melayu Muda (União da Juventude Malaia). Os indonésios comemoram anualmente o *Sumpah Permuda* (Juramento de Juventude), redigido e juramentado pelo congresso da juventude nacionalista de 1928. E assim por diante. É absoluta verdade que, num certo sentido, a Europa fez isso também — se pensarmos na Irlanda Jovem, na Itália Jovem e similares. Tanto na Europa quanto nas colônias, "jovem" e "juventude" significavam dinamismo, progresso, idealismo abnegado e vontade revolucionária. Mas, na Europa, o "jovem" não tinha um contorno sociológico muito definido. A pessoa podia ser de meia-idade e participar da Irlanda Jovem; podia ser analfabeta e fazer parte da Itália Jovem. A razão disso, naturalmente, era que o idioma desses nacionalismos era a língua materna vernácula, falada pelos seus adeptos desde a primeira infância, ou, como no caso da Irlanda, a língua metropolitana que havia se enraizado tão profundamente em setores da população, ao longo de séculos de conquista, que também podia se manifestar, ao estilo crioulo, como um vernáculo. Assim, não havia nenhuma ligação necessária entre língua, idade, classe e condição social.

Nas colônias, as coisas eram muito diferentes. A juventude consistia, acima de tudo, na *primeira* geração numericamente significativa a ter recebido uma educação europeia, distanciando-a linguística e culturalmente da geração dos seus pais e da grande maioria de seus coetâneos colonizados (cf. B. C. Pal). A YMBA, em parte seguindo os moldes da YMCA* (Young Men's Christian Association), foi organizada por estudantes que liam inglês. Nas Índias Holandesas, encontram-se, *inter alia*, Jong Java (Java Jovem), Jong Ambon (Amboina Jovem) e Jong Islamietenbond (Liga de Jovens Islâmicos) — títulos incompreensíveis para qualquer jovem nativo sem familiaridade com a língua colonial. Nas colônias, portanto, "juventude" significa "juventude escolarizada", pelo menos a princípio. Isso, por sua vez, nos faz lembrar novamente o papel único que os sistemas educacionais coloniais desempenharam na promoção dos nacionalismos coloniais.[9]

O caso da Indonésia oferece uma ilustração complexa e

---

* No Brasil, ACM, Associação Cristã de Moços. [N. T.]
9. Aqui iremos nos concentrar nas escolas civis. Mas as suas correspondentes militares também foram importantes. O exército regular, com corpo profissional de oficiais, obra pioneira da Prússia no começo do século XIX, exigia uma pirâmide educacional sob alguns aspectos mais elaborada, se não mais especializada, do que a sua equivalente civil. Os jovens oficiais ("turcos") formados pelas novas academias militares muitas vezes desempenharam papéis signifi-

fascinante desse processo, com seu porte gigantesco, sua imensa população (mesmo na época colonial), sua fragmentação geográfica (cerca de 3 mil ilhas), sua diversidade religiosa (muçulmanos, budistas, católicos, protestantes de diferentes seitas, hinduístas balineses e "animistas") e a sua variedade etnolinguística (bem mais de cem grupos distintos). Além disso, como sugere o seu nome híbrido e pseudo-helênico, a sua extensão não corresponde nem de longe a qualquer território pré-colonial; pelo contrário, pelo menos até a brutal invasão do general Suharto no Timor Leste, ex-colônia portuguesa, em 1975, as suas fronteiras eram as mesmas que haviam sido deixadas pelas últimas conquistas holandesas (c. 1910).

Alguns povos da costa oriental de Sumatra não só estão perto,

---

cativos no desenvolvimento do nacionalismo. Emblemático é o caso do major Chukuma Nzeogwu, que arquitetou o golpe de estado na Nigéria, em 15 de janeiro de 1966. Cristão da etnia ibo, ele fazia parte do primeiro grupo de jovens nigerianos enviados para treinamento em Sandhurst, para que fosse possível transformar as forças mercenárias coloniais comandadas por oficiais brancos em exército nacional, após a independência da Nigéria, em 1960. (Ele frequentou Sandhurst junto com o futuro brigadeiro Afrifa, o qual, também em 1966, iria derrubar o *seu* governo, mas cada nativo devia voltar para o seu próprio hábitat imperial.) Uma prova notável da força do modelo prussiano foi que ele conseguiu liderar soldados e aristocratas haússas muçulmanos na matança do Sardauna de Sokoto, e assim destruir o governo de Abubakar Tafawa Balewa, controlado pelos haússas muçulmanos. Um sinal igualmente notável do nacionalismo gerado pela escola colonial foi a sua transmissão na rádio Kaduna, assegurando aos conterrâneos: "vocês não terão mais vergonha de dizer que são nigerianos". (Citação extraída de Anthony H. M. Kirk-Greene, *Crisis and conflict in Nigeria: a documentary source book*, p. 126.) Mas o nacionalismo na Nigéria ainda era tênue o suficiente para que o golpe nacionalista de Nzeogwu logo fosse interpretado como um complô ibo: daí os motins militares de julho, as perseguições contra os ibos em setembro e outubro, e a secessão de Biafra em maio de 1967. (Ver o magnífico livro de Robin Luckham, *The Nigerian military*, passim.)

através dos estreitos de Málaca, dos povos do litoral ocidental da península Malaia, como também apresentam parentesco étnico, entendem mutuamente os idiomas, comungam a mesma religião, e assim por diante. Esses mesmos sumatrenses não partilham a língua, nem a etnia ou a religião com os amboneses, que vivem em ilhas situadas a milhares de quilômetros a oeste. E, no entanto, no século XX, eles passaram a considerar os amboneses como conterrâneos indonésios, e os malaios como estrangeiros.

O que mais alimentou esse laço foram as escolas que o regime da Batávia multiplicou após a virada do século. Para entender como isso se deu, cabe lembrar que — em total oposição às escolas indígenas tradicionais, que eram sempre iniciativas pessoais e locais (mesmo que, à boa maneira muçulmana, sempre houvesse um grande movimento horizontal de estudantes, passando de um para outro mestre ulemá especialmente famoso) — as escolas do governo formavam uma hierarquia colossal, altamente racionalizada, rigidamente centralizada, estruturalmente semelhante à própria burocracia do Estado. Os mesmos livros didáticos, diplomas e certificados padronizados, uma gradação estritamente regulamentada dos grupos etários,[10] das aulas e dos materiais de ensino, criavam em si mesmos um universo de experiências fechado e coerente. Mas igualmente importante era a geografia hierárquica. As escolas primárias padronizadas espalhavam-se pelos vilarejos e pequenos municípios da colônia; as escolas secundárias básicas e avançadas se localizavam em cidades maiores e nas capitais de província, enquanto o ensino terciário (o ápice da pirâmide) ficava restrito à Batávia, capital da colônia, e a Bandung, cidade construída pelos holandeses, a 160 quilômetros a sudoeste, nos

10. A ideia de um aluno "velho demais" para a série X ou Y, impensável numa escola muçulmana tradicional, era um axioma inconsciente da escola colonial de feitio ocidental.

planaltos temperados de Priangan. Assim, o sistema educacional colonial do século XX criou peregrinações semelhantes às viagens dos funcionários, estabelecidas há mais tempo. A Roma dessas peregrinações era a Batávia: não Cingapura, não Manila, não Rangoon, nem mesmo as antigas capitais reais javanesas de Jogjakarta e Surakarta.[11] Vindos de toda a imensa colônia, mas nunca de fora dela, os temerosos peregrinos começavam o seu percurso interno e ascendente pela escola primária, encontrando colegas peregrinos de outros vilarejos, talvez outrora hostis; na escola secundária, encontravam colegas de outros grupos etnolinguísticos; nas instituições universitárias da capital, encontravam colegas vindos de todas as partes do império.[12] E eles sabiam que, de onde quer que viessem, tinham lido os mesmos livros e feito os mesmos cálculos. Eles também sabiam, ainda que não chegassem tão longe — e a maioria realmente não chegava —, que Roma era a Batávia, e que todas essas jornadas adquiriam "sentido" a partir da capital, explicando por que "nós" estamos "aqui", "juntos". Em outros termos, a experiência comum e a camaradagem amigavelmente competitiva da sala de aula conferiam aos mapas da colônia que estudavam (sempre em cores diferentes da Malásia Britânica ou das Filipinas Americanas) uma realidade imaginada territorialmente específica, a qual era confirmada cotidianamente pelas pronúncias e pelos traços fisionômicos dos colegas de classe.[13]

E o que eram eles em conjunto? Os holandeses eram muito

11. Em última instância, claro, os ápices eram Haia, Amsterdã e Leiden; mas os que podiam realmente sonhar em estudar nessas cidades eram pouquíssimos.
12. Sendo escolas leigas do século XX, geralmente também eram mistas, mesmo que com uma grande maioria de rapazes. Daí os namoros, e muitas vezes os casamentos, "dos bancos de escola", que contrariavam todas as linhas tradicionais.
13. Sukarno só conheceu o Irian Ocidental, pelo qual tanto lutou, quando tinha mais de sessenta anos de idade. Aqui, tal como nos mapas escolares, vemos a ficção se infiltrando na realidade — cf. *Noli* e *El Periquillo Sarniento*.

claros nesse ponto: qualquer que fosse a língua materna, eles eram irremediavelmente *inlanders*, palavra que, como "*natives*" em inglês ou "*indigènes*" em francês, sempre tinha uma carga semântica involuntariamente paradoxal. Nessa colônia, como em cada colônia diferente, significava que as pessoas assim designadas eram "inferiores" e, ao mesmo tempo, "*pertenciam a ela*" (do mesmo modo que os holandeses, sendo "nativos" da Holanda, pertenciam *àquele lugar*). Inversamente, com esse termo, os holandeses se colocavam, junto com a superioridade, como "*não pertencendo a ela*". A palavra também trazia implícito que, na sua inferioridade em comum, os *inlanders* eram *igualmente* desprezíveis, não importando a classe ou o grupo etnolinguístico de que proviessem. Mas mesmo essa miserável igualdade de condições tinha um perímetro definido. Pois *inlander* sempre levantava a pergunta: "nativo do quê?". Se os holandeses às vezes falavam como se os *inlanders* fossem uma categoria universal, a experiência mostrava que essa ideia dificilmente se sustentaria na prática. Os *inlanders* paravam na borda colorida do desenho da colônia. Para além dela estavam "*natives*", "*indigènes*" e "*indios*". Além disso, a terminologia jurídica colonial incluía a categoria *vreemde oosterlingen* (orientais estrangeiros), que tinha o dúbio som de uma falsa moeda — como se fossem "nativos estrangeiros". Esses "orientais estrangeiros", sobretudo chineses, árabes e japoneses, embora vivendo na colônia, tinham um estatuto político-legal superior ao dos "nativos-nativos". Ademais, a minúscula Holanda estava suficientemente intimidada com a força econômica e a perícia militar da oligarquia Meiji, a ponto de promover legalmente os japoneses da colônia, a partir de 1899, a "europeus honorários". A partir de tudo isso, numa espécie de sedimentação, o *inlander* — excluindo brancos, holandeses, chineses, árabes, japoneses, "*natives*", "*indigènes*" e "*indios*" — se tornou ainda mais específico no conteúdo, até que, como uma larva adulta, subitamente se metamorfoseou na espetacular borboleta chamada "indonésio".

Se é verdade que os conceitos de *inlander* e *native* nunca poderiam ser noções racistas realmente generalizadas, visto que sempre supunham um enraizamento em algum hábitat específico,[14] o caso da Indonésia, por outro lado, não nos deve fazer pensar que cada hábitat "nativo" tivesse fronteiras predeterminadas ou invariáveis. Dois exemplos mostrarão o contrário: a África Ocidental francesa e a Indochina francesa.

Nos seus dias de glória, a École Normale William Ponty, em Dacar, embora fosse apenas uma escola secundária, constituía o ápice da pirâmide educacional colonial na África Ocidental francesa.[15] Para lá iam os estudantes inteligentes dos locais que hoje conhecemos como Guiné, Mali, Costa do Marfim, Senegal, e assim por diante. Portanto, não é o caso de nos surpreendermos se as peregrinações desses meninos, terminando em Dacar, foram entendidas inicialmente em termos franco-africanos (ocidentais), cujo símbolo inesquecível é o conceito paradoxal de "*négritude*" — essência da africanidade que só pode se expressar em francês, língua das salas de

---

14. Vejam-se, em contrapartida, os "mestiços" ou "negros" que, começando em Calais, podiam aparecer em qualquer lugar do planeta, fora do Reino Unido.
15. Sobre as origens e o desenvolvimento dessa famosa escola, ver Abdou Moumouni, *L'Éducation en Afrique*, pp. 41-9; sobre a sua importância política, Ruth Schachter Morgenthau, *Political parties in French-speaking West Africa*, pp. 12-4, 18-21. A princípio, era uma *école normale* sem nome, situada em Saint-Louis; foi transferida para Gorée, logo do outro lado de Dacar, em 1913. Mais tarde, recebeu o nome de William Merlaud-Ponty, o quarto governador-geral (1908-15) da África Ocidental francesa. Serge Thion me informa que o nome William (em vez de Guillaume) esteve em voga por muito tempo na região em volta de Bordeaux. Certamente ele tem razão ao atribuir essa popularidade aos laços históricos com a Inglaterra, criados pelo comércio do vinho; mas parece igualmente possível que ela recue até a época em que Bordeaux (Guiana) ainda fazia parte do reino com sede em Londres.

aulas da William Ponty. E, no entanto, esse auge da William Ponty foi casual e efêmero. Com a construção de outras escolas secundárias na África Ocidental francesa, já não era necessário que os garotos brilhantes empreendessem uma peregrinação tão longa. E, de qualquer forma, o papel administrativo de Dacar nunca teve a mesma importância central que o papel educacional da William Ponty. A rotatividade dos garotos da África Ocidental francesa nos bancos da William Ponty não iria encontrar equivalente na sua intercambialidade burocrática posterior dentro da administração colonial da região. Assim, os veteranos da escola voltavam para casa, tornando-se líderes nacionalistas guineenses ou malineses, conservando uma camaradagem, uma intimidade e uma solidariedade "ocidental-africanas" que se perderam para as gerações seguintes.[16]

De modo muito parecido, houve uma geração de adolescentes relativamente bem-educados para a qual o curioso híbrido "Indochina" adquiriu um sentido imaginado, real e vivenciado.[17]

16. Ao que parece, não existiu nada similar na África Oriental britânica, fosse porque as colônias britânicas não eram vizinhas, ou porque Londres foi liberal e teve dinheiro suficiente para abrir escolas secundárias quase ao mesmo tempo em todos os principais territórios, ou porque as organizações missionárias protestantes, na sua rivalidade, defendiam com unhas e dentes os seus interesses locais. A Achimota School, escola secundária fundada em 1927 pelo Estado colonial em Acra, logo se tornou o principal vértice de uma pirâmide educacional específica da Costa do Ouro, e após a independência foi lá que os filhos dos ministros começaram a aprender como suceder aos pais. Um outro vértice rival, a Mfantsipim Secondary School, tinha a vantagem de ser mais antigo (fundado em 1876), mas as desvantagens do local (Cape Coast) e do semiafastamento do Estado (foi um colégio religioso até muito tempo depois da independência). Devo essa informação a Mohamed Chambas.

17. Isso levou, *inter alia*, a um Partido Comunista indochinês que durou apenas uma geração (1930-51?), e ao qual foram filiados, por algum tempo, jovens que falavam o vietnamita, o khmer ou o laonês. Hoje, há quem veja a formação desse partido como mera expressão de um "antigo expansionismo vietnamita". Na verdade, ele era comandado pelo Comintern, a partir do sistema educacional (e, em menor medida, administrativo) da Indochina francesa.

Cabe lembrar que essa entidade só foi legalmente proclamada em 1887, e que adquiriu sua máxima forma territorial apenas em 1907, embora a presença francesa ativa na região datasse de mais de cem anos. Falando genericamente, a política educacional implantada pelos dirigentes coloniais da "Indochina" tinha duas finalidades principais[18] — sendo que ambas contribuíram, como se viu mais tarde, para o desenvolvimento de uma consciência "indochinesa". Uma delas era romper os laços político-culturais existentes entre os povos colonizados e o mundo extraindochinês mais imediato. No que se referia ao "Camboja" e ao "Laos",[19] o alvo era o Sião, que no passado havia exercido uma suserania variável sobre ambos e com os quais partilhava os mesmos rituais, instituições e a língua sagrada do budismo hinaiana. (Além disso, o laosiano oral e escrito das planícies era, e ainda é, muito próximo do tailandês.) Foi exatamente por essa preocupação que os franceses experimentaram implantar primeiro nas zonas tomadas *por último* ao Sião, as chamadas "escolas-pagode renovadas", que pretendiam transferir os monges khmer e os seus discípulos da órbita tailandesa para a órbita indochinesa.[20]

18. Essa política é discutida detalhadamente, e com grande competência, por Gail Paradise Kelly, "Franco-Vietnamese schools, 1918 to 1938". Infelizmente, a autora se concentra apenas na população indochinesa de língua vietnamita.
19. Eu utilizo essa terminologia um pouco canhestra para dar ênfase às origens coloniais dessas entidades. O "Laos" foi montado a partir de um conjunto de principados rivais, deixando mais da metade da população de fala laonesa no Sião. As fronteiras do "Camboja" não seguiam o traçado de nenhum território histórico específico, nem a distribuição dos povos de língua khmer. Centenas de milhares dessas pessoas acabaram presas na "Cochinchina", dando origem à comunidade conhecida como Khmer Krom (Khmer rio abaixo).
20. Tentaram isso montando, nos anos 1930, uma École Supérieure de Pali em Phnom Penh, faculdade religiosa frequentada por monges de língua khmer e laonesa. Pelo visto, a tentativa de desviar os olhos budistas de Bangcoc não teve

Na Indochina Oriental (a minha forma abreviada de dizer "Tonquim", "Annam" e "Cochinchina"), o alvo era a China e sua civilização. As dinastias dirigentes de Hanói e Hue haviam defendido a sua independência de Pequim durante séculos, mas governavam com um tipo de mandarinato calcado conscientemente no modelo chinês. A arregimentação de quadros para a máquina estatal era feita por exames escritos sobre os clássicos confucianos; os documentos dinásticos eram redigidos em caracteres chineses, e a cultura da classe dirigente era altamente sinizada. Esses laços tão duradouros assumiram um caráter ainda mais indesejado após 1895, quando os textos de reformadores chineses como K'ang Yu-wei e Liang Ch'i-ch'ao e de nacionalistas como Sun Yat-Sen começaram a se infiltrar pela fronteira norte da colônia.[21] Assim, os exames confucianos foram abolidos em "Tonquim" em 1915 e em "Annam" em 1918. Daí por diante, o recrutamento para o funcionalismo público na Indochina seria feito exclusivamente através de um sistema educacional colonial francês em elaboração. Além disso, o *quôc ngū*, uma escrita fonética romanizada, concebida originalmente por missionários jesuítas no século XVII,[22] e adotada

---

pleno sucesso. Em 1942 (logo depois que o Sião, com apoio japonês, reconquistou o controle de grande parte do noroeste do "Camboja"), os franceses prenderam um respeitável professor da École por posse e distribuição de materiais didáticos "subversivos" em tailandês. (Muito provavelmente, esses materiais eram alguns dos textos escolares fortemente nacionalistas criados pelo regime ferrenhamente antifrancês do marechal de campo Plaek Phibunsongkhram (1938-44).
21. David G. Marr, *Vietnamese tradition on trial, 1920-1945*, p. 146. Alarmantes também eram as traduções chinesas de autores franceses tão incômodos como Rousseau, que vinham de contrabando. (Kelly, "Franco-Vietnamese schools", p. 19.)
22. Em sua forma final, esse alfabeto geralmente é atribuído ao talentoso lexicógrafo Alexandre de Rhodes, que em 1651 publicou o seu admirável *Dictionarium annamiticum, lusitanum et latinum*.

pelas autoridades na "Cochinchina" já desde os anos 1860, foi conscientemente incentivado a romper os laços com a China — e talvez também com o passado local —, tornando a literatura antiga e os registros dinásticos inacessíveis para uma nova geração de vietnamitas colonizados.[23]

O segundo objetivo da política educacional era gerar uma certa quantidade, cuidadosamente calibrada, de indochineses que falassem e escrevessem francês, para servir como uma elite indígena aculturada, agradecida e politicamente confiável, nos escalões subordinados da burocracia colonial e das empresas comerciais maiores.[24]

Não nos deteremos aqui nas complexidades do sistema educacional colonial. Para os fins do presente texto, a característica fundamental do sistema era que ele formava uma pirâmide única, mesmo que oscilante, cujos andares superiores, até meados dos anos 1930, ficavam todos no lado oriental. Até essa data, por exem-

---

23. "[A maioria dos] funcionários coloniais franceses do final do século XIX [...] estava convicta de que, para conseguir sucesso colonial permanente, era preciso reduzir de maneira drástica as influências chinesas, inclusive no sistema de escrita. Os missionários muitas vezes consideravam os intelectuais confucianos como o principal obstáculo à conversão católica geral do Vietnã. Assim, para eles, eliminar o idioma chinês era ao mesmo tempo isolar o Vietnã da sua herança e neutralizar a elite tradicional", Marr, *Vietnamese tradition*, p. 145. Kelly cita um escritor colonial: "com efeito, o ensino exclusivo do *quôc ngū* [...] terá como resultado transmitir aos vietnamitas apenas a escrita, a literatura e a filosofia francesas que queremos. Ou seja, aquelas [obras] que julgamos úteis para eles e facilmente assimiláveis: apenas os textos que transcrevemos para o *quôc ngū*", "Franco-vietnamese schools", p. 22.
24. Ver *ibid.*, pp. 14-5. Para uma camada mais baixa e mais numerosa da população indochinesa, o governador-geral Albert Sarraut (autor do Código de Ensino Público, de 1917) pregava: "um ensino simples, elementar, permitindo que a criança aprenda tudo o que lhe será útil na sua carreira humilde de lavrador ou artesão, para melhorar as condições naturais e sociais da sua vida". *Ibid.*, p. 17.

plo, os únicos *lycées* públicos estavam em Hanói e em Saigon; e, durante todo o período colonial anterior à guerra, a única universidade na Indochina ficava em Hanói, "logo adiante", por assim dizer, do palácio do Governador-Geral.[25] Quem tentava escalar esses andares eram todos os falantes dos principais vernáculos do império francês: vietnamitas, chineses, laosianos e laoneses (e não poucos jovens coloniais franceses). Para os que se lançavam nessa escalada vindos, digamos, de My Tho, Battambang, Vientiane e Vinh, o significado desse encontro convergente entre eles tinha de ser "indochinês", da mesma forma que os estudantes poliglotas e poliétnicos da Batávia e de Bandung tinham de entender essa convergência como "indonésia".[26] Essa condição de indochinês, embora muito real, foi, no entanto, imaginada por um grupo minúsculo, e por curto espaço de tempo. Por que acabou sendo tão

25. Em 1937, havia um total de 631 alunos matriculados, sendo 580 nas faculdades de direito e medicina. *Ibid.*, p. 79; ver também pp. 69-79, sobre a estranha história dessa instituição, fundada em 1906, fechada em 1908, reaberta em 1918, e que, até o final dos anos 1930, nunca foi muito mais do que uma universidade profissional posta nas alturas.

26. Como vou agora me concentrar sobre os khmers e os vietnamitas, talvez caiba fazer uma breve menção de alguns laoneses importantes. O atual primeiro--ministro do Laos, Kaysone Phoumvihan, frequentou a faculdade de medicina da Universidade de Hanói no final dos anos 1930. O chefe de Estado, príncipe Shouphanouvong, se formou no Lycée Albert Sarraut, em Hanói, e depois graduou-se em engenharia na metrópole francesa. Seu irmão mais velho, o príncipe Phetsarath Ratanavongsa, que liderou o efêmero governo anticolonial Lao Issara (Laonês Livre) em Vientiane, de outubro de 1945 a abril de 1946, tinha se formado no Lycée Chasseloup-Laubat, em Saigon. Antes da Segunda Guerra Mundial, a instituição de ensino mais avançado no "Laos" era o pequeno Collège Pavie (escola secundária) em Vientiane. Ver Joseph J. Zasloff, *Pathet Lao*, pp. 104-5; e "3349" [pseudônimo de Phersarath Ratanavongsa], *Iron Man of Laos*, pp. 12 e 46. Parece-me revelador que Phetsarath, ao narrar os seus dias de estudante em Paris, sempre se refira, de modo inconsciente, aos seus colegas como "os estudantes indochineses", mesmo sendo claramente identificáveis como laoneses, khmers e vietnamitas. Ver, p. ex., *ibid.*, pp. 14-5.

evanescente, enquanto a condição de indonésio sobreviveu e se aprofundou?

Em primeiro lugar, a partir de 1917, houve uma importante mudança de curso na educação colonial, sobretudo na aplicada à Indochina Oriental. O fim, consumado ou iminente, do tradicional sistema de exames confucianos convenceu uma proporção ainda maior da elite vietnamita a tentar matricular os filhos nas melhores escolas francesas disponíveis, para lhes garantir um futuro na burocracia. A disputa resultante por vagas nas poucas boas escolas disponíveis provocou uma reação especialmente forte entre os *colons*, que viam essas escolas como uma reserva basicamente francesa, de direito deles. A solução do regime colonial para esse problema foi criar uma estrutura educacional "franco-vietnamita", paralela e separada, cuja ênfase recaía no ensino do vietnamita na versão *quôc ngũ* durante as primeiras séries (e o francês sendo ensinado como segunda língua através do *quôc ngũ*).[27] Essa alteração da política educacional teve dois resultados complementares. De um lado, a publicação oficial de centenas de milhares de cartilhas de *quôc ngũ* acelerou significativamente a difusão dessa escrita inventada por europeus, ajudando involuntariamente a convertê-la, entre 1920 e 1945, no meio de comunicação popular para a expressão da solidariedade cultural (e nacional) vietnamita.[28] Pois mesmo que, no final dos anos 1930, apenas

---

27. Assim, em 1917-18, nos *lycées* Chasseloup-Laubat e Albert Sarraut, que antes eram "integrados", foi implantado o subpadrão de "seções nativas". Estas acabaram se convertendo respectivamente no Lycée Petrus Ky e no Lycée du Protectorat (*ibid*., pp. 60-3). No entanto, a minoria de *indigènes* privilegiados continuou a frequentar os *lycées* "franceses de verdade" (assim o adolescente Norodom Sihanouk agraciou Chasseloup-Laubat), e uma minoria de "franceses" (principalmente eurasiáticos e nativos com estatuto jurídico francês) frequentava Petrus Ky e sua instituição irmã em Hanói.

28. Marr nota que, nos anos 1920, "nem mesmo o membro mais otimista da inte-

10% da população de língua vietnamita fosse alfabetizada, era uma proporção inédita na história desse povo. Além disso, esses letrados, ao contrário dos intelectuais confucianos, estavam profundamente empenhados num rápido aumento do número de alfabetizados. (Da mesma forma, no "Camboja" e no "Laos", mesmo que em escala mais limitada, as autoridades promoveram a *edição* de textos em vernáculo para a escola primária, a princípio e sobretudo nas ortografias tradicionais, e depois, e menos intensamente, em alfabetos romanizados.[29] De outro lado, tal política operou no sentido de excluir os falantes de vietnamita, os não nativos, que moravam na Indochina Oriental. No caso dos khmers kroms da "Cochinchina", isso serviu, junto com a disposição do regime colonial, para permitir que eles tivessem escolas primárias "franco-khmers" similares às implantadas no Protetorado, para reorientar as ambições *de volta* ao Mekong acima. Assim, os adolescentes khmers kroms que queriam seguir o curso superior na capital administrativa da Indochina (e, no caso de uma seleta e pequena minoria, até na metrópole francesa) foram cada vez mais optando pelo atalho via Phnom Penh em vez de Saigon.

Em segundo lugar, o Collège Sisowath em Phnom Penh, em 1935, foi promovido a *lycée* público de pleno direito, com o mesmo estatuto, e com o mesmo currículo, dos *lycées* públicos existentes em Saigon e Hanói. Embora de início os estudantes proviessem maci-

---

lectualidade [empenhada no *quôc ngũ*] poderia adivinhar que, meros vinte anos depois, os cidadãos de uma República Democrática do Vietnã iriam conduzir todos os assuntos importantes — políticos, militares, econômicos, científicos e acadêmicos — num vietnamita oral ligado ao *quôc ngũ* escrito", *Vietnamese tradition*, p. 150. Foi também uma surpresa desagradável para os franceses.
29. Interessante que uma das primeiras questões levantadas pelos primeiros nacionalistas khmers do final dos anos 1930 foi a "ameaça" de uma chamada "quoc-ngunização" da escrita khmer por parte das autoridades coloniais.

çamente (na tradição do Collège) de famílias de comerciantes sino-khmers locais e de funcionários vietnamitas ali residentes, a porcentagem de khmers nativos passou a aumentar progressivamente.[30] É provável que, após 1940, a grande maioria dos adolescentes de língua khmer com sólida educação secundária francesa tenha estudado na ordeira capital colonial que os colonialistas tinham construído para os Norodom.

Em terceiro lugar, havia o fato de que não existia nenhum verdadeiro isomorfismo entre as peregrinações educacional e administrativa na Indochina. Os franceses não hesitavam em dizer que, se os vietnamitas eram gananciosos e indignos de confiança, ainda assim eram decididamente mais inteligentes e com mais iniciativa do que os khmers e os laosianos, que "pareciam crianças". Assim, usaram largamente funcionários vietnamitas na Indochina Ocidental.[31] Os 176 mil vietnamitas morando no "Camboja" em 1937 — representando menos de 1% dos 19 milhões de habitantes de língua vietnamita da colônia, mas cerca de 6% da população do Protetorado — formavam um grupo de relativo êxito, para quem, portanto, a Indochina tinha um significado bastante sólido, tal como ocorria também para os 50 mil enviados ao "Laos" antes de 1945. Principalmente os que pertenciam ao serviço público, e podiam ser transferidos para qualquer lugar em *todas* as cinco subseções da colônia, podiam imaginar a

30. O padrão não foi prontamente seguido no Vientiane. Toye relata que, durante a década de 1930, apenas 52 laoneses se formaram no Collège [que ele se engana ao chamar de Lycée] Pavie, contra 96 vietnamitas. *Laos*, p. 45.
31. É possível que esse influxo tenha seguido paralelamente à instituição do sistema educacional franco-vietnamita, na medida em que afastou os vietnamitas da concorrência com os nacionais franceses nas partes orientais mais adiantadas da Indochina. Em 1937, havia 39 mil europeus vivendo na "Cochinchina", em "Annam" e "Tonquim", e apenas 3 100 no "Camboja" e "Laos" somados. Marr, *Vietnamese tradition*, p. 23.

Indochina como o grande palco onde continuariam a desempenhar os seus papéis.

Essa criação de imagens era muito menos fácil para os funcionários khmers e laosianos, ainda que não houvesse nenhuma proibição formal ou legal que os impedisse de seguir uma carreira totalmente indochinesa. Mesmo os jovens mais ambiciosos oriundos da comunidade khmer com cerca de 326 mil pessoas (1937), na Indochina Oriental, representando talvez 10% de toda a população de língua khmer, descobriam que, *na prática*, as perspectivas de carreira fora do "Camboja" eram muito limitadas. Assim, khmers e laosianos podiam se sentar ao lado de vietnamitas nas escolas secundárias e terciárias de Saigon e Hanói, mas dificilmente se encontrariam nos departamentos administrativos de lá. Tal como os jovens de Cotonu e de Abidjã em Dacar, estavam destinados a voltar, depois de formados, para os "lares" que lhes haviam sido demarcados pelo colonialismo. Em outros termos, se suas peregrinações educacionais os levavam a Hanói, as suas jornadas administrativas terminavam em Phnom Penh e Vientiane.

Dessas contradições surgiram aqueles estudantes de língua khmer que, depois, seriam lembrados como os primeiros nacionalistas cambojanos. O homem que pode ser visto como o "pai" do nacionalismo khmer, Son Ngoc Thanh, era, como sugere o seu nome vietnamizado, um khmer krom que estudou em Saigon e ocupou por algum tempo um cargo judicial menor nessa cidade. Mas, em meados dos anos 1930, ele deixou a Paris do Delta do Mekong para procurar um futuro mais promissor no seu Blois. O príncipe Sisowath Youtevong fez o curso secundário em Saigon antes de seguir para a França para prosseguir os estudos. Quando voltou a Phnom Penh, quinze anos depois, após a Segunda Guerra Mundial, ajudou a fundar o Partido Democrático (Khmer) e foi primeiro-ministro em 1946-47. O ministro da Defesa do seu gabinete, Sonn Voeunnsai, percorreu praticamente os mesmos caminhos. Huy Kanthoul, primeiro-ministro democrático em 1951-52, tinha se formado numa *école normale* em Hanói em 1931, e retornado a Phnom Penh, onde acabou ingressando no corpo docente do Lycée Sisowath.[32] Talvez a figura mais exemplar seja a de Ieu Koeus, o primeiro de uma melancólica série de líderes políticos khmers assassinados.[33] Nascido em 1905 na província de Battambang — quando ainda era governada por Bangcoc —, ele estudou numa "escola-pagode renovada" local antes de entrar numa escola primária "indochinesa" na cidade de Battambang. Em 1921, passou para o Collège Sisowath, na capital do Protetorado, e depois para um *collège de commerce* em Hanói, onde se formou, em 1927, como o primeiro da classe em francês. Querendo estudar química em Bordeaux, prestou os exames e foi aprovado. Mas o Estado colonial barrou a sua viagem para o exterior. Ele voltou à cidade natal de Battambang, onde montou uma farmácia, que manteve mesmo depois que Bangcoc recuperou a província, em 1941. Depois do colapso japonês em agosto de 1945, Koeus ressurgiu no "Camboja" como parlamentar do Partido Democrático. É de se notar que, ao longo da vida, ele demonstrou ser um descendente direto dos ilustres filólogos de uma Europa mais antiga, tendo desenvolvido um teclado datilográfico para o alfabeto khmer e publicado uma importante obra em dois volumes, *Pheasa Khmer* [A língua Khmer], ou, como consta na enganosa página de rosto da edição de 1967, *La langue Cambodgienne (Un essai d'étude raisonné)*.[34] Mas esse texto — ape-

---

32. Steve Heder cedeu-me gentilmente materiais biográficos sobre eles.
33. Ele morreu em 1950, num ataque de granada contra a sede do Partido Democrático, de autoria desconhecida, mas provavelmente principesca.
34. Publicado em Phnom Penh pela Librairie Mitserei [Amigos Livres]. "Enganosa" porque o texto inteiro é em khmer. Os detalhes biográficos sobre Ieu Koeus, extraídos do livro da sua cremação em 1964, foram-me generosamente passados por Steve Heder.

nas o primeiro volume — foi publicado inicialmente em 1947, quando o autor era presidente da Assembleia Constituinte em Phnom Penh, e não em 1937, quando vegetava em Battambang, e o Lycée Sisowath ainda não tinha formado nenhum *lycéen* de língua khmer, e a Indochina ainda era uma realidade efêmera. Em 1947, os falantes de khmer — pelo menos os do "Camboja" — não frequentavam mais as aulas em Saigon ou Hanói. Estava surgindo uma nova geração para a qual a "Indochina" fazia parte da história e o "Vietnã" era um país estrangeiro real.

É verdade que as invasões e ocupações brutais durante o século XIX, por ordem dos dinastas Nguyên em Hue, deixaram amargas lembranças entre os khmers, inclusive os daquela "Cochinchina" destinada a fazer parte do Vietnã. Mas esses ressentimentos também existiam nas Índias Holandesas: sundaneses contra javaneses; bataks contra minangkabyas; sasaks contra balineses; torajas contra bugineses; javaneses contra amboneses, e assim por diante. A chamada "política federalista", implantada entre 1945 e 1948 pelo formidável vice-governador-geral Hubertus van Mook para flanquear a incipiente República Indonésia, tentava justamente explorar esses ressentimentos.[35] Mas, apesar de uma torrente de rebeliões étnicas em quase todas as partes da Indonésia independente entre 1950 e 1964, a "Indonésia" sobreviveu. E sobreviveu porque a Batávia, até o final, continuou a ser o ápice educacional, mas também porque a política administrativa colonial não mandava os sundaneses instruídos de volta para os grotões das "Sundalands", ou os bataks de volta para os planaltos do norte da Sumatra. Praticamente todos os principais grupos etnolinguísticos, ao fim do período colonial, estavam acostumados à ideia de que tinham papéis a desempenhar no palco de todo o arquipélago. Assim, apenas uma das rebeliões de

---

35. Ver Kahin, *Nationalism*, capítulo 12; Anthony Reid, *The Indonesian national revolution, 1945-50*, capítulo 6; e Henri Alers, *Om een rode of groene Merdeka, passim.*

1950-64 alimentava ambições *separatistas*; todas as demais eram rivalidades dentro de um único sistema político indonésio.[36] Além disso, não há como ignorar o curioso acaso do surgimento autoconsciente de uma "língua indonésia" nos anos 1920. Essa ocorrência fortuita é tão instrutiva que merece uma rápida digressão. Comentamos antes que as Índias foram governadas em holandês apenas por um breve e tardio período. Como haveria de ser de outra maneira, se os holandeses tinham iniciado as conquistas locais no começo do século XVII, ao passo que o ensino em holandês para os *inlanders* só foi implantado a sério no começo do século XX? O que aconteceu, então, num processo lento e essencialmente espontâneo, foi o desenvolvimento de uma estranha língua oficial com base numa antiga língua franca usada entre as ilhas.[37] Chamada *dienstmaleisch* (algo como "malaio de repartição" ou "malaio administrativo"), era da mesma família tipológica do "otomano" e daquele "alemão fiscal" que surgiu nos quartéis poliglotas do império dos Habsburgo.[38] No começo do século XIX, ela estava solidamente instalada entre o funcionalismo. Quando o

36. A exceção foi a República abortada das Molucas do Sul. Os amboneses cristianizados eram desde longa data recrutados maciçamente para o exército colonial repressor. Muitos lutaram sob o comando de Van Mook contra a nova República Indonésia revolucionária; depois que a Holanda reconheceu a independência indonésia, em 1950, eles tinham seus motivos para esperar um futuro não muito róseo.
37. Ver a valiosa exposição de John Hoffman, *A Foreign Investment: Indies Malay to 1902*, *Indonesia*, 27 (abril 1979), pp. 65-92.
38. Os militares "constituíam algo como uma *casta anacional*, cujos membros, mesmo na vida privada, viviam de uma maneira geralmente diversa do ambiente nacional que os cercava, e com grande frequência falavam uma língua especial, o chamado *ärarisch deutsch* ("alemão fiscal"), como diziam ironicamente os representantes do alemão literário, querendo se referir a uma estranha mistura linguística que não leva as regras gramaticais muito a sério". Jászi, *The dissolution*, p. 144. Grifo do autor.

capitalismo editorial surgiu em cena em proporções mais consideráveis, na segunda metade do século, o *dienstmaleisch* saiu do seu círculo fechado e entrou no mercado e nos meios de comunicação. De início utilizado principalmente por jornalistas e editores chineses e eurasiáticos, ele foi adotado por *inlanders* no final do século. Logo o ramo *dienst* da sua árvore genealógica caiu no esquecimento e foi substituído por um suposto ancestral nas ilhas Riau (sendo que, desde 1819, a mais importante delas tinha se tornado — talvez felizmente — a Cingapura Britânica). Em 1928, modelado por duas gerações de escritores e leitores urbanos, ele estava pronto para ser adotado pela Jovem Indonésia como a língua nacional(ista) *bahasa Indonesia*. Desde então, ele nunca mais relembrou esse passado.

Mas, ao fim e ao cabo, o caso indonésio, por mais interessante que seja, não deve nos induzir ao erro de achar que, se a Holanda fosse uma potência maior,[39] e tivesse chegado em 1850 em vez de 1600, a língua nacional não poderia ser o holandês. Nada sugere que o nacionalismo ganês seja menos real do que o indonésio, simplesmente porque a sua língua nacional é o inglês em vez do ashanti. É sempre um equívoco tratar as línguas como certos ideólogos nacionalistas as tratam — como emblemas da condição nacional [*nation-ness*], como bandeiras, trajes típicos, danças folclóricas e similares. Basicamente, a coisa mais importante quanto à língua é sua capacidade de gerar comunidades imaginadas, efetivamente construindo *solidariedades particulares*. Afinal, as línguas imperiais não deixam de ser *vernáculos*, e,

---

39. Não apenas no sentido mais evidente. Como a Holanda, nos séculos XVIII e XIX, tinha, para todos os fins, somente uma colônia, enorme e lucrativa, era muito prático treinar os seus funcionários apenas num *diensttaal* não europeu. Com o tempo, surgiram na metrópole escolas e faculdades especiais para preparar linguisticamente os futuros funcionários. Para impérios multicontinentais como o britânico, jamais seria suficiente um único *diensttaal* de bases locais.

portanto, vernáculos particulares entre muitos outros. Se a Moçambique radical fala português, isso significa que é o português o meio pelo qual Moçambique é imaginada (ao mesmo tempo que delimita sua extensão entre a Tanzânia e a Zâmbia). Dessa perspectiva, o uso do português em Moçambique (ou do inglês na Índia) não difere essencialmente do uso do inglês na Austrália ou do português no Brasil. A língua não é um instrumento de exclusão: em princípio, qualquer um pode aprender qualquer língua. Pelo contrário, ela é fundamentalmente inclusiva, limitada apenas pela fatalidade de Babel: ninguém vive o suficiente para aprender *todas* as línguas. O que inventa o nacionalismo é a língua impressa, e não *uma* língua particular em si.[40] A única interrogação que resta a propósito de línguas como o português em Moçambique e o inglês na Índia é se o sistema administrativo e, sobretudo, o sistema educacional podem gerar uma difusão do bilinguismo politicamente suficiente. Trinta anos atrás, quase nenhum indonésio falava o *bahasa Indonesia* como língua materna; praticamente todos tinham a sua própria língua

---

40. A análise de Marr sobre o desenvolvimento linguístico na Indochina Oriental é muito reveladora nesse aspecto. Ele observa que, ainda por volta de 1910, "a maioria dos vietnamitas educados considerava que o chinês ou o francês, ou ambos, eram modos essenciais de comunicação 'superior'" (*Vietnamese tradition*, p. 137). Mas, após 1920, em parte como resultado do fomento oficial à escrita fonética do *quôc ngũ*, as coisas logo mudaram. Então "começou a crescer a ideia de que o vietnamita falado era um componente importante e talvez [sic] essencial da identidade nacional. Mesmo intelectuais mais familiarizados com o francês do que com a sua língua materna passaram a valorizar a importância do fato de que pelo menos 85% dos seus conterrâneos falavam a mesma língua" (p. 138). Nessa época, tinham plena consciência do papel da alfabetização em massa para o desenvolvimento dos Estados nacionais na Europa e no Japão. Mas Marr também mostra que, por longo tempo, não houve nenhuma correlação clara entre preferência linguística e posição política: "Defender a língua materna vietnamita não era intrinsecamente patriótico, assim como incentivar o francês não era intrinsecamente colaboracionista" (p. 150).

"étnica", e alguns, principalmente as pessoas envolvidas no movimento nacionalista, dominavam também o *bahasa Indonesia/ dienstmaleisch*. Hoje, são talvez milhões de jovens indonésios, de dezenas de diferentes origens etnolinguísticas, que falam o indonésio como língua materna.

Ainda não está claro se, daqui a trinta anos, haverá uma geração de moçambicanos que fale apenas o português do país. Mas, neste final de século XX, o surgimento de uma geração dessas não é necessariamente uma condição *sine qua non* para a solidariedade nacional moçambicana. Em primeiro lugar, o avanço da tecnologia das comunicações, sobretudo do rádio e da televisão, oferece à imprensa aliados que não existiam no século passado. A radiodifusão multilíngue pode evocar a comunidade imaginada para iletrados e povos com diferentes línguas maternas. (Aqui há algumas semelhanças com a evocação da cristandade medieval através das representações visuais e dos letrados bilíngues.) Em segundo lugar, os nacionalismos do século XX, como venho expondo, possuem um caráter profundamente modular. Eles podem recorrer, e recorrem, a mais de 150 anos de experiência humana e a três modelos anteriores de nacionalismo. Assim, os líderes nacionalistas estão em condições conscientes de empregar sistemas educacionais civis e militares nos moldes do nacionalismo oficial; eleições, organizações partidárias e comemorações culturais nos moldes dos nacionalismos populares da Europa oitocentista; e a ideia republicana de cidadania criada nas Américas. Acima de tudo, a própria ideia de "nação" está agora solidamente alojada em quase todas as línguas impressas; e a condição nacional [*nationness*] é praticamente inseparável da consciência política.

Num mundo em que o Estado nacional é a norma geral, tudo isso significa que agora as nações podem ser imaginadas sem uma comunidade linguística — não no espírito ingênuo de *nosotros los americanos*, mas a partir de uma consciência geral daquilo que a história moderna demonstrou ser possível.[41] Assim, parece adequado concluir este capítulo voltando à Europa e abordando rapidamente aquela nação cuja diversidade linguística tanto tem sido usada como objeção para desarmar os proponentes de teorias nacionalistas baseadas na língua.

Em 1891, em meio aos novos jubileus comemorando os seiscentos anos da Confederação de Schwyz, Obwalden e Nidwalden, o Estado suíço "decidiu" que 1291 foi o ano da "fundação" da Suíça.[42] Tal decisão, que levou seiscentos anos para ser tomada, possui aspectos engraçados, e já sugere que é a modernidade, mais do que a antiguidade, que caracteriza o nacionalismo suíço. Na verdade, Hughes afirma que os jubileus de 1891 marcam o nascimento desse nacionalismo, e que "na primeira metade do século XIX [...] a nacionalidade não pesava muito sobre os ombros das classes médias cultas: Mme. de Staël [1766-1817], Fuseli [1741--1825], Angelica Kauffmann [1741-1807], Sismondi [1773-1842], Benjamin Constant [1767-1830] são, todos eles, suíços?".[43] Se a resposta implícita é "dificilmente", ela é importante porque as "classes médias cultas" desempenharam um papel fundamental nos movimentos nacionalistas vernáculos que, na primeira metade do século XIX, se proliferavam por toda a Europa ao redor da Suíça. Por que, então, o nacionalismo chegou tão tarde à Suíça, e quais as consequências desse atraso para o seu feitio final (especialmente na sua atual multiplicidade de "línguas nacionais")?

---

41. Digo "podem" porque, evidentemente, existem inúmeros casos em que essa possibilidade foi rejeitada. Nesses casos, por exemplo o Velho Paquistão, a explicação não é o pluralismo etnocultural, e sim os obstáculos barrando as peregrinações.
42. Christopher Hughes, *Switzerland*, p. 107. Esse excelente texto, que também mereceu devidamente a admiração explícita de Seton-Watson, é a base para o argumento exposto a seguir.
43. *Ibid.*, p. 218. As interpolações das datas são minhas.

Uma parte da resposta consiste na pouca idade do Estado suíço, a qual, como observa Hughes com certo sarcasmo, é difícil de rastrear antes de 1813-15 "sem o auxílio de alguma mentira".[44] Ele nos lembra que o primeiro verdadeiro direito civil suíço, a introdução do voto direto (masculino) e o fim dos pedágios e postos fiscais "internos" foram obra da República Helvética, gerada à força pela ocupação francesa de 1798. Somente em 1803, o Estado incluiu uma quantidade significativa de italianófonos, com a aquisição de Ticino. Somente em 1815, ele recebeu as populosas áreas francófonas de Valais, Genebra e Neuchâtel das mãos de uma Sagrada Aliança vingativamente antifrancesa — em troca da neutralidade e de uma Constituição extremamente conservadora.[45] De fato, a atual Suíça multilíngue é fruto do início do século XIX.[46]

Um segundo fator foi o atraso do país (que, junto com a topografia proibitiva e a falta de recursos exploráveis, o mantiveram protegido da absorção por vizinhos mais poderosos). Hoje talvez não seja fácil lembrar que, até a Segunda Guerra Mundial, a Suíça era um país pobre, cujo padrão de vida era 50% inferior ao da Inglaterra, além de esmagadoramente rural. Em 1850, escassos 6% da população moravam em áreas minimamente urbanas, e em 1920 essa proporção aumentou apenas para 27,6%.[47] Assim, ao longo de todo o século XIX, o grosso da população era constituído

---

44. *Ibid.*, p. 85.
45. E mais Aargau, St. Gallen e Grisons. Esta última é de especial interesse por ser onde sobrevive o romanche, a mais autêntica das línguas nacionais da Suíça — condição que obteve, porém, apenas em 1937! *Ibid.*, pp. 59 e 85.
46. Podemos notar de passagem que Mme. de Staël mal chegou a ver seu nascimento, logo vindo a falecer. Além disso, a sua família, bem como a de Sismondi, era de Genebra, que até 1815 foi um pequeno Estado independente fora da "Suíça". Não admira que a condição nacional da Suíça não pesasse muito sobre os seus ombros.
47. *Ibid.*, pp. 173 e 274. Qualquer "classe média culta" do século XIX havia de ser minúscula.

por um campesinato imóvel (exceto pela exportação, já de longa data, de jovens robustos para servirem de mercenários e guardas do Vaticano). O atraso do país não era só econômico; era também político e cultural. A "Velha Suíça", que se manteve com a mesma área de 1515 a 1803 e cujos habitantes falavam, em sua maioria, um ou outro dos diversos dialetos alemães, era governada por uma frouxa aliança de oligarquias aristocráticas de vários cantões. "O segredo da longa duração da Confederação era sua dupla natureza. Contra os inimigos externos, ela criava uma unidade suficiente dos povos. Contra a revolta interna, ela criava uma unidade suficiente das oligarquias. Se os camponeses se revoltavam, como fizeram umas três vezes por século, as diferenças eram postas de lado e os *governos* dos outros cantões prestavam assistência, geralmente, embora nem sempre, intervindo em favor do colega no poder."[48] Salvo pela inexistência de instituições monárquicas, o quadro não difere muito do dos inúmeros principados minúsculos dentro do Sacro Império Romano, que têm em Liechtenstein, na fronteira leste da Suíça, a sua última e bizarra relíquia.[49]

É interessante notar que, ainda em 1848, quase duas gerações depois do nascimento do Estado suíço, as antigas clivagens religiosas possuíam relevo político muito maior do que as linguísticas. Admira que nos territórios ditos inalteravelmente católicos o protestantismo era *ilícito*, e nos territórios ditos protestantes o catolicismo era ilegal; e essa legislação funcionava rigorosamente. (A língua era uma questão de conveniência e opção própria.) Foi somente depois de 1848, na esteira dos

---

48. *Ibid.*, p. 86. Grifo meu.
49. A inexistência de monarquias também caracterizou a Liga Hanseática, frouxa coligação política à qual seria problemático atribuir uma condição de Estado ou de nação.

levantes revolucionários e da difusão geral de movimentos nacionais vernaculizantes por toda a Europa, que a língua ocupou o lugar da religião, e o país se segmentou em zonas linguísticas inalteráveis. (Agora, era a religião que se tornava uma questão de opção própria.)[50]

Por fim, a persistência — num país tão pequeno — de uma grande variedade de idioletos germânicos, às vezes quase ininteligíveis entre eles, sugere que o capitalismo editorial e a educação moderna padronizada demoraram a chegar a boa parte da sociedade camponesa suíça. Assim, o *Hochsprache* (alemão de imprensa) até recentemente tinha o estatuto linguístico oficial de um *ärarisch Deutsch* e de um *dienstmaleisch*. Além disso, como observa Hughes, hoje em dia os funcionários de "nível mais alto" devem dominar duas línguas federais, com o entendimento de que não se espera a mesma competência dos subordinados. Indiretamente, a Diretriz Federal de 1950 diz algo parecido ao insistir que "os suíços alemães *instruídos* são certamente capazes de trabalhar em francês, tal como os suíços italianos *instruídos*".[51] Temos aí, com efeito, uma situação que, no fundo, não é muito diferente da de Moçambique — uma classe política bilíngue estendendo-se sobre uma variedade de povos monolíngues, com uma única diferença: a "segunda língua" é a de um vizinho poderoso, e não de um ex--governo colonial.

Contudo, em vista do fato de que, em 1910, a língua materna de quase 73% da população era o alemão, 22% o francês, 4% o italiano e 1% o romanche (esses percentuais não variaram muito nas décadas seguintes), talvez surpreenda que não se tenha tentado uma germanização na segunda metade do século XIX, a era dos nacionalismos oficiais. Certamente, até 1914 existiram fortes sim-

---

50. *Ibid.*, p. 274.
51. *Ibid.*, pp. 59-60. Grifo meu.

patias pró-germânicas. As fronteiras entre a Alemanha e a Suíça alemã eram extremamente porosas. O comércio e os investimentos, os aristocratas e os profissionais liberais iam e vinham com grande liberdade. Mas a Suíça também confinava com duas outras grandes potências europeias, a França e a Itália, e os riscos políticos de uma germanização eram evidentes. A paridade legal entre o alemão, o francês e o italiano era, portanto, o reverso da moeda da neutralidade suíça.[52]

Todas essas indicações sugerem que podemos entender melhor o nacionalismo suíço como parte da "última onda". Se Hughes está certo ao situar o seu nascimento em 1891, ele possuía apenas cerca de dez anos a mais do que o nacionalismo birmanês ou indonésio. Em outras palavras, o nacionalismo suíço surgiu naquele período da história mundial em que a nação se tornava uma norma internacional, e em que era possível "modelar" a condição nacional [*nation-ness*] de uma maneira muito mais complexa do que antes. Se a estrutura política conservadora e a estrutura socioeconômica atrasada "retardaram" o surgimento do nacionalismo,[53] o fato de as suas instituições políticas pré-modernas não serem dinásticas nem monárquicas ajudou a evitar os excessos do nacionalismo oficial (compare-se com o caso do Sião, discutido no capítulo 5). Finalmente, à semelhança dos exemplos do Sudeste Asiático, como o nacionalismo suíço surgiu no início da revolução dos meios de comunicação do século XX, tornou-se possível e prático "representar" a comunidade imaginada de maneiras que não exigiam uma uniformidade linguística.

---

52. O reconhecimento do romanche em 1937 mal disfarçava o cálculo inicial.
53. A estrutura social da Hungria também era atrasada, mas os aristocratas magiares estavam instalados dentro de um enorme império dinástico de múltiplas etnias, onde o seu suposto grupo linguístico era uma simples minoria, embora muito importante. A oligarquia aristocrática da pequena república suíça nunca foi ameaçada dessa maneira.

* * *

Concluindo, talvez valha a pena repetir o argumento geral deste capítulo. A "última onda" dos nacionalismos, a maioria deles nos territórios coloniais da Ásia e da África, foi, na sua origem, uma reação ao novo tipo de imperialismo mundial, possibilitado pelas realizações do capitalismo industrial. Como disse Marx de maneira inimitável: "A necessidade de um mercado em constante expansão para os seus produtos força a burguesia a se espalhar por toda a face do globo".[54] Mas o capitalismo também ajudou, quando menos pela disseminação da imprensa, a criar nacionalismos populares com bases vernáculas na Europa, os quais minaram, em graus variados, o velho princípio dinástico e impeliram todas as dinastias à autonaturalização, desde que estivessem em condições para tanto. O nacionalismo oficial — solda entre o novo princípio nacional e o velho princípio dinástico (o Império *Britânico*) — por sua vez levou ao que, por conveniência, podemos chamar de "russificação" nas colônias extraeuropeias. Essa tendência ideológica se engrenava muito bem com as exigências práticas. Os impérios do final do século XIX eram grandes e extensos demais para serem governados por alguns nacionais. Além disso, atrelado ao capitalismo, o estado estava multiplicando rapidamente as suas funções, tanto nas metrópoles quanto nas colônias. Juntas, essas forças geraram sistemas educacionais "russificantes", em parte destinados a formar quadros subordinados e necessários para as burocracias do Estado e das grandes empresas. Esses sistemas educacionais, centralizados e padronizados, criaram novos tipos de peregrinações com suas Romas espalhadas pelas várias capitais coloniais, pois as nações abrigadas no núcleo dos impérios não mais permi-

---

54. Marx e Engels, *The communist manifesto*, p. 37. Quem mais, senão Marx, diria que essa classe transformadora do mundo foi "forçada"?

tiam uma ascensão interna. Geralmente, mas nem sempre, essas peregrinações educacionais se reproduziam na esfera administrativa. O entrosamento entre determinadas peregrinações educacionais e administrativas dava a base territorial para novas "comunidades imaginadas", onde nativos poderiam se enxergar como "nacionais". A ampliação do Estado colonial que, por assim dizer, convidava os "nativos" para as escolas e repartições públicas, e do capitalismo colonial que, por assim dizer, os excluía das salas da diretoria, fez com que os primeiros porta-vozes principais do nacionalismo colonial fossem, numa medida sem precedentes, camadas intelectuais bilíngues, isoladas e desvinculadas das sólidas burguesias locais.

Como intelectuais bilíngues, porém, e principalmente como intelectuais do início do século XX, essas camadas tinham acesso, dentro e fora das salas de aula, a modelos e condição nacional [*nation-ness*], e de nacionalismo, destilados a partir de experiências caóticas e turbulentas de mais de um século de história americana e europeia. Esses modelos, por sua vez, ajudaram a dar forma a milhares de sonhos incipientes. Em combinações variadas, as aulas de nacionalismo crioulo, vernáculo e oficial eram copiadas, adaptadas e aprimoradas. Finalmente, enquanto o capitalismo, numa rapidez crescente, transformava os meios de comunicação física e intelectual, as camadas intelectuais descobriram formas alternativas à imprensa, difundindo a comunidade imaginada não só para as massas iletradas, mas até para massas letradas que *liam* outras línguas.

7. Patriotismo e racismo

Nos capítulos anteriores, tentei delinear os processos pelos quais a nação veio a ser imaginada e, uma vez imaginada, modelada, adaptada e transformada. Tal análise, por força, teria de tratar basicamente da transformação social e das diversas formas de consciência. Mas é de se duvidar que a transformação social ou as consciências transformadas, por si mesmas, consigam explicar o *apego* que os povos sentem pelas invenções das suas imaginações — ou, para retomar uma questão levantada no começo do livro, o porquê de as pessoas se disporem a morrer por tais invenções. Numa época em que é tão comum que intelectuais cosmopolitas e progressistas (sobretudo na Europa?) insistam no caráter quase patológico do nacionalismo, nas suas raízes encravadas no medo e no ódio ao Outro e nas suas afinidades com o racismo,[1] cabe lembrar que as nações inspiram amor, e amiúde um amor de

---

1. Cf. a passagem em Nairn, *The break-up of Britain*, pp. 14-5, e a máxima um tanto simplista de Hobsbawm: "o fato básico [é] que os marxistas como tais não são nacionalistas", "Some Reflections", p. 10.

profundo autossacrifício. Os frutos culturais do nacionalismo — a poesia, a prosa, a música, as artes plásticas — mostram esse amor com muita clareza, e em milhares de formas e estilos diversos. Por outro lado, como é difícil encontrar frutos nacionalistas semelhantes expressando medo e aversão![2] Mesmo no caso dos povos colonizados, que têm todas as razões para sentir ódio de seus governantes imperialistas, é assombrosamente insignificante o elemento de ódio nas suas expressões de sentimento nacional. Eis, por exemplo, a primeira e as três últimas estrofes de "Último Adiós", o famoso poema que Rizal compôs enquanto aguardava a execução nas mãos do imperialismo espanhol:[3]

> Adiós, Patria adorada, región del sol querida,
> Perla del Mar de Oriente, nuestro perdido edén,
> A darte voy, alegre, la triste mustia vida;
> Y fuera más brillante, más fresca, más florida,
> También por ti la diera, la diera por tu bien...
>
> Entonces nada importa me pongas en olvido:
> Tu atmósfera, tu espacio, tus valles cruzaré;
> Vibrante y limpia nota seré par tu oído;

2. O leitor consegue lembrar de imediato nem que sejam apenas três Hinos de Ódio? A segunda estrofe de *God Save the Queen/King* é muito instrutiva: "O Lord our God, arise/ Scatter her/his enemies,/ And make them fall;/ Confound their politics,/ Frustrate their knavish tricks;/ On Thee our hopes we fix;/ God save us all" [Ó Senhor nosso Deus/ Dispersa os inimigos dela/dele,/ E faze tombarem;/ Confunde a sua política,/ Frustra os seus ardis desonestos;/ Em Ti depomos as nossas esperanças;/ Deus salve a todos nós]. Nota-se que esses inimigos não têm identidade, e poderiam muito bem ser ingleses, como quaisquer outros, visto que são os inimigos "dela/dele", e não "nossos". O hino inteiro é um canto de louvor à monarquia, não à nação, ou a uma nação — que nem chega a ser mencionada uma única vez.
3. Jaime C. de Veyra, El *'Último Adiós' de Rizal: estudio crítico-expositivo*, pp. 89-90 (tradução para o inglês de Trinidad T. Subido, pp. 101-2).

Aroma, luz, colores, rumor, canto, gemido,
Constante repitiendo la esencia de mi fe.

Mi Patria idolatrada, dolor de mis dolores,
Querida Filipinas, oye el postrer adiós.
Ahí, te dejo todo: mis padres, mis amores.
Voy donde no hay esclavos, verdugos ni opresores;
Donde la fe no mata, donde el que reina es Dios.

Adiós, padres y hermanos, trozos del alma mía,
Amigos de la infancia, en el perdido hogar;
Dad gracias, que descanso del fatigoso día;
Adiós, dulce extranjera, mi amiga, mi alegría;
Adiós, queridos séres. Morir es descansar.

Nota-se que a nacionalidade dos "verdugos" não é mencionada, e que o apaixonado patriotismo de Rizal é magnificamente expresso na língua "deles".[4]

Podemos decifrar um pouco da natureza desse amor político nas formas com que as línguas descrevem o seu objeto, seja em termos de progenitura (*motherland, Vaterland, patria*) ou do lar (*Heimat* ou *tanah air* ["terra e água", expressão dos indonésios para o seu arquipélago natal]). Os dois tipos de vocabulário designam algo ao qual se está naturalmente ligado. Como vimos antes, em tudo o que é "natural" sempre há algo que não foi escolhido. Dessa maneira, a condição nacional [*nation-ness*] é assimilada à cor da pele, ao sexo, ao parentesco e à época do nascimento — todas essas coisas que não se podem evitar. E nesses "laços naturais" sente-se algo que poderia ser qualificado como "a beleza da *Gemeinschaft* [comunidade]". Em

---

4. Mas logo foi traduzido para o tagalog pelo grande revolucionário filipino Andrés Bonifácio. A sua versão se encontra *in ibid.*, pp. 107-9.

outras palavras, justamente por não terem sido escolhidos, tais laços são cercados de uma aura de desprendimento.

É verdade que, nesses últimos vinte anos, tem-se escrito muito sobre a ideia da família-como-estrutura-articulada-de--poder, mas essa concepção é, certamente, estranha à imensa maioria da humanidade. Pelo contrário, tradicionalmente concebe-se a família como o campo da solidariedade e do amor desinteressado. De modo que, mesmo que historiadores, diplomatas, políticos e cientistas sociais estejam plenamente à vontade com a ideia do "interesse nacional", toda a questão da nação, para a maioria das pessoas comuns de qualquer classe social, é que ela é desinteressada. E exatamente por essa razão ela pode pedir sacrifícios.

Como vimos antes, as grandes guerras do século XX são extraordinárias não tanto pela escala inédita em que se permitiu matar, e sim pela quantidade colossal de gente disposta a entregar a sua vida. Não é verdade que o número dos que morreram ultrapassou em muito o número dos que mataram? A ideia de sacrifício supremo vem apenas com uma ideia de pureza, através da fatalidade.

Morrer pela pátria, a qual geralmente não se escolhe, assume uma grandeza moral que não pode se comparar a morrer pelo Partido Trabalhista, pela Associação Médica Americana ou talvez até pela Anistia Internacional, pois estas são entidades nas quais pode--se ingressar ou sair à vontade. A grandeza de morrer pela revolução também deriva do grau de sentimento de que ela é algo fundamentalmente puro. (Se as pessoas imaginassem o proletariado *meramente* como um grupo na busca fervorosa de geladeiras, férias ou poder, até que ponto elas, inclusive os próprios proletários, estariam dispostas a morrer por isso?)[5] Ironicamente, talvez as interpretações

---

5. Isso não significa de maneira alguma que os movimentos revolucionários não buscam objetivos materiais. Mas estes são vistos não como uma série de aquisições individuais, e sim como condições para o *bonheur* comum de Rousseau.

marxistas da história, na medida em que são sentidas (mais do que racionalizadas) como representações de uma necessidade inelutável, também adquirem uma aura de pureza e desprendimento.

Aqui cabe voltarmos novamente à língua. Primeiro, nota-se o caráter primordial da língua, mesmo as sabidamente modernas. Ninguém é capaz de dizer a data em que nasce uma língua. Todas se avultam imperceptivelmente de um passado sem horizonte. (Na medida em que o *homo sapiens* é *homo dicens*, talvez seja difícil imaginar uma origem da língua posterior à própria espécie.) Assim, as línguas se mostram mais enraizadas do que praticamente qualquer outra coisa nas sociedades contemporâneas. Ao mesmo tempo, é o que mais nos liga afetivamente aos mortos. Se os anglófonos ouvem as palavras "Earth to earth, ashes to ashes, dust to dust" — criadas há uns 450 anos —, sentem uma certa sugestão fantasmagórica de simultaneidade atravessando o tempo vazio e homogêneo. O peso dessas palavras se deve apenas em parte ao seu significado solene; ele provém ainda de uma espécie de "anglicidade" ancestral.

Segundo, existe um tipo específico de comunidade contemporânea que apenas a língua é capaz de sugerir — sobretudo na forma de poemas e canções. Tomemos o exemplo dos hinos nacionais, cantados nos feriados nacionais. Por mais banal que seja a letra e medíocre a melodia, há nesse canto uma experiência de simultaneidade. Precisamente nesses momentos, pessoas totalmente desconhecidas entre si pronunciam os mesmos versos seguindo a mesma música. A imagem: o uníssono.[6] Cantar a Marselhesa, a Waltzing Matilda e a Indonesia Raya oferece a oportunidade do uníssono, da realização física em eco da comunidade imaginada. (O mesmo ao se ouvir [e talvez acompanhar em silêncio] a declamação de poesias cerimoniais, como, por exemplo, passagens do *Book of*

---

6. Compara-se esse coro *a cappella* com a linguagem da vida cotidiana, que geralmente é vivida ao modo *decani/cantoris*, como diálogo e troca.

common prayer.) Como parece desprendido esse uníssono! Se sabemos que, além de nós, há outras pessoas cantando essas canções exatamente no mesmo momento e da mesma maneira, não temos ideia de quem podem ser, ou até onde estão cantando, se fora ou não do alcance do ouvido. Nada nos liga, a não ser o som imaginado. Mas ingressa-se nesses coros com o tempo. Se eu sou um leto, minha filha pode ser uma australiana. O filho de um imigrante italiano em Nova York encontrará antepassados nos Pilgrim Fathers. Se a nacionalidade traz uma aura de fatalidade, é, no entanto, uma fatalidade encravada na *história*. Aqui, é exemplar o decreto de San Martín, batizando os quíchuas como "peruanos", num movimento que mostra afinidades com a conversão religiosa. Pois ele mostra que, desde o começo, a nação foi concebida na língua, e não no sangue, e que as pessoas podem ser "convidadas a entrar" na comunidade imaginada. Assim, hoje, mesmo as nações mais isoladas aceitam o princípio da *naturalização* (que palavra magnífica!), por mais que possam dificultá-la na prática.

Vista como uma fatalidade *histórica* e como uma comunidade imaginada através da língua, a nação apresenta-se aberta e, ao mesmo tempo, fechada. Esse paradoxo fica bem ilustrado nos ritmos ondulantes desses famosos versos sobre a morte de John Moore durante a batalha de Coruña:[7]

---

7. "The Burial of Sir John Moore", in *The poems of Charles Wolfe*, pp. 1-2. [Nem um tambor se ouviu, sequer uma nota fúnebre,/ Quando levamos o seu corpo ao baluarte;/ Nem um soldado disparou o seu tiro de adeus/ Sobre o túmulo em que enterramos o nosso herói./ Nós o enterramos secretamente na calada da noite,/ Revirando a terra com as nossas baionetas;/ À luz enevoada dos raios de luar engalfinhados/ E da lanterna ardendo indistintamente./ Nenhum inútil caixão encerrou o seu peito,/ Nem em lençóis ou sudários nós o embrulhamos;/ Mas ali ficou como um guerreiro em repouso,/ Envolto na sua capa marcial.../ Pensamos, enquanto abríamos o seu estreito leito,/ E afofávamos o seu travesseiro solitário,/ Que o inimigo e o estranho pisariam sobre a sua cabeça/ E nós estaríamos longe singrando as ondas.../ Lentos e tristes nós o deitamos,/

Not a drum was heard, not a funeral note,
　As his corse to the rampart we hurried;
Not a soldier discharged his farewell shot
　O'er the grave where our hero we buried.

We buried him darkly at dead of night,
　The sods with our bayonets turning;
By the struggling moonbeams' misty light,
　And the lantern dimly burning.

No useless coffin enclosed his breast,
　Not in sheet or in shroud we wound him;
But he lay like a warrior taking his rest,
　With his martial cloak around him...

We thought, as we hollowed his narrow bed,
　And smoothed down his lonely pillow,
That the foe and the stranger would tread o'er his head
　And we far away on the billow...

Slowly and sadly we laid him down,
　From the field of his fame fresh and gory;
We carved not a line, and we raised not a stone –
　But we left him alone with his glory!

Os versos celebram uma memória heroica, e a sua beleza é indissociável da língua inglesa — intraduzível, e só quem lê e fala inglês pode apreciá-la. E, no entanto, Moore e o poeta eram irlandeses. E não há por que um descendente dos "inimigos" franceses

---

Do campo da sua fama fresca e sangrenta;/ Não gravamos uma linha, não erguemos uma lápide —/ Mas nós o deixamos sozinho com a sua glória!]

ou espanhóis de Moore não possa captar plenamente a ressonância do poema: o inglês, como qualquer outra língua, está sempre aberto a novos falantes, a novos ouvintes, a novos leitores.

Ouçamos Thomas Browne, que em duas sentenças encerra a história do homem na sua extensão e largura:[8]

> Even the old ambitions had the advantage of ours, in the attempts of their vainglories, who acting early and before the probable Meridian of time, have by this time found great accomplishment of their designs, whereby the ancient Heroes have already out — lasted their Monuments, and Mechanicall preservations. But in this latter Scene of time we cannot expect such Mummies unto our memories, when ambition may fear the Prophecy of Elias, and Charles the Fifth can never hope to live within two Methusela's of Hector.

Aqui, o Egito, a Grécia e a Judeia da Antiguidade estão unidos ao Sacro Império Romano, mas essa unificação atravessando milênios e milhares de quilômetros se realiza na particularidade da prosa seiscentista inglesa de Browne.[9] Esse trecho, naturalmente, até certo ponto pode ser traduzido. Mas o misterioso esplendor do *"probable Meridian of time"*, *"Mechanicall preservations"*, *"such Mummies unto our memories"* e *"two Methusela's of Hector"* só pode causar arrepios a quem lê inglês.

Aqui nesta página, ele se revela amplamente ao leitor. Por outro lado, impresso na página oposta, o esplendor igualmente misterioso

---

8. *Hydriotaphia, Urne-Buriall, or, A discourse of the sepulchrall Urnes lately found in Norfolk*, pp. 72-3. Sobre "o provável Meridiano do tempo", compare-se ao bispo Otto de Freising.

9. E, no entanto, a "Inglaterra" não é mencionada nessa unificação. Isso nos faz lembrar aqueles jornais de província que levavam o mundo inteiro, via Espanha, até Caracas e Bogotá.

das últimas linhas de "Yang Sudah Hiland", do grande autor indonésio Pramoedya Anata Toer,[10] provavelmente continuará opaco:[11]

> Suara itu hanya terdengar beberapa detik saja dalam hidup. Getarannya sebentar berdengung, takkan terulangi lagi. Tapi seperti juga halnya dengan kali Lusi yang abadi menggarisi kota Blora, dan seperti kali itu juga, suara yang tersimpan menggarisi kenangan dan ingatan itu mengalir juga – mengalir kemuaranya, kelaut yang tak bertepi. Dan tak seorangpun tahu kapan laut itu akan kering dan berhenti berdeburan.
> Hilang.
> Semua itu sudah hilang dari jangkauan panc[h]a-indera.

Toda língua pode ser aprendida, mas esse aprendizado demanda uma parte concreta da vida da pessoa: cada nova conquista é medida pelos dias que vão diminuindo. O que restringe o acesso às outras línguas não é a impermeabilidade delas, e sim a mortalidade do indivíduo. Daí a relativa privacidade de todas as línguas. Os imperialistas franceses e americanos governaram, exploraram e mataram os vietnamitas ao longo de muitos anos. Mas, o que quer que tenham espoliado, a língua vietnamita ficou intocada. Daí, com tanta frequência, a raiva diante da "inescrutabilidade" vietnamita e aquela obscura desesperança que cria as gírias maldosas dos colonialismos agonizantes: "*gooks*", "*ratons*" etc.[12] (A longo prazo, a única reação à enorme privacidade da língua dos oprimidos é a retirada ou um massacre ainda maior.)

10 *In Tjerita dari Blora* [Contos de Blora], pp. 15-44, na p. 44.
11. Mesmo assim, leia-os em voz alta! Eu adaptei a ortografia original para se adequar à convenção corrente e tornar a citação totalmente fonética.
12. A lógica aqui é: a) Vou estar morto antes de conseguir entendê-los. b) Tenho tanto poder que eles tiveram de aprender a minha língua. c) Mas isso significa que eles penetraram na minha privacidade. Chamá-los de "*gooks*" é uma pequena vingança.

Tais epítetos são de caráter tipicamente racista, e ao decifrarmos esse caráter veremos por que Nairn se engana ao dizer que o racismo e o antissemitismo derivam do nacionalismo — e que, "visto com suficiente profundidade histórica, o fascismo nos revela mais sobre o nacionalismo do que qualquer outro episódio".[13] Uma palavra como "*slant*" [puxado], por exemplo, abreviatura de "*slant-eyed*" [de olho puxado], não expressa apenas uma inimizade política comum. Ela anula a condição nacional [*nation-ness*] ao reduzir o adversário aos seus traços fisionômicos biológicos.[14] Ela nega, por substituição, o "vietnamita", assim como *raton* nega, por substituição, o "argelino". Ao mesmo tempo, ela mistura o "vietnamita" na mesma lama anônima com o "coreano", o "chinês", o "filipino", e assim por diante. O caráter dessa terminologia pode ficar ainda mais claro comparando-a com outras palavras do período da Guerra do Vietnã, como "Charlie" e "VC", ou de um período anterior, como "boches", "huns", "japs" e "frogs", os quais se aplicam apenas a uma nacionalidade específica, e assim reconhecem, no ódio, a participação do adversário dentro de uma liga de nações.[15]

O fato é que o nacionalismo pensa em termos de destinos históricos, ao passo que o racismo sonha com contaminações eternas, transmitidas desde as origens dos tempos por uma sequência interminável de cópulas abomináveis: fora da história. Os negros, devido à nódoa invisível do sangue, serão sempre negros; os judeus,

---

13. *The Break-up of Britain*, pp. 337 e 347.
14. Nota-se que não existe nenhum antônimo óbvio e consciente de "puxado". "Redondo"? "Reto"? "Oval"?
15. De fato, não só numa época anterior. Mesmo assim, há um leve cheiro de antiquário nessas palavras de Debray: "Não consigo conceber nenhuma esperança para a Europa a não ser sob a hegemonia de uma França revolucionária, empunhando firmemente a bandeira da independência. Às vezes eu me pergunto se toda a mitologia 'antiboche' e o nosso antagonismo secular contra a Alemanha não será algum dia indispensável para salvar a revolução, ou mesmo a nossa herança democrática nacional", "Marxism and the National Question", p. 41.

devido ao sêmen de Abraão, serão sempre judeus, não importam os passaportes que usem ou as línguas que falem e leiam. (Assim, para o nazista, o alemão *judeu* era sempre um impostor.)[16]

Os sonhos do racismo, na verdade, têm a sua origem nas ideologias de *classe*, e não nas de nação: sobretudo nas pretensões de divindade entre os dirigentes e nas pretensões de "linhagem" e de sangue "azul" ou "branco" entre as aristocracias.[17] Assim, não admira que o reputado pai do racismo moderno seja, não algum nacionalista pequeno-burguês, e sim Joseph Arthur, conde de Gobineau.[18] E tampouco admira que, no geral, o racismo e o antissemitismo se manifestem dentro, e não fora, das fronteiras nacionais. Em outras palavras, eles justificam mais a repressão e a dominação interna do que as guerras com outros países.[19]

16. O surgimento do sionismo e o nascimento de Israel são significativos porque o primeiro marca a recriação de imagens de uma antiga comunidade religiosa como nação, entre as outras nações, enquanto o segundo registra uma transformação alquímica do devoto andarilho em patriota local.
17. "Do lado da aristocracia fundiária vieram as ideias de uma superioridade intrínseca à classe dominante, e uma sensibilidade à posição social, traços marcantes que se prolongaram até anos avançados do século XX. Alimentadas por novas fontes, essas ideias depois puderam ser vulgarizadas [sic] e se tornaram atraentes para o povo alemão como um todo, nas doutrinas de superioridade racial", Barrington Moore, Jr., *Social origins of dictatorship and democracy*, p. 436.
18. As datas de Gobineau são perfeitas. Ele nasceu em 1816, dois anos depois da restauração dos Bourbon no trono francês. Sua carreira diplomática, entre 1848 e 1877, floresceu sob o Segundo Império de Luís Napoleão e o regime monarquista reacionário de Marie Edmé Patrice Maurice, conde de MacMahon, antigo procônsul imperialista em Argel. O seu *Essai sur l'Inégalité des races humaines* foi publicado em 1854 — em resposta às insurreições populares vernáculo-nacionalistas de 1848, talvez?
19. O racismo sul-africano, na época de Vorster e Botha, não impediu relações amistosas (mesmo que discretamente tratadas) com importantes políticos negros de alguns estados africanos independentes. Se os judeus sofrem discriminação na União Soviética, isso não impediu ativas e respeitosas relações entre Brejnev e Kissinger.

Onde o racismo se desenvolveu fora da Europa no século XIX, esteve sempre associado com a dominação europeia, por duas razões complementares. A primeira, e mais importante, foi o surgimento do nacionalismo oficial e da "russificação" colonial. Como ressaltamos várias vezes, o nacionalismo oficial foi essencialmente uma resposta dos grupos dinásticos e aristocráticos ameaçados — as *classes* altas — ao nacionalismo vernacular popular. O racismo colonial foi um elemento fundamental naquela concepção de "império" que tentava a solda entre a legitimidade dinástica e a comunidade nacional. E essa solda se fez transpondo-se um princípio de superioridade inata e herdada, sobre o qual se fundava (mesmo que precariamente) a sua própria posição dentro do país, para a vastidão das possessões ultramarinas, transmitindo veladamente (ou nem tanto) a ideia de que, se, digamos, os lordes ingleses eram naturalmente superiores aos outros ingleses, isso não importava: esses outros ingleses também eram, da mesma forma, superiores aos nativos submetidos. De fato, sentimo-nos tentados a dizer que a existência dos últimos impérios coloniais até serviu para *escorar* bastiões aristocráticos dentro da metrópole, visto que pareciam confirmar antigas concepções de poder e privilégio num estágio mundial e moderno.

 Isso podia ter certa eficácia porque — e esta é a nossa segunda razão — o império colonial, com o seu aparato burocrático em rápida expansão e as suas políticas "russificantes", permitia a muitos burgueses e pequeno-burgueses se fazerem de aristocratas fora da corte central, isto é, em qualquer lugar do império, exceto na terra natal. Em todas as colônias, vemos esse *tableau vivant* cruelmente divertido: o cavalheiro burguês declamando poemas, tendo ao fundo um cenário de vastas mansões e jardins cheios de mimosas e buganvílias, e um grande elenco de apoio, com lacaios, cavalariços, jardineiros, cozinheiras, amas, criadas, lavadeiras e, sobretudo, cavalos.[20] Até os que não podiam ter esse estilo de vida, como os jovens solteiros, mesmo assim tinham o *status* grandiosamente ambíguo de um nobre francês às vésperas de uma insurreição:[21]

> Em Moulmein, na baixa Birmânia [essa cidadezinha obscura requer explicações para os leitores na metrópole], eu era odiado por muita gente — a única vez na minha vida em que eu tive importância suficiente para que isso me acontecesse. Eu era oficial da subdivisão policial da cidade.

Esse "gótico tropical" tornou-se possível devido ao enorme poder que o alto capitalismo havia dado à metrópole — tão grande que podia, por assim dizer, ficar nos bastidores. Nada ilustra melhor o capitalismo fantasiado de feudal-aristocrático do que os militares coloniais, sabidamente diferentes dos das metrópoles, inclusive, muitas vezes, em termos institucionais formais.[22] Assim, na Europa, tinha-se o "Primeiro Exército", formado por soldados recrutados em massa para o serviço militar obrigatório, tendo como base os cidadãos da metrópole; concebido ideologicamente como o defensor do *Heimat*; vestido com práticos e utilitários uniformes cáqui; portando as mais modernas armas disponíveis; nos tempos de paz confinado nos quartéis, na guerra disposto em trincheiras ou atrás de uma artilharia pesada. Fora da Europa, havia o "Segundo Exército", recrutado (abaixo do oficialato) entre minorias étnicas ou religiosas locais, em bases mer-

---

20. Para uma coleção espantosa de fotos desses *tableaux vivants* nas Índias holandesas (e um texto de uma ironia elegante), ver "E. Breton de Nijs", *Tempo Doeloe*.
21. George Orwell, "Shooting an Elephant", in *The Orwell reader*, p. 3. A frase entre colchetes é, naturalmente, interpolação minha.
22. O KNIL (*Koninklijk Nederlandsch-Indisch Leger*) era totalmente separado do KL (*Koninklijk Leger*) na Holanda. A *Légion Étrangère* foi, quase desde o início, legalmente proibida de operar em solo francês continental.

cenárias; concebido ideologicamente como uma força policial interna; vestido com uniformes precários ou espalhafatosos; armado com espadas e armas industriais obsoletas; nos tempos de paz em exposição, na guerra montado a cavalo. O Estado--Maior prussiano, mestre militar da Europa, enfatizava a solidariedade anônima de um corpo profissionalizado, a balística, as estradas de ferro, a engenharia, o planejamento estratégico e coisas afins, ao passo que o exército colonial enfatizava a glória, as dragonas, o heroísmo pessoal, o polo e uma cortesia arcaizante entre os seus oficiais. (Ele podia se permitir isso porque o Primeiro Exército e a Marinha estavam lá na retaguarda.) Essa mentalidade sobreviveu por muito tempo. Em Tonquim, em 1894, Lyautey escrevia: [23]

> Quel dommage de n'être pas venu ici dix ans plus tôt! Quelles carrières à y fonder et à y mener. Il n'y a pas ici un de ces petits lieutenants, chefs de poste et de reconnaissance, qui ne développe en 6 mois plus d'initiative, de volonté, d'endurance, de *personnalité*, qu'un officier *de* France en toute sa carrière.

Em Tonquim, em 1951, Jean de Lattre de Tassigny, "que gostava de oficiais que reuniam coragem e 'estilo', sentiu uma afeição imediata pelo vistoso cavaleiro [coronel de Castries] com o seu barrete argelino [*spahi*] e a faixa em vermelho brilhante, o magnífico rebenque e a mistura de maneiras displicentes e porte *ducal*, que o faziam irresistível para as mulheres na Indochina

---

23. *Lettres du Tonkin et de Madagascar (1894-1899)*, p. 84. Carta de 22 de dezembro de 1894, Hanói. Grifo meu. [Que pena não ter chegado aqui dez anos antes! Que carreiras podem-se iniciar e seguir! Não há aqui um único pequeno tenente, chefe de posto e de reconhecimento, que não desenvolva em seis meses mais iniciativa, vontade, resistência, *personalidade*, do que um oficial *da* França em toda a sua carreira.]

nos anos 1950, como havia sido para as parisienses dos anos 1930". [24]

Uma outra indicação instrutiva da derivação aristocrática ou pseudoaristocrática do racismo colonial era a típica "solidariedade entre os brancos", que unia dirigentes coloniais de diferentes metrópoles nacionais, quaisquer que fossem as suas rivalidades e conflitos internos. Essa solidariedade de curioso caráter internacional faz lembrar instantaneamente a solidariedade de classe das aristocracias oitocentistas da Europa, mediada pelos pavilhões de caça, balneários e salões de baile mutuamente frequentados; e a solidariedade daquela confraria de "oficiais e cavalheiros" que encontra uma expressão agradavelmente contemporânea na Convenção de Genebra, garantindo tratamento

---

24. Bernard B. Fall, *Hell is a very small place: the siege of Dien Dien Phu*, p. 56. Podemos imaginar Clausewitz se revirando na sua tumba [*spahi*, que deriva, como *sepoy* (sipaio), do *sipahi* otomano, designava os membros da cavalaria irregular mercenária do "Segundo Exército" na Argélia]. É verdade que a França de Lyautey e de Lattre era uma república. No entanto, a Grande Muette, amiúde tão loquaz, desde o começo da Terceira República tinha sido um asilo para os aristocratas cada vez mais excluídos do poder em todas as outras instituições importantes da vida pública. Em 1898, nada menos de 25% de todos os generais de divisão e de brigada eram aristocratas. Além disso, esse oficialato dominado pela aristocracia foi fundamental para o imperialismo francês dos séculos XIX e XX. "O controle rigoroso imposto sobre o exército na *métropole* nunca se estendeu inteiramente à *France d'outremer*. A ampliação do Império Francês no século XIX foi em parte resultante da iniciativa incontrolada dos comandantes militares coloniais. As expansões da África Ocidental francesa, em larga medida criada pelo general Faidherbe, e do Congo francês se deveram basicamente a incursões militares independentes para o interior dos territórios. Os militares também foram responsáveis pelos *faits accomplis* que levaram a um protetorado francês no Taiti em 1842 e, em menor medida, à ocupação francesa de Tonquim, na Indochina, nos anos 1880... Em 1897, Galliéni aboliu sumariamente a monarquia em Madagascar e deportou a rainha, tudo isso sem consultar o governo francês, que depois aceitou o *fait accompli* [...]." John S. Ambler, *The French army in politics, 1945-1962*, pp. 10-1 e 22.

privilegiado aos *oficiais* inimigos capturados, em oposição aos guerrilheiros ou aos civis.

O argumento esboçado até agora também pode ser válido para o lado dos povos coloniais. Pois, afora os pronunciamentos de certos ideólogos coloniais, é notável a rara presença daquela ambígua entidade conhecida como "racismo invertido" nos movimentos anticoloniais. Nessa questão, é fácil que a língua nos engane. Por exemplo, a palavra javanesa *londo* (derivada de "holandês"), além de "holandês", tinha também a acepção de "branco". Mas essa própria derivação mostra que para os camponeses javaneses, que praticamente nunca viram outros "brancos" além dos holandeses, os dois significados se sobrepunham muito bem. Da mesma forma, nos territórios coloniais franceses, "*les blancs*" designavam os governantes cuja condição de franceses não se distinguia da de brancos. Em nenhum desses casos, ao que eu saiba, *londo* ou *blanc* eram pejorativos ou geraram conotações depreciativas.[25]

Pelo contrário, o espírito do nacionalismo anticolonial se mostra na comovente Constituição da efêmera República de Katagalugan (1902), de Makario Sakay, que dizia, entre outras coisas:[26]

> Nenhum tagalog, nascido neste arquipélago tagalog, elevará qualquer pessoa acima das demais por causa de sua raça ou da cor de sua

---

25. Nunca ouvi falar em gírias abusivas em indonésio ou javanês para designar "holandês" ou "branco". Compare-se ao tesouro anglo-saxão: *niggers, wops, kikes, gooks, slants, fuzzywuzzies* e centenas de outros. É possível que essa inocência em gírias racistas seja própria basicamente de povos colonizados. Os negros dos EUA — e certamente de outros lugares — desenvolveram um contravocabulário bastante variado (*honkies, ofays* etc.).

26. Cf. *cit.* na obra magistral de Reynaldo Ileto, *Pasyón and revolution: popular movements in the Philippines, 1840-1910*, p. 218. A república rebelde de Sakay durou até 1907, quando ele foi capturado e executado pelos americanos. Para entender a primeira frase, é preciso lembrar que trezentos anos de domínio espanhol e imigração chinesa geraram uma população mestiça considerável nas ilhas.

pele; claros, escuros, ricos, pobres, instruídos e ignorantes — todos são inteiramente iguais, e devem comungar um único *loób* [espírito interior]. Podem existir diferenças de educação, riqueza ou aparência física, mas nunca na natureza essencial (*pagkatao*) nem na capacidade de servir a uma causa.

Não é difícil encontrar semelhanças no outro lado do planeta. Os mexicanos mestiços, falando espanhol, remontam a sua genealogia, não aos conquistadores castelhanos, e sim aos astecas, maias, toltecas e zapotecas já semidesaparecidos. Os patriotas revolucionários uruguaios, eles próprios crioulos, adotaram o nome de Tupac Amarú, o último grande rebelde indígena contra a opressão crioula, morto sob torturas indescritíveis em 1781.

Talvez pareça um paradoxo que os objetos de todos esses apegos sejam "imaginados" — os conterrâneos tagalogs anônimos e desconhecidos, tribos exterminadas, a Mãe Rússia ou o *tanah air*. Mas o *amor patriae*, sob esse aspecto, não é muito diferente das outras afeições, em que sempre existe um elemento imaginário afetuoso. (É por isso que olhar os álbuns de fotos de casamentos de desconhecidos é como estudar a planta dos Jardins Suspensos da Babilônia desenhada pelo arqueólogo.) O que os olhos são para quem ama — aqueles olhos comuns e particulares com que ele, ou ela, nasceu — a língua — qualquer que seja a que lhe coube historicamente como língua materna — é para o patriota. Por meio dessa língua, que se conhece no colo da mãe e que só se perde no túmulo, restauram-se passados, imaginam-se companheirismos, sonham-se futuros.

8. O anjo da história

Começamos este breve estudo com as guerras recentes entre a República Socialista do Vietnã, a Kampuchea Democrática e a República Popular da China; assim, nada mais adequado do que retornar, enfim, ao ponto de partida. Será que algo do que dissemos nesse intervalo nos ajudará a entender melhor essa conflagração?

Em *The Break-up of Britain*, de Tom Nairn, há uma passagem de grande valia sobre a relação entre o sistema político britânico e os do resto do mundo moderno:[1]

> Somente [o sistema britânico] representou um "crescimento convencional, lento, não como os outros, produtos de uma *invenção* deliberada, resultantes de uma teoria". Chegando mais tarde, esses outros "tentaram sintetizar de uma vez só os frutos da experiência do Estado, que tinha desenvolvido o seu constitucionalismo ao longo de vários séculos". [...] Por ter sido a primeira, a experiência

---

1. Pp. 17-8. Grifo meu. A citação interna é de Charles Frederick Strong, *Modern political constitutions*, p. 28.

inglesa — depois britânica — se manteve distinta. Por terem vindo depois a um mundo onde a Revolução Inglesa já tivera êxito e se expandira, as sociedades burguesas posteriores não puderam reproduzir esse desenvolvimento inicial. *O estudo e a imitação geraram algo substancialmente diferente*: a doutrina realmente moderna do estado abstrato ou "impessoal" que, devido à sua natureza abstrata, poderia ser imitado na história subsequente.

É claro que isso pode ser considerado como a lógica normal dos processos de desenvolvimento. Foi um primeiro espécime daquilo que, mais tarde, seria enaltecido com títulos como "a lei do desenvolvimento desigual e combinado". E dificilmente seria possível uma verdadeira repetição e imitação, seja em termos políticos, econômicos, sociais ou tecnológicos, porque o mundo já foi modificado demais por aquela causa inicial que se está copiando.

O que Nairn diz a propósito do Estado moderno vale igualmente para as duas concepções gêmeas cuja concretização contemporânea se deu nos três países socialistas em guerra: a revolução e o nacionalismo. Às vezes esquecemos que essa dupla, tal como o capitalismo e o marxismo, são *invenções*, e não há como preservar a patente delas. Elas estão ali, por assim dizer, para ser copiadas. E são essas cópias e *apenas elas* que geram uma conhecida anomalia: sociedades como Cuba, Albânia e China, que, por serem socialistas revolucionárias, se consideram "à frente" da França, da Suíça e dos Estados Unidos, mas que, na medida em que se caracterizam pela baixa produtividade, padrões de vida baixíssimos e tecnologia antiquada, são igualmente vistas como "atrasadas". (Daí o melancólico sonho de Chu En-lai de alcançar a Grã-Bretanha capitalista no ano 2000.)

Como vimos antes, Hobsbawm tinha razão ao afirmar que "a Revolução Francesa não foi feita ou liderada por um partido ou movimento no sentido moderno, nem por homens tentando executar um programa sistemático". Mas, graças ao capitalismo tipográfico, a experiência francesa radicou-se definitivamente na memória humana e, além disso, tornou-se uma lição com a qual se poderia aprender. Depois de quase cem anos de teorização de modelos e experiências práticas, vieram os bolcheviques, que conseguiram êxito na primeira revolução "planejada" (mesmo que esse êxito não fosse possível sem as vitórias prévias de Hindenburg em Tannenberg e nos lagos masurianos) e tentaram implantar um programa sistemático (mesmo que, na prática, a ordem do dia fosse a improvisação). Também é bastante claro que, *sem* tais planos e programas, uma revolução num império que mal havia ingressado na era do capitalismo industrial estava fora de questão. O modelo revolucionário bolchevique foi decisivo para todas as revoluções do século XX, ao permitir que elas se tornassem imagináveis em sociedades ainda mais atrasadas do que todas as Rússias. (Ele abriu a possibilidade, por assim dizer, de deter a história no passado.) As habilidosas experiências iniciais de Mao Tsé-Tung confirmaram a utilidade do modelo fora da Europa. Assim, podemos ver a culminância do processo modular no caso do Camboja, em 1962, com um total de 2,5 milhões de habitantes em idade ativa, dos quais nem 2,5% eram "operários", e nem 0,5% era "capitalista".[2]

Desde o final do século XVIII, o nacionalismo passou também por um processo muito parecido de modulação e adaptação, con-

---

2. Segundo os cálculos de Edwin Wells, baseados na Tabela 9 in "Cambodge, Ministère du Plan et Institut National de la Statistique et des Recherches Économiques", *Résultats finals du recensement general de la population 1962*. Wells distribui o restante da força de trabalho ativa da seguinte maneira: funcionários do governo e nova pequena burguesia, 8%; pequena burguesia tradicional (comerciantes etc.), 7,5%; proletariado rural, 1,8%; camponeses, 78,3%. Havia menos de 1 300 capitalistas donos de indústrias manufatureiras.

forme as diversas épocas, regimes políticos, economias e estruturas sociais. Por conseguinte, a "comunidade imaginada" se difundiu por todas as sociedades contemporâneas possíveis. Se podemos usar o caso do Camboja moderno para ilustrar uma transferência modular exemplar da "revolução", talvez seja válido usar o caso do Vietnã para ilustrar a do nacionalismo, fazendo uma rápida digressão sobre o nome da nação.

Ao ser coroado em 1802, Gia-Long quis dar ao seu reino o nome de "Nam Viêt", e enviou emissários para obter a permissão de Pequim. O Filho do Céu manchu, porém, insistiu que fosse "Viêt Nam". O motivo dessa inversão é o seguinte: "Viêt Nam" (ou, em chinês, Yüeh-nan) significa aproximadamente "ao sul de Viêt (Yüeh)", território conquistado pelos *han* dezessete séculos antes e que abrangeria as atuais províncias chinesas de Kwangtung e Kwangsi, bem como o vale do rio Vermelho. Mas o "Nam Viêt" de Gia-Long significava "Viêt/Yüeh do Sul", sendo na verdade uma *pretensão* ao antigo território. Nas palavras de Alexander Woodside, "o nome 'Vietnam', todo junto, dificilmente era tão estimado pelos dirigentes vietnamitas um século atrás, por ter vindo de Pequim, como o é neste século. Sendo uma designação artificial, não era muito usado nem pelos chineses nem pelos vietnamitas. Os chineses se aferraram ao termo *tang* 'Annam', que era ofensivo. [...] A corte vietnamita, por outro lado, inventou por conta própria um outro nome para o seu reinado em 1838-39, e não se deu ao trabalho de informar os chineses. O novo nome, Dai Nam ("Grande Sul" ou "Sul Imperial"), aparecia regularmente nos documentos da corte e nas compilações históricas oficiais. Mas não sobreviveu até os nossos dias."[3] Este novo nome é interessante sob dois aspectos. Primeiro, ele não contém nenhum elemento "viêt"-namita.

---

3. *Vietnam and the Chinese model*, pp. 120-1.

Segundo, a sua referência territorial parece puramente relativa — "sul" (do Império do Centro).⁴

O fato de que os vietnamitas de hoje defendam orgulhosamente um Viêt Nam inventado com desdém por um dinasta manchu do século XIX nos lembra Renan, com a sua máxima de que as nações precisam "*oublié bien des choses*", mas também nos remete, paradoxalmente, ao poder imaginativo do nacionalismo.

Se olharmos o Vietnã dos anos 1930 ou o Camboja dos anos 1960, encontraremos, *mutatis mutandis*, muitas semelhanças: um enorme campesinato explorado e analfabeto, um operariado minúsculo, uma burguesia fragmentada e uma intelectualidade mínima e dividida.⁵ Nenhum analista sério da época, vendo objetivamente essas condições, iria prever, em qualquer um dos casos, as revoluções que estavam por vir ou as suas vitórias devastadoras. (De fato, pode-se dizer quase o mesmo, e pelas mesmas razões, em relação à China de 1910.) O que as tornou possíveis, ao fim e ao cabo, foi "planejar a revolução" e "imaginar a nação".⁶

---

4. Isso não surpreende muito. "O burocrata vietnamita parecia chinês; o camponês vietnamita parecia do Sudeste Asiático. O burocrata tinha de escrever em chinês, usar túnicas de estilo chinês, morar numa casa de estilo chinês, andar em liteira de estilo chinês e até imitar as ostentações idiossincráticas de estilo chinês, como ter um lago de carpas douradas no seu jardim sudeste-asiático." *Ibid.*, p. 199.
5. Segundo o censo de 1937, 93%-95% da população vietnamita ainda morava na zona rural. Não mais de 10% da população sabia ler e escrever em nível funcional em qualquer alfabeto. Não mais de 20 mil pessoas tinham concluído os últimos anos do ensino primário entre 1920 e 1938. E aquilo que os marxistas vietnamitas chamavam de "burguesia local" — que, segundo Marr, consistia basicamente de latifundiários ausentes, além de alguns empresários e uns poucos funcionários de alto escalão — totalizava cerca de 10 500 famílias, ou seja, cerca de 0,5% da população. *Vietnamese tradition*, pp. 25-6, 34 e 37. Comparem-se os dados da nota (2).
6. E, como no caso dos bolcheviques, felizes catástrofes: para a China, a invasão maciça do Japão em 1937; para o Vietnã, o esmagamento da linha Maginot e a sua breve ocupação pelos japoneses; para o Camboja, o enorme transbordamento da guerra norte-americana no Vietnã para dentro dos seus territórios orientais após

Somente num sentido muito limitado é possível atribuir as políticas do regime de Pol Pot à cultura khmer tradicional ou à crueldade, à paranoia e à megalomania dos seus líderes. Os khmers tiveram sua cota de déspotas megalomaníacos, mas alguns deles foram responsáveis por Angkor. Muito mais importantes são os modelos daquilo que as revoluções precisam, podem, devem fazer ou deixar de fazer, extraídos a partir da França, da ex-URSS, da China e do Vietnã — e de todos os livros em francês sobre eles.[7]

O mesmo é válido para o nacionalismo. Sua versão contemporânea é herdeira de dois séculos de transformações históricas. Por todas as razões que tentei expor, essas heranças são realmente facas de dois gumes. São as legadas por San Martín e Garibaldi, mas também por Uvarov e Macaulay. Como vimos, o "nacionalismo oficial" foi, desde o princípio, uma *política* consciente e autodefensiva, intimamente ligada à preservação dos interesses dinásticos imperiais. Mas, estando "ali para todos verem", ele podia ser copiado da mesma maneira que as reformas militares prussianas do início do século XIX, e pela mesma variedade de sistemas políticos e sociais. O único traço permanente desse estilo de nacionalismo consistia, e ainda consiste, em ser *oficial* — isto é, algo que emana do Estado, e serve antes e acima de tudo aos interesses dele.

---

março de 1970. Em cada um dos casos, o *ancien régime* existente, fosse o Kuomintang, colonial francês ou monarquista feudal, foi fatalmente minado por forças externas.

7. Uma sugestão possível seria "sim" à *levée en masse* e ao Terror, "não" a Termidor e ao bonapartismo, na França; "sim" ao comunismo de guerra, à coletivização e aos julgamentos de Moscou, "não" à N. E. P. e à desestalinização, na antiga União Soviética; "sim" ao comunismo de guerrilha camponesa, ao Grande Salto à Frente e à Revolução Cultural, "não" ao Lushan Plenum, na China; "sim" à Revolução de Agosto" e à liquidação formal do Partido Comunista indochinês em 1945, "não" às concessões danosas feitas aos "grandes" partidos comunistas, como nos Acordos de Genebra, no Vietnã.

Assim, o modelo do nacionalismo oficial torna-se aplicável sobretudo quando os revolucionários conseguem assumir o controle do Estado, e estão pela primeira vez em condições de usar o poder deste em favor dos seus objetivos. A aplicabilidade desse modelo é tanto maior na medida em que mesmo os revolucionários mais decididamente radicais sempre, em algum grau, herdam o Estado legado pelo regime deposto. Alguns desses legados são simbólicos, mas nem por isso menos importantes. Apesar do desconforto de Trotsky, a capital da ex-URSS foi transferida de volta para a antiga capital czarista de Moscou; e por mais de 65 anos os líderes do Partido Comunista da ex-URSS fizeram política no Kremlin, antiga cidadela do poder czarista — entre todos os locais possíveis nos imensos territórios do Estado socialista. Da mesma forma, a capital da República Popular da China é a dos manchus (sendo que Chiang Kai-shek a transferira para Nanquim), e os líderes do Partido Comunista chinês se reúnem na Cidade Proibida dos Filhos do Céu. Na verdade, são pouquíssimos os líderes socialistas, se é que há algum, que não se sentaram nesses tronos mornos e puídos. Num nível menos evidente, os revolucionários vitoriosos também herdam as redes de funcionamento do antigo Estado: às vezes os funcionários e os informantes, mas sempre os fichários, os dossiês, os arquivos, as leis, os registros financeiros, os censos, os mapas, os tratados, as correspondências, os memorandos, e assim por diante. Tal como a complexa rede elétrica de uma grande mansão depois que o dono vai embora, o Estado espera que o novo dono ligue os interruptores para voltar a funcionar com o antigo brilho.

Portanto, não surpreende muito que as *lideranças* revolucionárias, consciente ou inconscientemente, venham a se fazer de senhores da mansão. Aqui, não estamos pensando apenas na identificação de Djugashvili com Ivan Groznii, ou na admiração explícita de Mao pelo tirano Ch'in Shih Huang-ti, ou na restauração da pompa e cerimônia ruritânia por Josip Broz.[8] O "nacionalismo oficial" se infiltra nos estilos de liderança pós-revolucionária de uma maneira muito mais sutil. Quero dizer que essas lideranças adotam facilmente a suposta *nationalnost* dos dinastas mais antigos e do Estado dinástico anterior. Num impressionante movimento retroativo, dinastas que não tinham a menor ideia da "China", "Iugoslávia", "Vietnã" ou "Camboja" tornam-se nacionais (mesmo que nem sempre "merecedores"). Dessa acomodação surge invariavelmente aquele maquiavelismo de "Estado" que é um traço tão marcante dos regimes pós-revolucionários, em contraste com os movimentos nacionalistas revolucionários. Quanto mais o antigo Estado dinástico é naturalizado, tanto mais os seus antigos ornamentos podem envolver os ombros revolucionários. A imagem de Angkor Wat, de Sūryavarman, estampada na bandeira do Kampuchea Democrático marxista (como nas da república-fantoche de Lon Nol e do Camboja monárquico de Sihanouk), é um símbolo não de respeito, e sim de poder.[9]

Usei o grifo em *lideranças* porque são elas, e não o povo, que herdam os velhos palácios e painéis de controle. Ninguém imagina, suponho eu, que a grande massa do povo chinês dê a mínima ao que acontece ao longo da fronteira colonial entre o Camboja e o Vietnã. E tampouco é minimamente provável que os camponeses khmers e vietnamitas quisessem a guerra entre eles, ou que

---

8. Vide o extraordinário relato, de forma alguma totalmente polêmico, *in* Milovan Djilas, *Tito: the story from inside*, capítulo 4, em esp. pp. 133 ss.
9. É óbvio que as tendências acima apresentadas não são, em absoluto, características exclusivas dos regimes marxistas revolucionários. Concentramo-nos nesses regimes devido ao compromisso histórico marxista com o internacionalismo proletário e a destruição dos estados feudais e capitalistas, e devido também às novas guerras na Indochina. Para decifrar a iconografia arcaizante do regime direitista de Suharto na Indonésia, ver o meu *Language and power: exploring political cultures in Indonesia*, capítulo 5.

tenham sido consultados sobre o assunto. Num sentido muito concreto, foram "guerras de chancelaria", em que o nacionalismo popular foi, em larga medida, mobilizado após o fato, e sempre numa linguagem de autodefesa. (Daí o pouco entusiasmo na China, onde essa linguagem não era muito plausível, mesmo sob o luminoso brasão da "hegemonia soviética".)[10]

Em tudo isso, a China, o Vietnã e o Camboja não são absolutamente casos únicos.[11] É por isso que não há motivos de esperança de que, um dia, os precedentes que eles inauguraram quanto à guerra entre países socialistas sejam esquecidos, ou de que a comunidade imaginada da nação socialista logo seja deixada de lado. Mas não há o que fazer para limitar ou prevenir tais guerras, a menos que abandonemos ficções como "os marxistas, enquanto tais, não são nacionalistas" ou "o nacionalismo é a patologia da história do desenvolvimento moderno", e, em vez disso, esforcemo-nos ao máximo para aprender com a experiência real e imaginada do passado.

Sobre o Anjo da História escreveu Walter Benjamin:[12]

> Seu rosto está dirigido para o passado. Onde nós vemos uma cadeia de acontecimentos, ele vê uma catástrofe única, que acumula incansavelmente ruína sobre ruína e as dispersa a nossos pés. Ele gostaria de

---

10. A diferença entre as invenções do "nacionalismo oficial" e as de outros tipos geralmente é a mesma que há entre as mentiras e os mitos.
11. Por outro lado, é possível que, no final do século XX, os historiadores tenham atribuído os excessos "nacionalistas oficiais" cometidos por regimes socialistas pós-revolucionários, em grande medida, à defasagem entre o modelo socialista e a realidade agrária.
12. *Illuminations*, p. 259 [cit. ed. bras., p. 226]. Os olhos do Anjo são como a câmera em movimento, de costas, em *Weekend* [Godard], diante da qual os destroços vão aparecendo momentaneamente, um após outro, numa estrada interminável antes de sumir no horizonte.

deter-se para acordar os mortos e juntar os fragmentos. Mas uma tempestade sopra do paraíso e prende-se em suas asas com tanta força que ele não pode mais fechá-las. Essa tempestade o impele irresistivelmente para o futuro, ao qual ele vira as costas, enquanto o amontoado de ruínas cresce até o céu. Essa tempestade é o que chamamos progresso.

Mas o Anjo é imortal, e os nossos rostos estão voltados para a escuridão à nossa frente.

9. Censo, mapa, museu

Na edição original de *Comunidades imaginadas*, escrevi que "nas políticas de 'construção da nação' dos novos estados vemos com frequência tanto um autêntico entusiasmo nacionalista popular quanto uma instilação sistemática, e até maquiavélica, da ideologia nacionalista através dos meios de comunicação de massa, do sistema educacional, das regulamentações administrativas, e assim por diante".[1] O que eu então supunha, em minha visão limitada, era que o nacionalismo oficial nos mundos colonizados da Ásia e da África vinha diretamente modelado sobre o nacionalismo oficial dos estados dinásticos europeus do século XIX. Refletindo mais tarde, percebi que esse ponto de vista era precipitado e superficial, e que a genealogia próxima devia ser buscada na criação de imagens do Estado colonial. À primeira vista, essa conclusão pode surpreender, dado que os estados coloniais eram tipicamente *anti*nacionalistas, e muitas vezes de forma violenta. Mas, se olharmos, sob as ideologias e políticas

---

1. Ver acima, pp. 113-14.

coloniais, a gramática em que elas se apresentaram desde os meados do século XIX, essa linhagem se torna decididamente mais clara.

Poucas coisas mostram mais claramente essa gramática do que três instituições de poder, as quais, embora inventadas antes de meados do século XIX, modificaram a sua forma e função quando as zonas colonizadas ingressaram na era da reprodução mecânica. Essas três instituições são o censo, o mapa e o museu: juntas, elas moldaram profundamente a maneira pela qual o Estado colonial imaginava o seu domínio — a natureza dos seres humanos por ele governados, a geografia do seu território e a legitimidade do seu passado. Para analisar o caráter dessa conexão, neste capítulo vou concentrar a minha atenção no Sudeste Asiático, visto que as minhas conclusões são a título de ensaio e as minhas pretensões de conhecimento especializado se limitam à região. No entanto, o Sudeste Asiático oferece vantagens especiais para quem nutre interesse pela história comparada, pois inclui territórios colonizados por quase todas as potências imperiais "brancas" — Grã-Bretanha, França, Espanha, Portugal, Holanda e Estados Unidos —, bem como o Sião, que não foi colonizado. Leitores que tenham maior conhecimento de outras partes da Ásia e da África poderão julgar melhor se o meu argumento se sustenta em nível histórico e geográfico mais amplo.

O CENSO

Em dois importantes artigos escritos recentemente, o sociólogo Charles Hirschman deu início ao estudo das *mentalités* dos recenseadores coloniais britânicos nas colônias do Estreito e na península malaia, e de seus sucessores no serviço do Estado conglomerado independente da Malásia.[2] Os fac-símiles das "categorias de identidade" dos sucessivos censos apresentados por Hirschman, desde a segunda metade do século XIX até data recente, mostram uma série de mudanças extremamente rápidas e superficialmente arbitrárias, em que as categorias são constantemente unificadas, separadas, recombinadas, misturadas e reordenadas (mas aquelas que se referem a identidades politicamente poderosas sempre lideram a lista). Ele tira duas conclusões principais desses recenseamentos. A primeira é que, com o desgaste do período colonial, as categorias censitárias foram se tornando mais claras e exclusivamente raciais.[3] A identidade religiosa, por outro lado, foi se perdendo aos poucos como classificação primária. Os "hindus" — alinhados com os "klings" e os "bengalis" — desapareceram após o primeiro censo de 1871. Os "pársis" duraram até o censo de 1901, do qual ainda constavam — junto com os "bengalis", os "burmeses" e os "tamiles" — dentro da ampla categoria de "tamiles e outros nativos da Índia". Sua segunda conclusão é que, de modo geral, as grandes categorias raciais foram mantidas e até reforçadas após a independência, mas agora renomeadas e reescalonadas como "malásios", "chineses", "indianos" e "outros". Todavia, persistiram anomalias até os anos 1980. No censo de 1980, os "sikhs" ainda apareciam idiossincraticamente como uma subcategoria pseudo-

2. Charles Hirschman, "The Meaning and Measurement of Ethnicity in Malaysia: An Analysis of Census Classifications", *J. of Asian studies*, 46:3 (agosto 1987), pp. 552-82; e "The Making of Race in Colonial Malaya: Political Economy and Racial Ideology", *Sociological Forum*, 1:2 (Primavera 1986), pp. 330-62.
3. Durante a era colonial, era espantosa a variedade de "europeus" classificados. Mas, se em 1881 ainda eram agrupados basicamente nos itens "residentes", "flutuantes" e "prisioneiros", em 1911 já confraternizavam como membros de uma raça ("brancos"). Pode-se concordar que, até o fim, os recenseadores ficavam visivelmente embaraçados, sem saber muito bem onde colocariam os classificados como "judeus".

étnica — junto com os "malaiaos" e "telegus", "paquistaneses" e "bangladeshianos", "tamiles ceiloneses" e "outros ceiloneses" — sob o rótulo geral de "indianos".

Mas os maravilhosos fac-símiles de Hirschman nos incitam a ir além de suas preocupações analíticas imediatas. Tome-se, por exemplo, o Censo da Federação dos Estados Malaios de 1911, que na categoria "População malaia por raça" arrola, na seguinte ordem, "malaios", "javaneses", "sakais", "bajareses", "boyaneses", "mendelings" [sic], "krinchis" [sic], "jambis", "achineses", "bugis" e "outros". À exceção dos "malaios" (na sua maioria) e dos "sakais", todos esses "grupos" eram originários das ilhas de Sumatra, Java, Bornéu do Sul e Celebes, áreas pertencentes à enorme colônia vizinha das Índias Orientais holandesas. Mas essas origens externas à Federação dos Estados Malaios não são reconhecidas pelos recenseadores, os quais, ao construírem os seus "malaios", mantêm os olhos modestamente baixados, restringindo-se às suas próprias fronteiras coloniais. (Nem é preciso dizer que, atravessando o estreito, os recenseadores holandeses estavam construindo uma imagem diferente dos "malaios", como uma etnicidade ao lado, e não acima, dos "achéns", "javaneses" e similares.) "Jambis" e "krinchis" se referem mais a lugares do que a qualquer coisa remotamente identificável como etnolinguística. É extremamente improvável que, em 1911, mais do que uma ínfima parcela desses povos assim classificados e subclassificados se reconhecesse sob tais rótulos. Essas "identidades" imaginadas pela mentalidade (confusamente) classificatória do Estado colonial ainda aguardavam uma reificação que, com a penetração administrativa imperial, logo se tornaria possível. Pode-se notar, também, a paixão dos recenseadores por uma categorização exaustiva e inequívoca. Daí a intolerância deles diante de identificações múltiplas, politicamente "travestidas", indistintas ou variáveis. Daí a estranha subcategoria de "Outros" em cada grupo racial — os quais, porém, não devem de modo algum ser confundidos com *outros* "Outros". A ideia fictícia do censo é que todos estão presentes nele, e que todos ocupam um — e apenas um — lugar extremamente claro. Sem frações.

Essa maneira de criar imagens, adotada pelo Estado colonial, tinha origens muito anteriores às dos censos dos anos 1870, de modo que, para entender plenamente a grande novidade deles, cumpre observarmos o período inicial da penetração europeia no Sudeste Asiático. Dois exemplos, extraídos do arquipélago filipino e do indonésio, são elucidativos. Num importante livro escrito recentemente, William Henry Scott tentou reconstruir em detalhes a estrutura de classe das Filipinas pré-hispânicas, baseando-se nos primeiros registros espanhóis.[4] Como historiador profissional, Scott sabe perfeitamente que o nome "Filipinas" vem de Felipe II da "Espanha", e que, por sorte ou azar, o arquipélago podia ter caído em mãos holandesas ou inglesas, ter se segmentado politicamente ou se recombinado com conquistas posteriores.[5] Portanto, sentimo-nos tentados a atribuir sua curiosa escolha do tema ao longo período de sua permanência nas Filipinas e às suas fortes simpatias por um nacionalismo filipino que, há um século, segue os rastros de um Éden aborígine. Mas há boas chances de que a

---

4. William Henry Scott, *Cracks in the parchment curtain*, capítulo 7, "Filipino class structure in the sixteenth century".

5. Na primeira metade do século XVII, os assentamentos espanhóis no arquipélago sofreram repetidos ataques das forças da Companhia das Índias Orientais, a maior corporação "transnacional" da época. Se os piedosos colonos católicos sobreviveram, foi graças ao protetor arqui-herético, que manteve Amsterdam acuada durante boa parte do seu governo. Se a Companhia tivesse vencido, provavelmente seria Manila, e não Batávia [Jacarta], o centro do império "holandês" no Sudeste Asiático. Em 1762, Londres tomou Manila da Espanha, e a manteve por quase dois anos. É interessante notar que Madri só a conseguiu de volta em troca da Flórida, nada mais, nada menos, e de outras "possessões" espanholas a leste do Mississippi. Se as negociações tivessem sido outras, o arquipélago poderia ter ficado politicamente ligado a Malaia e a Cingapura durante o século XIX.

base mais profunda para a moldagem da sua imaginação sejam as fontes em que ele foi obrigado a confiar. Pois o fato é que, em qualquer parte das ilhas que os primeiros padres e conquistadores se aventuraram, avistavam-se em terra firme *principales, hidalgos, pecheros* e *esclavos* (príncipes, nobres, plebeus e escravos) — como que estamentos adaptados a partir das classificações sociais da Ibéria tardo-medieval. Os documentos por eles deixados mostram inúmeros indícios de que os *hidalgos* praticamente desconheciam a sua mútua existência no imenso arquipélago, disperso e pouco povoado, e, quando sabiam, costumavam se considerar reciprocamente não *hidalgos*, e sim inimigos ou escravos em potencial. Mas o poder da estrutura de referência é tão grande que essas indicações ficam marginalizadas na imaginação de Scott, e, portanto, ele tem dificuldade em ver que a "estrutura de classes" do período pré-colonial é uma criação "censitária" de imagens, formada a partir dos tombadilhos dos galeões espanhóis. Aonde quer que *eles* fossem, apareciam *hidalgos* e *esclavos*, que só podiam ser agregados enquanto tais, ou seja, "estruturalmente", por um Estado colonial incipiente.

Quanto à Indonésia, graças à pesquisa de Mason Hoadley, dispomos de uma apresentação detalhada de um importante processo judicial, com foro no porto costeiro de Cirebon, em Java, no final do século XVII.[6] Por sorte, os registros holandeses (da Companhia das Índias Orientais) e ciriboneses locais ainda existem. Se apenas a versão cirebonesa tivesse sobrevivido, saberíamos que o réu, acusado de homicídio, era um alto funcionário da corte cirebonesa, e teríamos apenas o seu título, Ki Aria Marta Ningrat, e não o seu nome pessoal. Mas os registros da Companhia o identificam asperamente como *chinees* — na verdade, esta é a única informação mais importante a respeito dele ali disponível. Assim, fica claro

---

6. Mason C. Hoadley, "State vs. Ki Aria Marta Ningrat (1696) e Tian Siangko (1720-21)" (ms., inédito, 1982).

que o tribunal cirebonês classificava as pessoas por escalão e posição social, enquanto a Companhia classificava por algo equivalente a "raça". Não há nenhuma razão para pensar que o réu — cuja alta posição comprova sua longa integração, bem como a de seus antepassados, dentro da sociedade cirebonesa, quaisquer que fossem as suas origens — se considerasse "um" *chinees*. Então, como a Companhia chegou a essa classificação? Em que tombadilho foi possível imaginar *chinees*? Com certeza só naqueles navios ferozmente mercantis que, sob comando centralizado, perambulavam incessantes de porto em porto entre o golfo de Mergui e a foz do Yang-tse-kiang. Esquecida da heterogeneidade populacional do Império do Centro, da mútua incompreensibilidade de várias das suas línguas faladas, e das origens sociais e geográficas peculiares da sua diáspora pelo litoral do Sudeste Asiático, a Companhia, com o seu olho transoceânico, imaginava uma série interminável de *chinezen*, assim como os conquistadores espanhóis tinham enxergado uma série infindável de *hidalgos*. E, com base nesse inventivo censo, ela começou a exigir que os coloniais classificados como *chinezen* se vestissem, morassem, casassem, fossem enterrados e transmitissem heranças de acordo com aquele censo. É notável que os ibéricos, muito menos viajantes e mercantis, tenham imaginado nas Filipinas uma categoria censitária bem diferente: o que eles chamavam de *sangley*. Era uma incorporação ao espanhol do termo hokkiano *sengli*, que significa "comerciante".[7] Podemos imaginar os protorrecenseadores espanhóis perguntando aos comerciantes atraídos a Manila pelo comércio marítimo: "Quem são vocês?", e ouvindo a sensata resposta: "Somos comerciantes".[8]

---

7. Ver, p. ex., Edgar Wickberg, *The Chinese in Philippine life, 1850-1898*, capítulos 1 e 2.
8. O comércio marítimo — cujo entreposto foi, por mais de dois séculos, Manila — trocava sedas e porcelanas chinesas por prata mexicana.

Sem navegar pelos sete mares asiáticos, por dois séculos os ibéricos continuaram num nevoeiro conceitual confortavelmente provinciano. Demorou muito até que o *sangley* virasse "chinês" — até que a palavra desapareceu no começo do século XIX, dando lugar ao estilo da Companhia das Índias, com o termo *chino*.

A verdadeira inovação dos recenseadores dos anos 1870, portanto, não consistiu na *construção* de classificações etnorraciais, e sim na sua *quantificação* sistemática. Os dirigentes pré-coloniais no mundo malaio-javanês já tinham tentado efetuar uma série de estimativas dos povos sob o seu controle, mas por meio de relações de impostos e listas de recrutamento. Os objetivos eram concretos e específicos: manter um rastreamento daqueles que realmente poderiam ser tributados e recrutados para o exército — pois esses dirigentes estavam interessados apenas em lucros e potenciais soldados. Os primeiros regimes europeus na região, sob esse aspecto, não difeririam muito dos anteriores. Mas, após 1850, as autoridades coloniais estavam usando meios administrativos cada vez mais sofisticados para contabilizar as populações, inclusive de mulheres e crianças (que os antigos dirigentes sempre tinham ignorado), segundo um labirinto de grades sem nenhum objetivo financeiro ou militar imediato. Antes, os súditos passíveis de tributação e recrutamento em geral sabiam muito bem que podiam ser enumerados; quanto a isso, dominante e dominado se entendiam às maravilhas, mesmo como antagonistas. Mas em 1870 uma mulher "cochinchina", isenta de impostos e que não serviria no exército, podia viver a vida inteira, feliz ou não, nas colônias do Estreito sem a menor ideia de que era assim que ela estava sendo mapeada de cima. Aqui fica evidente a peculiaridade do novo censo. Ele tentava contar minuciosamente os objetos da sua imaginação febril. Dadas a natureza exclusiva do sistema classificatório e a lógica da própria quantificação, um "cochinchino" tinha de ser entendido como um dígito numa somatória de "cochinchinos" reprodutíveis — dentro, é claro, do território do Estado. A nova topografia demográfica arrancou profundas raízes sociais e institucionais, conforme o Estado colonial aumentava de tamanho e multiplicava as suas funções. Guiado por esse mapa imaginado, ele organizava as novas burocracias do sistema educacional, jurídico, da saúde pública, polícia e imigração, que estava construindo sobre o princípio das hierarquias etnorraciais, sempre entendidas, porém, em termos de séries paralelas. A passagem das populações submetidas pela rede diferenciada de escolas, tribunais, clínicas, delegacias e departamentos de imigração criou "hábitos de tramitação" que, com o tempo, deram uma verdadeira vida social às fantasias anteriores do Estado.

Desnecessário dizer que nem sempre era fácil, e que o Estado tropeçou muitas vezes em realidades incômodas. A mais importante delas, de longe, era a filiação religiosa, que servia de base para comunidades imaginadas muito antigas e estáveis, que não se encaixavam minimamente no quadriculado autoritário do mapa do Estado leigo. Em diferentes graus, em diferentes colônias do Sudeste Asiático, os dirigentes tiveram de fazer adaptações um tanto desajeitadas, principalmente para o islamismo e o budismo. Os templos, as escolas e os tribunais, em particular, continuaram a florescer — e o acesso a eles era determinado pela escolha individual do povo, não pelo censo. O Estado raramente podia fazer mais do que tentar regular, restringir, contar, padronizar e subordinar hierarquicamente essas instituições em relação a si próprio.[9] Foi exatamente porque os templos, mesquitas, escolas e tribunais eram topograficamente anômalos que eles passaram a ser entendidos como zonas de liberdade e — com o tempo — fortalezas de onde os anticolonialistas religiosos, e mais tarde nacionalistas,

---

9. Ver capítulo 6, acima (p. 163) sobre a luta do colonialismo francês para separar o budismo no Camboja dos seus antigos vínculos com o Sião.

podiam sair para a batalha. Ao mesmo tempo, havia frequentes tentativas de implantar uma adequação maior entre o censo e as comunidades religiosas com — na medida do possível — a etnização política e jurídica destas últimas. Na Federação dos Estados Malaios coloniais, essa tarefa era relativamente fácil. Aqueles que o regime considerava pertencentes à série "malaios" eram empurrados para os tribunais dos "seus" sultões castrados, em grande medida administrados de acordo com a lei islâmica.[10] Assim, "islâmico" era tratado como apenas, na verdade, um sinônimo de "malaio". (Somente depois da independência, em 1957, certos grupos políticos se empenharam em inverter essa lógica, entendendo "malaio" como apenas, na verdade, um sinônimo de "islâmico".) Nas vastas e heterogêneas Índias holandesas, onde no fim da era colonial uma série de organizações missionárias rivais havia feito inúmeras conversões em zonas bastante dispersas, uma tentativa parecida encontrou obstáculos muito maiores. No entanto, mesmo aí, os anos 1920 e 1930 presenciaram o crescimento de cristianismos "étnicos" (as igrejas Batak, Karo, Dayak, e assim por diante), que se desenvolveram, em parte, porque o Estado alocou zonas de proselitismo a diferentes grupos missionários de acordo com a sua própria topografia censitária. Com o islamismo, a Batávia não teve o mesmo êxito. Ela não se atreveu a proibir a peregrinação até Meca, mas tentava inibir o aumento do número de peregrinos, policiava as viagens e os espionava num posto de fronteira em Jiddah montado exclusivamente para esse fim. Nenhuma dessas medidas foi suficiente para impedir a intensificação dos contatos islâmicos das Índias Orientais com o enorme mundo do islamismo no exterior, sobretudo com as novas correntes de pensamento vindas do Cairo.[11]

10. Ver William Roff, *The origins of Malay nationalism*, pp. 72-4.
11. Ver Harry J. Benda, *The crescent and the rising sun*, capítulos 1-2.

O MAPA

Mas, enquanto isso, Cairo e Meca estavam começando a ser vistos de uma nova e estranha maneira, não mais como simples localidades numa geografia muçulmana sagrada, mas também como pontos em folhas de papel que incluíam outros pontos, como Paris, Moscou, Manila e Caracas; a relação plana entre esses pontos indiferentemente laicos e sagrados era determinada por nada mais que uma linha reta calculada matematicamente. O mapa de Mercator, introduzido pelos colonizadores europeus, começava, impresso, a modelar a imaginação dos sudeste-asiáticos.

Numa brilhante tese de doutorado, o historiador tailandês Thongchai Winichakul rastreou os processos complexos de surgimento de um "Sião" com fronteiras próprias entre 1850 e 1910.[12] Seu estudo é elucidativo justamente porque o Sião não foi colonizado, embora aquelas que, ao final, viriam a ser as suas fronteiras foram colonialmente determinadas. No caso tailandês, portanto, podemos ver com uma clareza inusitada o surgimento de uma nova mentalidade estatal dentro de uma estrutura "tradicional" de poder político.

Até a ascensão do inteligente Rama IV (o Mongkut de *O rei e eu*), em 1851, existiam apenas dois tipos de mapas no Sião, ambos feitos à mão: lá, ainda não surgira a era da reprodução mecânica. Um deles era o que se poderia chamar de "cosmográfico", uma representação simbólica formal dos Três Mundos da cosmologia budista tradicional. O mapa cosmográfico não era organizado horizontalmente, como os nossos mapas; consistia numa série de céus supraterrenos e infernos subterrâneos que penetravam no mundo visível ao longo de um eixo vertical. A única viagem para a

---

12. Thongchai Winichakul, "Siam Mapped: A History of the Geo-Body of Siam", tese de doutorado, Universidade de Sidney, 1988.

qual ele servia era a jornada em busca do mérito e da salvação. O segundo tipo, totalmente mundano, consistia em diagramas de orientação para campanhas militares e navegação costeira. Grosseiramente organizados segundo o quadrante, seus traços principais eram anotações sobre o tempo de caminhada e de navegação, necessárias porque os cartógrafos não tinham nenhuma concepção técnica de escala. Cobrindo apenas um espaço terrestre e profano, geralmente eles eram desenhados numa estranha perspectiva ou mistura de perspectivas oblíquas, como se os olhos dos desenhistas, acostumados na vida diária a ver a paisagem na horizontal, ao nível do olho, mesmo assim estivessem subliminarmente influenciados pela verticalidade do mapa cosmográfico. Thongchai observa que esses mapas-guias, sempre locais, nunca se situavam num contexto geográfico estável e maior, e que a convenção dos mapas modernos, com a vista geral, era totalmente estranha a eles.

Nenhum dos mapas marcava fronteiras. Seus criadores achariam incompreensível a elegante formulação de Richard Muir:[13]

> Localizadas nas interfaces entre territórios estatais adjacentes, as fronteiras internacionais têm uma importância especial para determinar os limites da autoridade soberana e para definir a forma espacial das regiões políticas contidas. [...] Fronteiras [...] existem onde as interfaces verticais entre estados soberanos intersectam a superfície da terra. [...] Como interfaces verticais, as fronteiras não têm extensão horizontal. [...]

Existiam marcos miliares e outras demarcações, e na verdade elas se multiplicavam nas franjas ocidentais do reino, quando os britânicos forçaram a entrada vindo da baixa Birmânia. Mas esses marcos eram dispostos de forma descontínua, em vaus e desfiladei-

---

13. Richard Muir, *Modern political geography*, p. 119.

ros estratégicos, e muitas vezes estavam a distâncias consideráveis dos marcos correspondentes dispostos pelos adversários. Eram entendidos horizontalmente, na altura dos olhos, como pontos demarcando a extensão do poder real, e não "do alto". Foi apenas nos anos 1870 que as lideranças tailandesas começaram a pensar nas fronteiras como segmentos de uma linha contínua num mapa, que não correspondia a nada visível no chão, mas que demarcava uma soberania exclusiva contida entre outras soberanias. Em 1874, apareceu o primeiro manual de geografia, do missionário norte-americano J. W. Van Dyke — um dos produtos iniciais do capitalismo editorial que então começava a penetrar no Sião. Em 1882, Rama V fundou uma escola especial de cartografia em Bangcoc. Em 1892, o ministro da Educação, príncipe Damrong Rajanuphab, ao inaugurar um sistema educacional de tipo moderno no país, fez da geografia matéria obrigatória nos primeiros anos do secundário. Por volta de 1900, publicou *Phumisat Sayam* [Geografia do Sião] de W. G. Johnson, que passou a ser o modelo para todos os materiais geográficos impressos no país.[14] Thongchai nota que a convergência vetorial entre o capitalismo tipográfico e a nova concepção de realidade espacial, apresentada por esses mapas, teve um impacto imediato no vocabulário da política tailandesa. Entre 1900 e 1915, as palavras tradicionais *krung* e *muang* praticamente desapareceram, pois imaginavam o território em termos de capitais sagradas e centros populacionais visíveis e descontínuos.[15] No lugar delas, veio *prathet*, "país", que o imaginava nos termos invisíveis de um espaço físico delimitado por fronteiras.[16]

14. Thongchai, "Siam Mapped", pp. 105-10, 286.
15. Para uma discussão completa das antigas concepções de poder em Java (que, com pequenas diferenças, correspondiam às existentes no Velho Sião), ver o meu *Language and power*, capítulo 1.
16. Thongchai, "Siam Mapped", p. 110.

Tal como os censos, os mapas de tipo europeu operavam com base em uma classificação totalizante, que levou os seus produtores e consumidores burocráticos a políticas de consequências revolucionárias. Desde a invenção do cronômetro, em 1761, por John Harrison, que permitiu o cálculo exato das longitudes, a superfície curva de todo o planeta havia sido submetida a uma grade geométrica que enquadrava os mares vazios e as regiões inexploradas dentro de quadriculados medidos com precisão.[17] A tarefa de, por assim dizer, "preencher" esses quadriculados ficava a cargo de exploradores, topógrafos e soldados. No Sudeste Asiático, a segunda metade do século XIX foi a idade de ouro dos topógrafos militares — coloniais e, pouco depois, tailandeses. Eles se mobilizaram para deixar o espaço sob a mesma vigilância que os recenseadores tentavam impor às pessoas. Triangulação por triangulação, guerra por guerra, tratado por tratado, assim avançava o alinhamento entre o mapa e o poder. Nas palavras perspicazes de Thongchai:[18]

> Em termos de inúmeras teorias da comunicação e do senso comum, um mapa é uma abstração científica da realidade. Um mapa apenas representa algo que já existe objetivamente "ali". Na história que eu apresentei, essa relação estava invertida. Um mapa antecipava a realidade espacial, e não vice-versa. Em outros termos, um mapa era um modelo para o que (e não um modelo do que) se pretendia representar. [...] Ele havia se tornado um instrumento real para concretizar projeções sobre a superfície terrestre. Agora era necessário um mapa que respaldasse as reivindicações das tropas e os novos mecanismos administrativos. [...] O discurso do mapeamen-

---

17. David S. Landes, *Revolution in time: clocks and the making of the modern world*, capítulo 9.
18. "Siam Mapped", p. 310.

to era o paradigma dentro do qual funcionavam e serviam as operações tanto administrativas quanto militares.

Na virada do século, com as reformas do príncipe Damrong no Ministério do Interior (um belo nome de mapeamento), por fim a administração do reino foi posta numa base totalmente cartográfica territorial, seguindo a prática anterior vigente nas colônias vizinhas.

Seria insensato desconsiderar a interseção crucial entre o mapa e o censo. Pois o novo mapa foi um sólido instrumento para romper a série infindável de "hakkas", "ceiloneses não tamiles" e "javaneses" gerada pelo aparato formal do censo, delimitando territorialmente, para finalidades políticas, onde cada um deles terminava. Além disso, numa espécie de triangulação demográfica, o censo preenchia politicamente a topografia formal do mapa.

Dessas mudanças surgiram dois avatares finais do mapa (ambos instituídos pelo Estado colonial no seu último período) que prefiguram diretamente os nacionalismos oficiais do Sudeste Asiático no século XX. Com plena consciência de que eram intrusos nos distantes trópicos, mas vindos de uma civilização onde a herança e a transferência legais do espaço geográfico provinham de longa data,[19] os europeus frequentemente tentaram legitimar a expansão do seu poder através de métodos de aparência legal. Um dos mais utilizados era tomar como "herança" as supostas soberanias dos dirigentes nativos, eliminados ou submetidos pelos euro-

---

19. Não me refiro simplesmente à herança e à venda de propriedades fundiárias privadas no sentido usual. Mais importante era a prática europeia de efetuar transferências políticas das terras, junto com as respectivas populações, através dos casamentos dinásticos. As princesas traziam ducados e pequenos principados como dote de casamento para os maridos, e essas transferências eram formalmente negociadas e "assinadas". O lema *Bella gerant alii, felix Austria, nube!* seria inconcebível em qualquer Estado da Ásia pré-colonial.

peus. De qualquer forma, os usurpadores estavam reconstruindo, sobretudo em relação a outros europeus, a história da aquisição das novas posses. Daí o surgimento de "mapas históricos", em especial na segunda metade do século XIX, destinados a demonstrar, no novo discurso cartográfico, a vetustez de unidades territoriais específicas solidamente delimitadas. Através da sequência cronológica dada a esses mapas, surgia uma espécie de narrativa político-biográfica daquele espaço, às vezes com vasta profundidade histórica.[20] Por outro lado, essa narrativa foi adotada, mesmo sofrendo várias adaptações, pelos Estados nacionais que, no século XX, se tornaram os herdeiros dos Estados coloniais.[21]

O segundo avatar era o mapa-como-logo. Suas origens eram razoavelmente inocentes — o costume dos estados imperiais de, nos mapas, colorir as suas colônias com uma tinta imperial. Nos mapas imperiais de Londres, as colônias britânicas geralmente eram pintadas de rosa-vermelho, as francesas de púrpura-azul, as holandesas de amarelo-marrom, e assim por diante. Colorida dessa forma, cada colônia aparecia como uma peça separada de um quebra-cabeça. Como esse efeito de "quebra-cabeça" tornou-se normal, cada "peça" podia ser totalmente destacada do seu contexto geográfico. Na sua forma final, todos os dados explicativos podiam ser sumariamente removidos: as linhas de latitude e lon-

20. Ver Thongchai, "Siam Mapped", p. 387, sobre a absorção desse estilo de criação de imagens pela classe dominante tailandesa. Além disso, de acordo com esses mapas históricos, o corpo geológico não é uma particularidade moderna, mas remonta a mais de mil anos. Os mapas históricos, portanto, ajudam a refutar qualquer sugestão de que a nacionalidade teria surgido recentemente, e elimina a tese de que o Sião da época era o resultado de rupturas. Bem como a ideia de que a origem do Sião estava na ligação entre as autoridades siamesas e europeias.
21. Essa adoção não foi de maneira alguma um ardil maquiavélico. A consciência dos primeiros nacionalistas em todas as colônias do Sudeste Asiático foi profundamente moldada pelo "formato" do Estado colonial e das suas instituições. Ver capítulo 6.

gitude, os nomes dos lugares, os símbolos dos rios, dos mares e das montanhas, e os *vizinhos*. Puro signo, não mais bússola para o mundo. Com esse formato, o mapa ingressou numa série que podia ser reproduzida ao infinito, podendo ser transferido para cartazes, selos oficiais, cabeçalhos, capas de revistas e manuais, toalhas de mesa e paredes de hotéis. Imediatamente identificável, visível por toda parte, o mapa-logo penetrou fundo na imaginação popular, formando um poderoso emblema para os nacionalismos anticoloniais que vinham nascendo.[22]

A Indonésia moderna nos oferece um belo e doloroso exemplo desse processo. Em 1828, foi assentada a primeira colônia holandesa infestada de febre na ilha da Nova Guiné. Ela teve de ser abandonada em 1836, mas a Coroa holandesa proclamou a soberania sobre aquela parte da ilha a 141 graus de longitude leste (uma linha invisível que não correspondia a nada no solo, mas enquadrada nos espaços em branco de Conrad, que vinham diminuindo),* com a exceção de algumas faixas litorâneas sob a soberania do sultão de Tidore. Apenas em 1901, Haia comprou a parte do sultão e incorporou a Nova Guiné Ocidental às Índias holandesas —

---

22. Nos textos de Nick Joaquín, importante homem de letras — e incontestável patriota — das Filipinas de hoje, podemos ver a poderosa atuação desse emblema operando sobre a mais sofisticada inteligência. Joaquín afirma que o general Antonio Luna, trágico herói da luta antiamericana de 1898-99, apressou-se em "cumprir o papel que fora instintivo nos criolos durante três séculos: a defesa da *forma* das Filipinas contra um destruidor estrangeiro", *A question of heroes*, p. 164 (grifo meu). Em outra passagem, ele observa, de modo surpreendente, que "os mercenários, convertidos e aliados filipinos [da Espanha] enviados contra o rebelde filipino podem ter mantido o arquipélago como espanhol e cristão, mas também o impediram de se esfacelar", e que eles "estavam lutando (o que quer que pretendessem os espanhóis) para manter o Filipino uno", *ibid.*, p. 58.

* Referência à imagem usada por Joseph Conrad para designar as regiões já mapeadas, mas ainda inexploradas, do globo. [Ed. bras.: *O coração das trevas*, trad. Albino Poli Jr., Porto Alegre, L&PM, 1998, pp. 13-4.]

bem na hora certa da logoização. Grandes partes da região continuaram espaços em branco no sentido conradiano até depois da Segunda Guerra Mundial; os poucos holandeses que lá moravam eram, na maioria, missionários, mineradores — e guardas de prisões especiais para nacionalistas indonésios radicais e intransigentes. Os pântanos ao norte de Merauke, no extremo sudeste da Nova Guiné holandesa, foram escolhidos para isso justamente porque a região era considerada muito distante do resto da colônia, e a população local, da "idade da pedra", não tinha sofrido nenhum contágio com o pensamento nacionalista.[23]

O desterro, e muitas vezes o enterro, de mártires nacionalistas na região deu à Nova Guiné Ocidental um lugar de destaque no folclore da luta anticolonial, e converteu-a num sítio sagrado para o imaginário nacional: a Indonésia Livre, de Sabang (na ponta noroeste de Sumatra) até — onde mais? — Merauke. Não fazia a menor diferença o fato de que, tirando as poucas centenas de prisioneiros, nenhum nacionalista jamais tivesse visto com os próprios olhos a Nova Guiné, até os anos 1960. Mas os *logomapas* que percorriam a colônia, mostrando uma Nova Guiné Ocidental *sem nada ao seu leste*, reforçavam inconscientemente os laços que se desenvolviam na imaginação. Quando os holandeses, no desfecho das ásperas guerras anticoloniais de 1945-49, foram obrigados a ceder a soberania do arquipélago para os Estados Unidos da Indonésia, eles tentaram (por razões que não precisam nos deter aqui) separar novamente a Nova Guiné Ocidental, mantê-la por algum tempo sob domínio colonial e prepará-la como uma nação independente. Esse empreendimento só foi abandonado em 1963, em virtude de uma forte pressão diplomática americana e de ataques militares indonésios. Foi só aí que o presidente Sukarno, aos

---

23. Ver Robin Osborne, *Indonesia's secret war, the guerrilla struggle in Irian Jaya*, pp. 8-9.

62 anos, visitou pela primeira vez uma região que havia sido objeto de seus incansáveis discursos durante quatro décadas. Podemos atribuir as difíceis relações que então se estabeleceram entre os povos da Nova Guiné Ocidental e os emissários do Estado indonésio independente ao fato de que os indonésios consideram esses povos como "irmãos e irmãs" — e nisso são mais ou menos sinceros —, ao passo que os referidos povos, de modo geral, veem as coisas de maneira muito diferente.[24]

Essa diferença se deve, em larga medida, ao censo e ao mapa. O terreno acidentado e a distância da Nova Guiné criaram, ao longo dos milênios, uma extraordinária fragmentação linguística. Quando os holandeses saíram da região, em 1963, calculavam que, entre a população de 700 mil habitantes, havia bem mais de duzentas línguas, na maioria incompreensíveis entre si.[25] Muitos dos grupos "tribais" mais remotos nem sequer sabiam da sua mútua existência. Mas, sobretudo a partir de 1950, missionários e funcionários holandeses empreenderam pela primeira vez um verdadeiro esforço para "unificá-los", fazendo recenseamentos, ampliando as redes de comunicações, montando escolas e construindo estruturas governamentais supra-"tribais". Esse esforço foi realizado por um Estado colonial que, como notamos antes, tinha a característica única de ter governado as Índias, não basicamente numa

24. Desde 1963, ocorreram inúmeros episódios sangrentos na Nova Guiné Ocidental (agora chamada Irian Jaya — Grande Irian), em parte devido à militarização do Estado indonésio desde 1965, em parte devido às atividades guerrilheiras intermitentes do chamado Movimento Papua Livre (OPM). Mas essas brutalidades empalidecem ao lado da selvageria de Jacarta no Timor Leste, ex-colônia portuguesa, onde cerca de 1/3 dos 600 mil habitantes morreu devido à guerra, à fome, à doença e à "recolonização" nos três primeiros anos após a invasão de 1976. Não acho que seja um erro sugerir que essa diferença se deve, em parte, à ausência de Timor Leste nas logoimagens das Índias Orientais holandesas e, até 1976, da Indonésia.
25. Osborne, *Indonesia's secret war*, p. 2.

língua europeia, mas num "malaio administrativo".[26] Assim, a Nova Guiné Ocidental foi "criada" na mesma língua em que a Indonésia havia crescido antes (e que, com o tempo, passou a ser a língua nacional). A ironia é que, dessa forma, o *bahasa Indonesia* se tornou a língua franca de um nacionalismo nascente na Nova Guiné Ocidental, a Papua Ocidental.[27]

Mas o que unificou, principalmente depois de 1963, os jovens nacionalistas da Papua Ocidental que viviam em desavenças foi o mapa. É verdade que o Estado indonésio mudou o nome da região, de West Nieuw Guinea para Irian Barat (Irian Ocidental) e depois para Irian Jaya, mas ele enxergava a sua realidade local a partir do atlas da era colonial, com uma espécie de vista aérea. Antropólogos, missionários e funcionários locais, dispersos ali e acolá, podiam conhecer e pensar sobre os ndanis, os asmats e os baudis. Mas o Estado em si, e através dele a população indonésia como um todo, via apenas um fantasmagórico "irianês" (*orang irian*), assim designado *a partir do mapa*; por ser fantasmagórico, podia ser imaginado quase como um logo: de traços "negroides", com tanga, e assim por diante. De uma forma que nos lembra como a Indonésia foi inicialmente imaginada, dentro das estruturas racistas das Índias Orientais holandesas do começo do século XX, surgiu então um embrião de comunidade nacional "irianesa", delimitada pelo meridiano 141 e pelas províncias vizinhas das Molucas do norte e sul. Quando Arnold Ap, o seu porta-voz mais importante e atraente, foi assassinado pelo Estado em 1984, ele era o curador de um museu do Estado dedicado à cultura "irianesa" (da província).

---

26. Ver acima, p. 110.
27. O melhor sinal disso é que o nome da organização guerrilheira nacionalista contra a Indonésia — Organisasi Papua Merdeka (OPM) — é composto de palavras indonésias.

O MUSEU

O vínculo entre a profissão e o assassinato de Ap não é de forma alguma casual. Pois os museus e a imaginação museologizante são profundamente políticos. O seu museu tinha sido instituído por uma distante Jakarta, fato que nos mostra o quanto o novo Estado nacional da Indonésia tinha aprendido com o seu antecessor imediato, as Índias Orientais holandesas coloniais. A atual proliferação de museus em volta do Sudeste Asiático sugere que há um processo geral de incorporação de heranças políticas em andamento. Para entendermos minimamente esse processo, temos de avaliar a nova arqueologia colonial oitocentista que possibilitou a existência de tais museus.

Até o início do século XIX, os dirigentes coloniais no Sudeste Asiático mostravam pouquíssimo interesse pelos antigos monumentos das civilizações que haviam subjugado. Thomas Stamford Raffles, sinistro emissário da Calcutá de William Jones, foi o primeiro funcionário colonial importante que não se limitou a reunir uma grande coleção pessoal de *objets d'art* locais, mas estudou sistematicamente a história deles.[28] A partir daí, e numa rapidez sempre maior, as grandezas do Borobudur, de Angkor, de Pagan e outras localidades antigas foram sucessivamente desenterradas, capinadas, medidas, fotografadas, reconstruídas, removidas, analisadas e postas em exposição.[29] Os serviços arqueológicos coloniais se tornaram

---

28. Em 1811, as forças da Companhia das Índias Orientais tomaram todas as possessões holandesas nas Índias (Napoleão havia anexado a Holanda à França no ano anterior). Raffles governou Java até 1815. A sua monumental *História de Java* foi editada em 1817, dois anos antes que ele fundasse Cingapura.
29. A museificação do Borobudur, o maior templo budista do mundo, exemplifica esse processo. Em 1814, o regime de Raffles o "descobriu" e retirou o mato que o recobria. Em 1845, Schaefer, aventureiro e artista alemão autônomo, convenceu as autoridades holandesas na Batávia a lhe pagarem para fazer os primeiros

instituições de poder e prestígio, convocando os serviços de alguns funcionários com erudição e de capacidade excepcional.[30]

Analisar minuciosamente por que isso ocorreu na época em que ocorreu nos levaria longe demais. Aqui, talvez baste sugerir que essa mudança esteve associada ao eclipse dos regimes coloniais comerciais das duas grandes Companhias das Índias Orientais e ao surgimento da verdadeira colônia moderna, diretamen-

---

daguerreótipos. Em 1851, a Batávia enviou uma equipe de funcionários públicos, coordenada pelo engenheiro civil F. C. Wilsen, para um levantamento sistemático dos baixos-relevos e também para montar um conjunto "científico" completo de litogravuras. Em 1874, o dr. C. Leemans, diretor do Museu de Antiguidades de Leiden, publicou, por ordem do ministro das colônias, a primeira grande monografia especializada; ele se baseou essencialmente nas litogravuras de Wilsen, nunca chegando a visitar o local. Nos anos 1880, o fotógrafo profissional Cephas fez um levantamento fotográfico completo, de tipo moderno. Em 1901, o regime colonial formou uma Oudheidkundige Commissie (Comissão de Antiguidades). Entre 1907 e 1911, a Comissão supervisionou a restauração integral do templo, executada por uma equipe comandada pelo engenheiro civil Van Erp e financiada pelo Estado. Decerto em reconhecimento desse sucesso, a comissão foi promovida em 1913 a um Oudheidkindigen Dienst (Setor de Antiguidades), responsável pela manutenção cuidadosa do monumento até o final do período colonial. Ver C. Leemans, *Boro-Boudour*, pp. ii-lv; e N. J. Krom, *Inleiding tot de Hindoe-Javaansche Kunst*, I, capítulo 1.

30. O vice-rei Curzon (1899-1905), um aficionado por antiguidades que, segundo Groslier, "energizou" a Inspeção Arqueológica da Índia, expôs muito bem a questão: "É [...] igualmente nosso dever desenterrar e descobrir, classificar, reproduzir e descrever, copiar e decifrar, cuidar e conservar". (Foucault não diria melhor.) Em 1899, foi fundado o Departamento Arqueológico da Birmânia — então parte da Índia britânica —, que logo deu início à restauração de Pagan. No ano anterior, fora inaugurada a École Française d'Extrême-Orient em Saigon, logo se seguindo uma Diretoria de Museus e Monumentos Históricos da Indochina. Imediatamente depois que os franceses tomaram Siemreap e Battambang do Sião, em 1907, foi montado um Serviço de Conservação de Angkor para "curzonizar" os monumentos antigos mais impressionantes do Sudeste Asiático. Ver Bernard Philippe Groslier, *Indochina*, pp. 155-7, 174-7. Como vimos acima, a Comissão de Antiguidades colonial holandesa foi montada em 1901. A coincidência das datas — 1899, 1898, 1901 — não só mostra o quanto as

te vinculada à metrópole.[31] Dessa forma, agora o prestígio do Estado colonial estava intimamente ligado ao do seu superior na terra natal. É notável como os trabalhos arqueológicos se concentraram maciçamente na restauração de monumentos imponentes (e como estes começaram a ser colocados em mapas para distribuição e instrução do público: estava em curso uma espécie de censo necrológico). Sem dúvida, essa ênfase refletia modas orientalistas gerais. Mas o grande volume de recursos investidos nos permite suspeitar que o Estado tinha as suas próprias razões não científicas. Três se apresentam de imediato, sendo a última certamente a mais importante.

Em primeiro lugar, o momento desse dinamismo arqueológico coincidiu com a primeira luta política sobre os programas educacionais do Estado.[32] Os "progressistas" — colonos e nativos

---

potências coloniais rivais se observavam mutuamente, como também indica profundas mudanças em curso no imperialismo na virada do século. Como seria de esperar, o Sião independente caminhou mais devagar. O seu Serviço Arqueológico só foi fundado em 1924, e o seu Museu Nacional em 1926. Ver Charles Higham, *The archaelogy of mainland Southeast Asia*, p. 25.

31. A Companhia Holandesa das Índias Orientais, falida, foi liquidada em 1799. Mas a colônia das Índias holandesas data de 1815, quando a Holanda recuperou a sua independência com a Sagrada Aliança, e Guilherme I de Orange instituiu um trono holandês, inventado primeiramente por Napoleão e o seu bondoso irmão Luís, em 1806. A Companhia Britânica das Índias Orientais sobreviveu até o grande Motim indiano de 1857.

32. A Oudheidkundige Commissie foi montada pelo mesmo governo que (em 1901) inaugurou a nova "Política Ética" para as Índias, a qual, pela primeira vez, tinha como objetivo instituir um sistema educacional de tipo ocidental para parcelas consideráveis da população colonizada. O governador-geral Paul Doumer (1897-1902) criou tanto a Diretoria de Museus e Monumentos Históricos da Indochina quanto o aparato educacional moderno da colônia. Na Birmânia, a enorme expansão do ensino médio e universitário — que entre 1900 e 1940 octuplicou o número de alunos secundaristas, passando de 27 401 para 233 543, e multiplicou por vinte o número de estudantes universitários,

— pressionavam por investimentos de monta na escolarização moderna. Contra eles alinhavam-se os conservadores, que temiam as consequências a longo prazo dessa escolarização e preferiam que os nativos continuassem nativos. A essa luz, as restaurações arqueológicas — logo seguidas por edições de textos literários tradicionais, patrocinadas pelo Estado — podem ser vistas como uma espécie de programa educacional conservador, que também servia como pretexto para resistir à pressão dos progressistas. Em segundo lugar, o programa ideológico formal das reconstruções sempre colocava os construtores dos monumentos e os nativos coloniais numa determinada hierarquia. Em alguns casos, como nas Índias Orientais holandesas até os anos 1930, alimentava-se a ideia de que os construtores, na verdade, não eram da mesma "raça" dos nativos (eram "realmente" imigrantes indianos).[33] Em outros casos, como na Birmânia, o que se imaginava era uma decadência secular, de modo que os nativos contemporâneos não eram mais capazes das realizações dos seus ditos ancestrais. A essa luz, os monumentos reconstruídos, ao lado da pobreza rural circundante, diziam aos nativos: a nossa mera presença mostra que vocês sempre foram, ou há muito tempo se tornaram, incapazes de grandeza ou de autogoverno.

A terceira razão nos leva mais fundo, e mais perto do mapa. Vimos antes, na nossa discussão sobre o "mapa histórico", que os regimes coloniais começaram se apegando, além da conquista, a

---

de 115 para 2 365 — começou justamente quando o Departamento Arqueológico da Birmânia entrou em ação. Ver Robert H. Taylor, *The state in Burma*, p. 114.

33. Parcialmente influenciados por esse tipo de pensamento, intelectuais, arqueólogos e funcionários tailandeses conservadores continuam até hoje a atribuir Angkor ao misterioso Khom, que desapareceu sem deixar rastro, e certamente não têm nenhuma ligação com os desprezados cambojanos de hoje.

questões de antiguidade, a princípio por razões estritamente maquiavélico-legalistas. Mas, com o passar do tempo, as alegações francamente brutais sobre o direito de conquista foram diminuindo, e aumentaram os esforços de criar uma legitimidade alternativa. Crescia o número de europeus que nasciam no Sudeste Asiático e queriam que aquele fosse seu lar. A arqueologia monumental, cada vez mais ligada ao turismo, permitia que o Estado aparecesse como o guardião de uma tradição generalizada, mas também local. Os antigos sítios sagrados deviam ser incorporados ao mapa da colônia, e o seu venerando prestígio (o qual, se tivesse desaparecido, como amiúde se deu, seria revivido pelo Estado) envolveria também os cartógrafos. Ilustra bem essa situação paradoxal o fato de que os monumentos reconstruídos eram cercados por gramados elegantemente traçados, sempre com placas explicativas, cheias de datas, dispostas aqui e ali. Além disso, foram feitos para permanecer vazios ou com meia dúzia de turistas perambulando (na medida do possível, nada de peregrinações ou cerimônias religiosas). Assim museificados, eles eram reposicionados como insígnias de um Estado colonial *secular*.

Mas, como notamos acima, um traço característico dos recursos instrumentais desse Estado laico era a reprodutibilidade ao infinito, tecnicamente possível devido à imprensa e à fotografia, mas político-culturalmente possível devido à descrença dos próprios dirigentes no caráter sagrado desses sítios locais. Por toda parte nota-se uma espécie de progressão: (1) relatórios arqueológicos maciços, tecnicamente sofisticados, com dezenas de fotografias, registrando o processo de reconstrução de cada ruína; (2) livros luxuosamente ilustrados para consumo público, inclusive estampas exemplares de todos os principais sítios reconstruídos *dentro da colônia* (tanto melhor se santuários budistas hindus pudessem ficar ao lado de mesquitas islâmicas restauradas, como no caso das

Índias holandesas).³⁴ Graças ao capitalismo tipográfico, os súditos do Estado passam a ter acesso, mesmo que a alto custo, a uma espécie de censo pictórico do patrimônio estatal; (3) uma logoização geral, possível graças aos processos de laicização anteriormente mencionados. Modelares, nessa fase, são os selos postais, com as suas séries típicas — aves, frutas, fauna dos trópicos, e por que não monumentos também? Mas os cartões-postais e os livros didáticos seguem a mesma lógica. A partir daqui, basta um passo para o mercado: Hotel Pagan, Borobudur Fried Chicken, e assim por diante.

Esse tipo de arqueologia, que amadurecia na era da reprodução mecânica, era profundamente político, mas em um nível tão profundo que quase ninguém, nem mesmo o funcionalismo do Estado colonial (que, nos anos 1930, era 90% composto de nativos em grande parte do Sudeste Asiático), se apercebia do fato. Ele havia se tornado totalmente normal e corriqueiro. Era precisamente a reprodutibilidade cotidiana infinita das suas insígnias que revelava o verdadeiro poder do Estado.

Decerto não surpreende muito que os estados pós-independência, que mostravam nítidas continuidades com os antecessores coloniais, tenham herdado essa forma de museificação política. Por exemplo, em 9 de novembro de 1968, como parte das comemorações do 15º aniversário da independência do Camboja, Norodom Sihanouk mandou expor uma grande réplica de madeira e *papier*

---

34. Um belo exemplo tardio é *Ancient Indonesian art*, do estudioso holandês A. J. Bernet Kempers, que se apresenta como "ex-diretor de arqueologia na Indonésia [sic]". Nas pp. 24-5, encontramos mapas que mostram a localização dos sítios antigos. O primeiro é especialmente instrutivo, visto que o seu formato retangular (enquadrado a leste pelo meridiano 141) inclui a contragosto a Mindanao filipina, o norte de Bornéu da Malásia Britânica, a península malaia e Cingapura. Todos estes estão em branco, sem nenhum sítio arqueológico e nem sequer nomes, exceto um solitário e inexplicável "Kedah". A passagem do budismo hinduísta para o islamismo aparece depois da ilustração 340.

mâché do grande templo Bayon de Angkor no estádio nacional de esportes em Phnom Penh.[35] A réplica era tremendamente rude e grosseira, mas serviu ao seu objetivo — reconhecimento instantâneo, graças a uma história de logoização durante a era colonial. "Ah, nosso Bayon" — mas com o apagamento total da lembrança dos restauradores coloniais franceses. Reconstruído pelos franceses, Angkor Wat, novamente uma peça solta de quebra-cabeça como vimos no capítulo 8 do presente livro, tornou-se o símbolo central das sucessivas bandeiras do regime monarquista de Sihanouk, do militarista de Lon Nol e do jacobino de Pol Pot.

Ainda mais impressionantes são as mostras de incorporação da herança anterior num nível mais popular. Um exemplo revelador consiste numa série de pinturas de episódios da história nacional, encomendadas pelo Ministério da Educação da Indonésia nos anos 1950. As pinturas deviam ser produzidas em massa e distribuídas por toda a rede de ensino do primeiro grau; os jovens indonésios deviam ter representações visuais do passado do seu país nas paredes das salas de aula — em toda parte. A maioria dos panos de fundo era naquele previsível estilo sentimental naturalista da arte comercial do começo do século XX, e as figuras humanas seguiam os dioramas de museu da era colonial ou o teatro folclórico pseudo-histórico, o popular *wayang orang*. Mas a série mais interessante mostrava às crianças uma representação do Borobudur. Na verdade, esse monumento colossal, com 504 imagens de Buda, 1 460 painéis pictóricos e 1 212 painéis de pedra decorativos é um repositório fantástico da antiga escultura javanesa. Mas o respeitado artista imagina essa maravilha no seu auge, no século IX d.C. de uma maneira instrutivamente distorcida. Borobudur é pintado totalmente de branco, sem nenhum traço visível de escultura. Cercado de gramados bem aparados e alamedas arborizadas e regula-

---

35. Ver *Kambuja*, 45 (dezembro 1968), para algumas fotografias curiosas.

res, *não se vê um único ser humano*.[36] Talvez alguém alegue que esse vazio reflete o desconforto de um pintor muçulmano contemporâneo diante de uma antiga realidade budista. Mas eu desconfio que, na verdade, o que estamos vendo é um descendente inconsciente e direto da arqueologia colonial: Borobudur como insígnia do Estado e como logoimagem do tipo "claro, é ele". É um Borobudur tanto mais poderoso como signo da identidade nacional porque todos sabem que ele se situa numa série infinita de idênticos Borobudurs.

Assim, mutuamente interligados, censo, mapa e museu iluminam o estilo de pensamento do Estado colonial tardio em relação aos seus domínios. A "urdidura" desse pensamento era uma grade classificatória totalizante que podia ser aplicada com uma flexibilidade ilimitada a qualquer coisa sob o controle real ou apenas visual do Estado: povos, regiões, religiões, línguas, objetos produzidos, monumentos, e assim por diante. O efeito dessa grade era sempre poder dizer que tal coisa era isso e não aquilo, que fazia parte disso e não daquilo. Essa coisa qualquer era delimitada, determinada e, portanto, em princípio enumerável. (Os cômicos itens classificatórios e subclassificatórios do censo, chamados "Outros", ocultavam todas as anomalias da vida real com um esplêndido *trompe l'oeil* burocrático.) A "trama" era o que podemos chamar de serialização: o pressuposto de que o mundo era feito de plurais reprodutíveis. O particular sempre aparece como um representante provisório de uma série, e devia ser tratado a essa luz. É por isso que o Estado colonial imaginava uma série chinesa diante de qual-

---

36. Aqui o argumento se baseia em material analisado mais extensamente em *Language and power*, capítulo 5.

quer chinês, e uma série nacionalista diante do surgimento de qualquer nacionalista.

Quem nos apresenta a melhor metáfora dessa estrutura mental é o grande romancista indonésio Pramoedya Ananta Toer, que deu ao último volume da sua tetralogia sobre o período colonial o título de *Rumah Kaca* — a Casa de Vidro. É uma imagem, tão vigorosa quanto o Panóptico de Bentham, de levantamento e rastreamento total. Pois o Estado colonial não pretendia apenas criar, sob o seu controle, uma paisagem humana de plena visibilidade; a condição dessa "visibilidade" era que tudo e todos tivessem (por assim dizer) um número de série.[37] Esse estilo de criação imaginária não nasceu do nada. Foi resultante das tecnologias de navegação, astronomia, horologia, topografia, fotografia e impressão gráfica, para nem mencionar a tremenda força propulsora do capitalismo.

Assim, o mapa e o censo modelaram a gramática que, no devido tempo, possibilitaria o surgimento da "Birmânia" e dos "birmanianos", da "Indonésia" e dos "indonésios". Mas a concretização dessas possibilidades — que ainda prospera vigorosamente, muito tempo após o fim do Estado colonial — é largamente tributária do tipo específico de criação de imagens do Estado colonial em relação à história e ao poder. A arqueologia era uma atividade inconcebível no Sudeste Asiático pré-colonial; ela foi adotada no Sião, que não foi colonizado, já numa época bem adiantada, e seguindo o estilo do Estado colonial. Ela criou a série "monumentos antigos", segmentada dentro da rubrica classificatória geográfico-demo-

---

37. Uma resultante política exemplar desse imaginário da Casa de Vidro — da qual o ex-prisioneiro político Pramoedya tem doloroso conhecimento — é a carteira de identidade classificatória que todos os indonésios adultos precisam portar o tempo todo. Esse documento de identidade é isomórfico com o censo — ele representa uma espécie de censo político, com perfurações especiais para os que se enquadram nas subséries "subversivos" e "traidores". Note-se que esse tipo de censo só foi aprimorado depois da conquista da independência nacional.

gráfica das "Índias holandesas" e "Birmânia britânica". Concebida dentro dessa série laica, cada ruína tornou-se suscetível à fiscalização e à reprodução ao infinito. Quando o departamento arqueológico do Estado colonial tornou tecnicamente possível reunir a série sob forma de mapas e fotografias, o próprio Estado podia olhá-la como um álbum de seus antepassados até a época histórica. A coisa fundamental nunca foi o Borobudur específico, nem o Pagan específico, pelo qual o Estado não tinha nenhum interesse especial, mantendo apenas ligações arqueológicas. A *série* reprodutível, porém, criou uma profundidade histórica que foi facilmente incorporada pelo sucessor pós-colonial do Estado. O resultado lógico final foi o logo — de "Pagan" ou das "Filipinas", pouca diferença fazia — que, pelo seu vazio, ausência de contexto, intensidade visual e a infinita reprodutibilidade em todas as direções, reuniu censo e mapa, trama e urdidura, num amplexo definitivo.

10. Memória e esquecimento

ESPAÇO: NOVO E VELHO

New York, Nueva Leon, Nouvelle Orléans, Nova Lisboa, Nieuw Amsterdam. Já no século XVI, os europeus tinham começado a adotar o estranho hábito de denominar lugares remotos, primeiro nas Américas e na África, depois na Ásia, Austrália e Oceania, como "novas" versões de (portanto) "velhos" topônimos em suas terras de origem. Além disso, eles mantiveram a tradição mesmo quando esses lugares passaram para outros senhores imperiais, de modo que Nouvelle Orléans se tornou tranquilamente New Orleans e Nieuw Zeeland, New Zealand.

Não que, de modo geral, o uso do adjetivo "novo" para nomear locais políticos ou religiosos fosse tão inédito assim. No Sudeste Asiático, por exemplo, há cidades razoavelmente antigas cujos nomes trazem o termo indicando novidade: Chiangmai (Cidade Nova), Kota Bahru (Vila Nova), Pekanbaru (Mercado Novo). Mas, nesses nomes, "novo" significa invariavelmente "sucessor" ou "herdeiro" de algo desaparecido. "Novo" e "velho" estão alinhados diacronicamente, e o primeiro deles parece sempre invocar uma ambígua bênção dos mortos. O que é desconcertante nos nomes americanos dos séculos XVI a XVIII é que "novo" e "velho" eram entendidos sincronicamente, coexistindo dentro do tempo vazio e homogêneo. Vizcaya está *ao lado de* Nueva Vizcaya, New London *ao lado de* London: um idioma que mais indicava rivalidade entre irmãos do que de sucessão hereditária.

Essa inédita novidade sincrônica só podia surgir historicamente quando houvesse grupos consideráveis de pessoas em condições de se conceberem vivendo vidas *paralelas* às de outros grupos consideráveis de gente — mesmo que nunca se encontrassem, mas com certeza seguindo a mesma trajetória. Entre 1500 e 1800, um acúmulo de inovações tecnológicas — na construção de navios, navegação, horologia e cartografia, com a mediação do capitalismo editorial — foi tornando possível esse tipo de criação de imagens.[1] Tornou-se concebível morar no planalto peruano, nos pampas da Argentina ou nos portos da "Nova" Inglaterra, e mesmo assim sentir-se ligado a certas regiões ou comunidades, a milhares de quilômetros de distância, na Inglaterra ou na península Ibérica. A pessoa podia ter plena consciência de compartilhar língua e credo religioso (em graus variáveis), costumes e tradições, sem grandes expectativas de algum dia conhecer seus companheiros.[2]

---

1. Esse acúmulo atingiu um zênite desenfreado na tentativa "internacional" (i. é, europeia) de se encontrar uma medida exata da longitude, narrada de maneira divertida *in* Landes, *Revolution in time*, capítulo 9. Em 1776, quando as Treze Colônias se declararam independentes, o *Gentleman's Magazine* incluiu esse curto necrológio de John Harrison: "Ele foi um mecânico extremamente engenhoso, e ganhou o prêmio de 20 mil libras [de Westminster] pela descoberta da longitude [sic]".
2. A difusão tardia dessa consciência na Ásia é habilmente mencionada nas primeiras páginas de *Bumi Manusia* [Terra da Humanidade], o grande romance histórico de Pramoedya Ananta Toer. O jovem herói nacionalista brinca que nasceu na mesma data da futura rainha Guilhermina: 31 de agosto de 1880. "Mas, enquanto a minha ilha estava envolta na escuridão da noite, o país dela estava banhado de sol; e se o seu país era abraçado pelo negrume da noite, a minha ilha brilhava à plena luz equatorial", p. 4.

Para que esse senso de paralelismo ou simultaneidade pudesse surgir e também ter vastas consequências políticas era necessário que a distância entre os grupos paralelos fosse grande, e que o mais novo deles tivesse um tamanho considerável e fosse estabelecido de forma duradoura, além de estar solidamente subordinado ao mais velho. Essas condições foram encontradas nas Américas, como nunca ocorrera antes. Em primeiro lugar, a imensidão do oceano Atlântico e as condições geográficas profundamente diferentes em cada um de seus lados impediam aquela forma de absorção gradual dos povos dentro de unidades político-culturais mais amplas que transformou Las Españas na Espanha e submergiu a Escócia dentro do Reino Unido. Em segundo lugar, como vimos no capítulo 3, a migração europeia para as Américas se deu em escala realmente impressionante. No final do século XVIII, havia nada menos que 3,2 milhões de "brancos" (incluindo no máximo 150 mil *peninsulares*) no total de 16,9 milhões de habitantes do Império Ocidental dos Bourbon espanhóis.[3] O puro e simples tamanho dessa comunidade de imigrantes, tanto quanto a sua esmagadora superioridade militar, econômica e tecnológica em relação aos povos indígenas, garantia que ela mantivesse coesão

---

3. Desnecessário dizer que a classificação "branco" era uma categoria legal que mantinha uma relação claramente tangencial com as complexas realidades sociais. Como disse o próprio Libertador, "*nós* somos a progênie desprezível dos espanhóis predadores que vieram à América para sangrá-la e procriar com as suas vítimas. Mais tarde, os frutos ilegítimos dessas uniões se juntaram com a progênie dos escravos trazidos da África". Grifo meu. Lynch, *The Spanish-American revolutions*, p. 249. Deve-se ter cuidado para não ver nada de "eternamente europeu" nesse *criollismo*. Se lembrarmos todos aqueles Da Souza devotamente budista-singhaleses, aqueles Da Silva piedosamente católico-florineses e aqueles Soriano cinicamente católico-manilenses, que não têm problemas em desenhar papéis sociais, econômicos e políticos no Ceilão, na Indonésia e nas Filipinas contemporâneas, poderemos reconhecer que, sob as circunstâncias adequadas, os europeus podiam ser suavemente absorvidos nas culturas não europeias.

cultural e ascendência política local.⁴ Em terceiro lugar, a metrópole imperial dispunha de formidáveis aparatos burocráticos e ideológicos que lhe permitiram impor a sua vontade sobre os crioulos durante vários séculos. (Quando pensamos nos problemas puramente logísticos, a capacidade de Londres e Madri de empreender longas guerras contrarrevolucionárias sobre os colonos americanos rebeldes é realmente impressionante.)

A novidade de todas essas condições se patenteia numa comparação com as grandes migrações árabes e chinesas (mais ou menos na mesma época) para o Sudeste Asiático e a África Oriental. Essas migrações raramente foram "planejadas" por alguma metrópole, e ainda mais raramente criaram relações estáveis de subordinação. No caso chinês, a única leve semelhança é a extraordinária série de viagens atravessando o oceano Índico, comandadas, no começo do século XV, pelo brilhante almirante eunuco Cheng-ho. Esses empreendimentos arrojados, por ordens do imperador Yung-lo, tinham como objetivo impor um monopólio real sobre o comércio exterior com o Sudeste Asiático e as regiões mais a oeste, contra as depredações dos mercadores chineses privados.⁵ Em meados do século, ficou claro o fracasso dessa política, e a dinastia Ming abandonou as aventuras ultramarinas e fez tudo o que pôde para impedir a emigração do Império do Centro. A queda do sul da China nas mãos dos manchus em 1645 provocou um grande fluxo de refugiados para o Sudeste Asiático, que consideravam impensável qualquer laço político com a nova dinastia. A política Ching subsequente não diferia muito da dos últimos Ming.

4. Compare com o destino da enorme imigração africana. Os mecanismos brutais da escravidão acarretaram não só a sua fragmentação político-cultural, mas também eliminaram rapidamente a possibilidade de imaginar comunidades negras na Venezuela e na África Ocidental seguindo uma trajetória paralela.
5. Ver O. W. Wolters, *The fall of Srivijaya in Malay history*, apêndice C.

Em 1712, por exemplo, o imperador Kang-hsi promulgou um edito proibindo todo e qualquer comércio com o Sudeste Asiático e declarou que o seu governo iria "solicitar aos governos estrangeiros que repatriem os chineses que estejam no exterior, para que possam ser executados".[6] A última grande onda de migração ultramarina ocorreu no século XIX, quando a dinastia se desintegrou e surgiu uma enorme demanda de mão de obra chinesa não qualificada no Sião e no Sudeste Asiático colonial. Como quase todos os migrantes estavam politicamente afastados de Pequim, e além disso eram pessoas analfabetas falando línguas mutuamente incompreensíveis, eles foram mais ou menos absorvidos pelas culturas locais ou ficaram terminantemente subordinados aos europeus que avançavam.[7]

Quanto aos árabes, a maioria dos fluxos migratórios proveio do Hadramaut, que nunca foi uma verdadeira metrópole na época do Império Otomano e do Império Mughal. Indivíduos mais empreendedores até conseguiam fundar principados locais, como é o caso do mercador que fundou o reino de Pontianak em Bornéu ocidental, em 1772; mas ele se casou com uma local, logo perdeu a sua "condição de árabe", se não o seu islamismo, e manteve-se subordinado aos impérios holandês e inglês que então surgiam no Sudeste Asiático, e não a qualquer potência do Oriente Próximo. Em 1832, Sayyid Sa'id, senhor de Muscat, montou uma base poderosa na costa oriental africana e estabeleceu-se na ilha de Zanzibar, convertendo-a no centro de uma florescente economia baseada no cultivo de cravo-da-índia. Mas os britânicos usaram meios milita-

---

6. Cit. *in* G. William Skinner, *Chinese society in Thailand*, pp. 15-6.
7. As comunidades chinesas no ultramar pareciam ser de dimensões suficientes para despertar uma profunda paranoia europeia até a metade do século XVIII, quando finalmente cessaram as terríveis perseguições dos europeus contra os chineses. A partir daí, essa desagradável tradição foi transferida para as populações indígenas.

res para levá-lo a romper seus laços com Muscat.[8] Assim, nem os árabes nem os chineses, embora aventurando-se no ultramar em enormes ondas migratórias mais ou menos nos mesmos séculos que os europeus ocidentais, conseguiram estabelecer comunidades coesas, prósperas, conscientemente crioulas, subordinadas a um grande centro metropolitano. Por isso o mundo nunca viu o nascimento de nenhuma Nova Basra ou Nova Wuhan.

O duplo caráter das Américas e as suas respectivas razões, acima esboçadas, ajudam a explicar por que o nacionalismo surgiu primeiro no Novo Mundo, e não no Velho Mundo.[9] Também elucidam duas características peculiares das guerras revolucionárias que assolaram o Novo Mundo entre 1776 e 1825. Por um lado, nenhum revolucionário crioulo sonhou em manter o império intacto apenas rearranjando a distribuição interna do poder, *invertendo* a relação anterior de sujeição e transferindo a metrópole de uma sede europeia para uma sede americana.[10] Em outras palavras, o objetivo não era que New London sucedesse, derrubasse ou destruísse Old London, e sim salvaguardar o paralelismo entre ambas. (Para avaliar quão inédito era esse estilo de pensamento, é só levar em conta a história dos impérios anteriores na fase do seu declínio, quando era frequente o sonho de *substituir* o velho centro.) Por outro lado, embora essas guerras causassem

---

8. Ver Marshall G. Hodgson, *The venture of Islam*, vol. 3, pp. 233-5.
9. Um sinal impressionante do profundo enraizamento do eurocentrismo é o fato de que inúmeros estudiosos europeus continuam, a despeito de todas as evidências, considerando o nacionalismo como uma invenção europeia.
10. Mas veja o caso irônico do Brasil. Em 1808, o rei d. João VI se refugiou no Rio de Janeiro, para escapar ao exército de Napoleão. Embora Wellington tivesse expulsado os franceses em 1811, o monarca emigrado, temendo a agitação republicana em Portugal, permaneceu na América do Sul até 1822, de forma que o Rio foi, entre 1808 e 1822, o centro de um império mundial que se estendia até Angola, Moçambique, Macau e Timor Leste. No entanto, esse império era comandado por um europeu, não por um sul-americano.

imensos sofrimentos e fossem marcadas por grandes barbaridades, estranhamente, não era muito o que estava em jogo. Fosse na América do Norte ou na América do Sul, os crioulos não precisavam temer o extermínio físico nem a escravização, ao contrário do que ocorreu com tantos outros povos que estavam no caminho do avanço destruidor do imperialismo europeu. Afinal, eles eram "brancos", cristãos e falavam o espanhol ou o inglês; eram também os intermediários necessários às metrópoles, para que a riqueza econômica dos impérios ocidentais pudesse continuar sob o controle europeu. Assim, eles constituíam o único grupo extraeuropeu significativo, submetido à Europa, que não precisava morrer de medo da metrópole. As guerras revolucionárias, por mais duras que fossem, ainda assim eram tranquilizadoras, na medida em que eram guerras entre parentes.[11] Esse vínculo familiar garantia que, após um certo período de ressentimento, fosse possível reatar íntimos laços culturais, e às vezes políticos e econômicos, entre as ex--metrópoles e as novas nações.

TEMPO: NOVO E VELHO

Para os crioulos do Novo Mundo, os estranhos topônimos discutidos acima representavam figurativamente a sua incipiente capacidade de se imaginarem como comunidades *paralelas e comparáveis* às da Europa; no entanto, alguns acontecimentos extraordinários no último quarto do século XVIII, de súbito, conferiram a essa novidade um significado inteiramente novo. O primeiro deles

11. Sem dúvida foi isso que permitiu que o Libertador, a certa altura, exclamasse que uma revolta negra, isto é, de escravos, seria "mil vezes pior do que uma invasão espanhola" (ver acima, p. 86). Uma *jacquerie* escrava, se vitoriosa, poderia significar o extermínio físico dos crioulos.

foi, com certeza, a Declaração de Independência das Treze Colônias em 1776, e sua defesa militar vitoriosa nos anos seguintes. Essa independência, e o fato de ser *republicana*, foi vista como algo absolutamente inédito, mas ao mesmo tempo também, após ter ocorrido, absolutamente razoável. Por isso, quando a história possibilitou, em 1811, que os revolucionários venezuelanos redigissem uma Constituição para a Primeira República Venezuelana, eles não viram nenhum servilismo em se apoderar *verbatim* da Constituição dos Estados Unidos da América.[12] Pois o que as pessoas na Filadélfia tinham escrito não era, aos olhos dos venezuelanos, algo norte-americano, e sim algo de verdade e valor universais. Logo depois, em 1789, a explosão no Novo Mundo teve o seu *paralelo* no Velho Mundo, com a irrupção vulcânica da Revolução Francesa.[13]

Hoje é difícil imaginar um tipo de vida em que se percebia a nação como algo completamente novo. Mas era assim naquela época. A Declaração de Independência de 1776 não faz absolutamente nenhuma referência a Cristóvão Colombo, a Roanoke ou aos Pais Peregrinos, e tampouco se apresenta qualquer justificativa de tipo "histórico" para a independência, no sentido de ressaltar a antiguidade do povo americano. Na verdade, e o que é incrível, nem sequer se menciona a nação americana. Logo se espalhou uma profunda sensação de que estava ocorrendo uma ruptura radical com o passado — um certo "explodir o *continuum* da história"? Nada ilustra melhor esse sentimento do que a decisão, tomada pela Convention *Nationale* em 5 de outubro de 1793, de jogar no lixo o secular calendário cristão e inaugurar uma nova era mundial com o Ano I, começando pela abolição do *ancien régime*

---

12. Ver Masur, *Bolívar*, p. 131.
13. A Revolução Francesa, por sua vez, teve o seu *paralelo* no Novo Mundo com a insurreição de Toussaint L'Ouverture em 1791, que em 1806 resultou na segunda república independente do hemisfério ocidental, no Haiti, fundada por obra de ex-escravos.

e a proclamação da República em 22 de setembro de 1792.[14] (Nenhuma revolução posterior teve essa sublime confiança na novidade, mesmo porque a Revolução Francesa sempre tem sido vista como uma ancestral.)

Desse profundo sentido de novidade surgiu também *nuestra santa revolución*, o belo neologismo criado por José Maria Morelos y Pavón (proclamador da República do México em 1813), pouco tempo antes de ser executado pelos espanhóis.[15] Dele também surgiu o decreto de San Martín, de 1821, determinando que, "*no futuro*, os aborígines não serão chamados índios ou nativos; eles são filhos e cidadãos do Peru e serão conhecidos como peruanos".[16] Essa frase faz com os "índios" e/ou "nativos" o mesmo que a Convenção em Paris tinha feito com o calendário cristão — abole a velha designação desprestigiada pelo tempo e inaugura uma época totalmente nova. Assim, "peruanos" e "Ano I" marcam retoricamente uma profunda ruptura com o mundo existente.

Mas as coisas não podiam permanecer muito tempo dessa maneira — precisamente pelas mesmas razões que, antes, haviam precipitado o sentido de ruptura. No último quarto do século XVIII, só a Grã-Bretanha fabricava de 150 mil a 200 mil relógios por ano, muitos deles para exportação. A produção europeia total deve ter ficado perto de 500 mil unidades anuais.[17] Os jornais publicados

---

14. O jovem Wordsworth estava na França em 1791-92, e mais tarde, em *The Prelude*, escreveu esses famosos versos rememorativos:
"Bliss was it in that *dawn* to be alive,
But to be young was very heaven!"
Grifo meu.
[Era uma bênção estar vivo naquele *alvorecer*,/ Mas ser jovem era o próprio paraíso! — N. T.]
15. Lynch, *The Spanish-American revolutions*, pp. 314-5.
16. Cf. cit. acima, capítulo 3.
17. Landes, *Revolution in time*, pp. 230-1, 442-3.

em série já faziam parte integrante da civilização urbana. O mesmo quanto ao romance e sua possibilidade espetacular de representação de ações simultâneas dentro do tempo vazio e homogêneo.[18] Sentia-se cada vez mais que a horologia cósmica que tornara inteligíveis os nossos emparelhamentos transoceânicos sincrônicos acarretava uma visão *serial*, totalmente intramundana, da causalidade social; e essa percepção de mundo agora aprofundava rapidamente a sua influência nas imaginações ocidentais. Assim, é compreensível que, menos de vinte anos após a Proclamação do Ano I, tenham se instituído as primeiras cátedras acadêmicas de história — em 1810, na Universidade de Berlim, e em 1812 na Sorbonne de Napoleão. No segundo quarto do século XIX, a história já se constituíra formalmente como uma "disciplina", com o seu elaborado leque de publicações especializadas.[19] Logo o Ano I cedeu espaço ao ano 1792 d.C., e as rupturas revolucionárias de 1776 e 1792 passaram a ser apresentadas como fenômenos encravados na série histórica e, *portanto, como precedentes e modelos históricos.*[20]

Assim, para os membros dos movimentos nacionalistas, digamos, da "segunda geração", que se desenvolveram na Europa entre

---

18. Ver acima, capítulo 1.
19. Ver Hayden White, *Meta-história: imaginação histórica do século XIX* [EDUSP, 1994], pp. 135-43, para uma discussão sofisticada dessa transformação.
20. Mas era um d.C. com uma diferença. Antes da ruptura, esse calendário cristão ainda mantinha, por mais frágil que fosse nas plagas esclarecidas, uma aura teológica cintilando a partir do seu latim medieval. O Anno Domini [d.C., em português: depois de Cristo] evocava aquela irrupção da eternidade dentro do tempo mundano que havia ocorrido em Belém. Depois da ruptura, reduzido ao monogramático d.C., ele se juntou a um a.C. (antes de Cristo), que abrangia uma história cosmológica serial (para a qual a nova ciência da geologia dava grandes contribuições). Podemos avaliar a extensão do abismo entre a.C./d.C. observando que nem o mundo budista nem o mundo islâmico, mesmo hoje, imaginam qualquer época definida como "antes do Gautama Buda" ou "antes da Hégira". Nenhum dos dois estaria à vontade com o estranho monograma a.C.

1815 e 1850, e também para a geração que herdou os estados nacionais independentes das Américas, já não era possível "recapturar/ o primeiro belo e despreocupado êxtase" dos predecessores revolucionários. Por diferentes razões e com diferentes consequências, os dois grupos, então, deram início ao processo de leitura *genealógica* do nacionalismo — como a expressão de uma tradição histórica de continuidade serial.

Na Europa, os novos nacionalismos começaram quase de imediato a se imaginar "despertando do sono", imagem totalmente estranha para as Américas. Já em 1803 (como vimos anteriormente no capítulo 4), o jovem nacionalista grego Adamantios Koraes dizia a um receptivo público parisiense: "*Pela primeira vez*, a nação [grega] assiste ao medonho espetáculo da sua ignorância e *treme* ao medir com os olhos a distância que a separa da glória dos seus ancestrais". Aqui está perfeitamente exemplificada a transição do novo para o velho tempo. "Pela primeira vez" ainda traz os ecos das rupturas de 1776 e 1789, mas os doces olhos de Koraes estão voltados não para a frente, para o futuro de San Martín, e sim para trás, trêmulos, para glórias ancestrais. Não tardaria muito para que essa estimulante duplicidade desaparecesse, substituída por um despertar modular e "contínuo" de um cochilo cronologicamente medido no estilo d.C.: um retorno garantido a uma essência aborígine.

Sem dúvida, muitos elementos diversos contribuíram para a espantosa popularidade dessa metáfora.[21] Para as presentes finalidades, eu mencionaria apenas dois. Em primeiro lugar, a metáfora

---

21. Ainda em 1951, o inteligente socialista indonésio Lintong Mulia Sitorus podia escrever: "Até o final do século XIX, os povos de cor ainda dormiam profundamente, enquanto os brancos estavam trabalhando com afinco em todos os campos", *Sedjarah Pergerakan Kebangsaan Indonesia* [História do Movimento Nacionalista Indonésio], p. 5.

levava em conta o senso de paralelismo que havia gerado os nacionalismos americanos e que fora intensamente reforçado pela vitória das revoluções nacionalistas daquele continente. Ela parecia explicar por que os movimentos nacionalistas haviam estranhamente brotado no Velho Mundo civilizado num período tão obviamente *posterior ao do Novo Mundo bárbaro*.[22] Entendido como um despertar tardio, mesmo que estimulado de longe, ela abria uma imensa antiguidade por trás do sono de uma época. Em segundo lugar, a metáfora oferecia um elo figurativo crucial entre a língua e os novos nacionalismos europeus. Como vimos antes, os principais estados da Europa oitocentista eram enormes entidades políticas poliglotas, cujas fronteiras quase nunca coincidiam com as comunidades linguísticas. A maioria da população alfabetizada tinha herdado dos tempos medievais o hábito de considerar certas línguas — se não mais o latim, então o francês, o inglês, o espanhol ou o alemão — como línguas de civilização. Na Holanda, os burgueses abastados do século XVIII se orgulhavam de falar apenas o francês dentro de casa; o alemão era a língua da cultura em grande parte do império czarista ocidental, bem como na Boêmia "tcheca". Até data bem avançada do século XVIII, ninguém achava que essas línguas pertencessem a algum grupo territorialmente definido. Mas logo depois, por razões apresentadas no capítulo 2, os vernáculos "não civilizados" começaram a operar politicamente da mesma forma que, antes, fizera o oceano Atlântico: isto é, a "separar" as comunidades nacionais submetidas dos antigos reinos dinásticos. E como na vanguarda da maioria dos movimentos nacionalistas populares europeus estavam pessoas letradas, em geral *desacostumadas* a usar esses vernáculos, tal anomalia deman-

---

22. Talvez se possa dizer que essas revoluções, aos olhos dos europeus, eram os primeiros acontecimentos *políticos* realmente importantes que ocorriam do outro lado do Atlântico.

dava uma explicação. A melhor que apareceu foi a do "sono", pois permitia que essas camadas intelectuais e burguesas, que vinham se conscientizando como tchecas, húngaras ou finlandesas, entendessem os estudos das línguas, dos folclores e das músicas em tcheco, magiar ou finlandês como uma "redescoberta" de algo que, lá no fundo, sempre fora conhecido. (Além disso, depois que se começa a pensar a nacionalidade em termos de continuidade, poucas coisas parecem tão enraizadas historicamente quanto as línguas, cujas origens nunca podem ser fornecidas em termos de datas.)[23]

Nas Américas, o problema se colocava de outra maneira. De um lado, a independência nacional por quase todas as partes tinha sido internacionalmente reconhecida nos anos 1830. Portanto, tinha se tornado uma herança, e, *enquanto tal*, deveria entrar numa série genealógica. Mas o instrumental europeu que se desenvolvia ainda não estava disponível. A língua nunca havia sido uma questão nos movimentos nacionalistas americanos. Como vimos, foi justamente o fato de partilhar com a metrópole a mesma língua (e também a religião e a cultura) que havia possibilitado as primeiras criações de imagens nacionais. Sem dúvida, há alguns casos interessantes em que percebemos uma espécie de pensamento "europeu" já em ação. Por exemplo, o *American dictionary of the English language*, de Noah Webster, de 1828 (ou seja, "de segunda geração"), pretendia fornecer um *imprimatur* oficial para uma língua americana cuja linhagem era diferente da do inglês. No Paraguai, a tradição jesuíta setecentista de usar o guarani permitiu que uma língua "nativa" radicalmente não espanhola se tornasse uma lín-

---

23. Mas a profundidade histórica não é infinita. Em algum ponto, o inglês desaparece no franco-normando e no anglo-saxão; o francês no latim e no franco--"germânico", e assim por diante. Veremos adiante como se obteve uma maior profundidade de campo.

gua *nacional,* durante a longa ditadura xenófoba de José Gaspar Rodríguez de Francia (1814-40). Mas, de modo geral, qualquer tentativa de conferir profundidade histórica à nacionalidade por meios linguísticos enfrentou obstáculos insuperáveis. Praticamente todos os crioulos tinham ligações institucionais (através das escolas, dos meios impressos, de hábitos administrativos, e assim por diante) com idiomas europeus, e não indígenas. Qualquer ênfase excessiva sobre as linhagens linguísticas ameaçava apagar justamente aquela "memória da independência", que era essencial manter.

A solução aplicada tanto no Novo quanto no Velho Mundo foi encontrada na história, ou melhor, na história montada em determinados enredos. Observamos a rapidez com que as cátedras de história se seguiram ao Ano I. Como observa Hayden White, é igualmente surpreendente que os cinco gênios patronos da historiografia europeia tenham nascido no quarto de século que se seguiu à ruptura temporal da Convenção: Ranke em 1795, Michelet em 1798, Tocqueville em 1805, Marx e Burckhardt em 1818.[24] Entre os cinco, talvez seja natural que Michelet, que se autodesignou historiador da Revolução Francesa, seja o que ilustra com maior clareza a criação de imagens nacionais que então se iniciava, pois ele foi o primeiro a escrever conscientemente *em nome* dos mortos.[25] A seguinte passagem é típica:

> Oui, chaque mort laisse un petit bien, sa mémoire, et demande qu'on la soigne. Pour celui qui n'a pas d'amis, il faut que le magistrat y supplée. Car la loi, la justice, est plus sûre que toutes nos tendres-

---

24. *Metahistory,* p. 140. Hegel, nascido em 1770, já estava no final da adolescência quando eclodiu a Revolução, mas as suas *Vorlesungen über die Philosophie der Weltgeschichte* foram publicadas apenas em 1837, seis anos após sua morte.
25. White, *Metahistory,* p. 159.

ses oublieuses, nos larmes si vite séchées. Cette magistrature, c'est l'Histoire. Et les morts sont, pour dire comme le Droit romain, *ces miserabiles personae* dont le magistrat doit se préoccuper. Jamais dans ma carrière je n'ai pas perdu de vue ce devoir de l'historien. J'ai donné à beaucoup de morts trop oubliés l'assistance dont moi-même j'aurai besoin. Je les ai exhumés pour une seconde vie. [...] Ils vivent maintenant avec nous qui nous sentons leurs parents, leurs amis. Ainsi se fait une famille, une cité commune entre les vivants et les morts.[26]

Aqui e em outras passagens, Michelet deixou claro que o objeto da sua exumação não era de forma alguma um conjunto aleatório de mortos anônimos e esquecidos. Eram aqueles cujos sacrifícios, ao longo de toda a história, possibilitaram a ruptura de 1789 e o surgimento autoconsciente da nação francesa, *mesmo quando esses sacrifícios não eram entendidos como tais pelas vítimas*. Em 1842, escreveu ele a respeito desses mortos: "Il leur faut un Oedipe qui leur explique leur propre énigme dont ils n'ont pas eu le sens, qui leur apprenne ce que voulaient dire leurs paroles, leurs actes, qu'ils n'ont pas compris".[27]

---

26. Jules Michelet, *Oeuvres complètes*, XXI, p. 268, no prefácio ao volume 2 ("Jusqu'au 18e Brumaire") da sua inacabada *Histoire du XIXe siècle*. Devo essa referência a *Metahistory*, mas a tradução utilizada por White é insatisfatória. [Sim, cada morte nos deixa um pequeno bem: sua memória, e exige que cuidemos dela. Para aqueles que não têm amigos, é preciso que um magistrado os compense. Pois a lei e a justiça são mais fiéis do que todas as nossas ternuras esquecidas, nossas lágrimas que secam num instante. Esse magistrado é a história. E os mortos são, parafraseando o direito romano, as *miserabiles personae* com quem o magistrado deve se preocupar. Nunca, em minha carreira, perdi de vista esse dever do historiador. Conferi a uma porção de mortos demasiadamente esquecidos a ajuda de que eu próprio irei precisar. Exumei-os para uma segunda vida. [...] Hoje eles vivem entre nós como nossos parentes e amigos. Assim se faz uma família, uma cidade comum entre os vivos e os mortos. — N. T.]
27. Cit. *in* Roland Barthes (org.), *Michelet par lui-même*, p. 92. O volume das *Oeuvres complètes* com essa citação ainda não foi editado. [É-lhes necessário um Édipo que lhes explique o seu próprio enigma, cujo sentido não entenderam, que

Essa formulação é provavelmente inédita. Michelet não só dizia falar em nome de legiões de mortos anônimos, mas também insistia, com uma autoridade comovente, que saberia dizer o que eles "realmente" quiseram dizer e "realmente" quiseram fazer, visto que eles próprios "não compreenderam". A partir daí, o silêncio dos mortos não era mais um obstáculo para a exumação de seus mais profundos desejos.

Dentro desse espírito, nas Américas e em outras partes do mundo, uma quantidade sempre maior de nacionalistas "de segunda geração" aprendeu a falar "pelos" mortos, com os quais seria impossível ou indesejável estabelecer uma ligação linguística. Esse ventriloquismo às avessas ajudou a abrir caminho para um *indigenismo* autoconsciente, sobretudo na América Latina. No limite: mexicanos falando em espanhol "em nome" das civilizações "índias" pré-colombianas, cujas línguas eles não entendem.[28] O caráter revolucionário desse tipo de exumação fica muito claro se o compararmos à formulação de Fermín de Vargas citada no capítulo 1. Pois, enquanto Fermín ainda pensava animadamente em "extinguir" índios vivos, muitos de seus netos políticos ficaram obcecados em "lembrar" e até "falar em nome" deles, talvez justamente porque já estivessem em boa parte *extintos*.

O FRATRICÍDIO TRANQUILIZADOR

É extraordinário que o foco de atenção nas formulações "de segunda geração" de Michelet seja sempre a exumação de pessoas

---

lhes ensine o que queriam dizer as suas palavras, os seus atos, que eles não compreenderam. — N. T.]
28. Por outro lado, existe uma única estátua de Hernán Cortés em todo o México. Esse monumento, discretamente escondido num nicho da Cidade do México, só foi colocado ali no final dos anos 1970, pelo regime odioso de José López Portillo.

e fatos em risco de esquecimento.²⁹ Ele não vê necessidade alguma de refletir sobre "esquecer". Mas em 1882 — mais de um século depois da Declaração da Independência na Filadélfia e oito anos após a morte de Michelet —, quando Renan publicou o seu *Qu'est-ce qu'une nation?*, o que o preocupou foi exatamente a necessidade de esquecer. Por exemplo, vejamos outra vez a formulação citada no capítulo 1:

> Or, l'essence d'une nation est que tous les individus aient beaucoup de choses en commun et aussi que tous aient oublié bien des choses. [...] Tout citoyen français *doit avoir oublié* la Saint-Barthélemy, les massacres du Midi au XIIIe. siècle.³⁰

À primeira vista, essas duas frases podem parecer simples e diretas.³¹ Mas alguns momentos de reflexão mostram como elas são realmente estranhas. Nota-se, por exemplo, que Renan não vê necessidade de explicar aos leitores o que significa "la Saint-Barthélemy" ou "les massacres du Midi au XIIIe. siècle". Mas quem, senão os "franceses", por assim dizer, entenderiam de imediato que

---

29. Decerto porque, durante boa parte da sua vida, ele sofreu sob as legitimidades restauradas ou substitutivas. Seu compromisso com 1789 e a França fica visível, de forma comovente, na sua recusa em prestar juramento de lealdade a Luís Napoleão. Bruscamente demitido do seu cargo como arquivista nacional, ele viveu praticamente na pobreza até a sua morte, em 1874 — tempo suficiente, porém, para presenciar a queda do charlatão e a restauração das instituições republicanas.

30. Renan nasceu em 1823, um quarto de século depois de Michelet, e passou grande parte da juventude sob o regime oficial cinicamente nacionalista do perseguidor de Michelet. [Ora, a essência de uma nação consiste em que todos os indivíduos tenham muitas coisas em comum, e também que todos tenham esquecido muitas coisas. [...] Todo cidadão francês deve ter esquecido a noite de São Bartolomeu, os massacres do sul no século XIII. — N. T.]

31. Assim entendi em 1983, infelizmente.

"la Saint-Barthélemy" se refere ao furioso ataque anti-huguenote do monarca de Valois, Carlos IX, e de sua mãe florentina, em 24 de agosto de 1572; ou que "les massacres du Midi" designam o extermínio dos albigenses na larga área entre os Pireneus e os Alpes do Sul, instigado por Inocêncio III, um dos mais culpados numa longa série de papas culpados? E Renan também não achou nada esquisito esperar que os seus leitores tivessem "memória" de acontecimentos ocorridos trezentos e seiscentos anos antes. O que espanta também é a sintaxe peremptória de *doit avoir oublié* (e não *doit oublier*) — "já devem ter esquecido" — que sugere, no tom cavernoso dos códigos tributários e das leis de serviço militar, que "já ter esquecido" antigas tragédias é um dever cívico contemporâneo de primeira importância. Com efeito, Renan diz aos leitores que estes "já tinham esquecido" o que as suas próprias palavras supunham que eles lembrariam naturalmente!

Como explicar esse paradoxo? Podemos começar observando que a singular designação *em francês* "la Saint-Barthélemy" abrange indistintamente quem matou e quem morreu — isto é, aqueles católicos e protestantes que desempenharam um papel apenas local na vasta Guerra Santa, nada santa, que assolou o centro e o norte da Europa durante o século XVI, e que certamente não se sentiam num mútuo aconchego enquanto "franceses". Da mesma forma, a expressão "os massacres do sul no século XIII" anula as vítimas e os assassinos por trás da pura francesice do "Midi". Ele não precisa lembrar aos seus leitores que a maioria dos albigenses assassinados falava provençal ou catalão, e que os assassinos vinham de muitas partes da Europa Ocidental. O efeito dessa tropologia é representar os episódios dos gigantescos conflitos religiosos europeus da Idade Média e do começo da Idade Moderna, como guerras tranquilizadoramente fratricidas entre — quem mais? — conterrâneos franceses. Como podemos confiar que a imensa maioria dos contemporâneos franceses de Renan, deixados a si mesmos, nunca tinha ouvido falar em "la Saint-Barthélemy" nem nos "massacres du Midi", percebemos então uma campanha historiográfica sistemática, empreendida pelo Estado sobretudo através do sistema de ensino público, para "lembrar" toda a juventude francesa de uma série de carnificinas antigas agora inscritas como "história de família". Dever "já ter esquecido" tragédias que precisam ser incessantemente "lembradas" revela-se um mecanismo típico na construção posterior das genealogias nacionais. (É instrutivo que Renan *não* diga que todo cidadão francês precisa "já ter esquecido" a Comuna de Paris. Em 1882, ela ainda não era um mito e a sua lembrança permanecia viva e dolorosa o bastante para que não fosse tão fácil entendê-la sob o signo do "fratricídio tranquilizador".)

Desnecessário dizer que, em tudo isso, não havia, e nem há, nada de especialmente francês. Uma enorme indústria didática trabalha incessantemente para obrigar a juventude norte-americana a lembrar/esquecer as hostilidades de 1861-65 como uma grande guerra "civil" entre "irmãos", em vez de (como foram por um breve tempo) dois estados nacionais soberanos. (Mas podemos ter certeza de que, se a confederação tivesse conseguido manter a independência, essa "guerra civil" teria sido substituída na memória por algo nada fraterno.) Os manuais de história inglesa oferecem o espetáculo divertido de um grande Pai Fundador, e todas as crianças aprendem a chamá-lo de Guilherme, o Conquistador. As mesmas crianças, porém, não aprendem que Guilherme não falava inglês, e nem poderia, pois a língua inglesa não existia naquela época; e tampouco lhes informam "Conquistador de quê?". Pois a única resposta inteligível moderna seria "Conquistador dos ingleses", o que converteria o velho predador normando em precursor mais bem-sucedido de Napoleão e de Hitler. Dessa maneira, "o Conquistador" opera como o mesmo tipo de elipse de "la Saint-Barthélemy", para lembrar alguém de algo que se deve esquecer imediatamente. Assim, o normando Guilherme e o saxão Haroldo se encontram no campo de batalha de Hastings, se não como parceiros de dança, pelo menos como irmãos.

Mas, com certeza, é demasiado fácil atribuir esses antigos fratricídios tranquilizadores aos cálculos frios de funcionários públicos. Num outro nível, eles refletem uma profunda remodelagem da imaginação, da qual o Estado mal tinha consciência e sobre a qual ele tinha, e ainda tem, pouco controle. Nos anos 1930, muitas pessoas de várias nacionalidades foram lutar na península Ibérica porque viam aí uma arena onde se digladiavam causas e forças históricas globais. Quando o longo regime de Franco construiu o Vale dos Caídos, ficou determinado que só poderiam ser enterrados na lúgubre necrópole aqueles que, segundo o regime, haviam tombado na luta mundial contra o bolchevismo e o ateísmo. Mas, às margens do Estado, já estava surgindo a "memória" de uma Guerra Civil "Espanhola". Foi apenas depois da morte do ardiloso tirano e da transição surpreendentemente tranquila para a democracia burguesa — na qual ela desempenhou um papel fundamental — que essa "memória" tornou-se oficial. De forma bastante parecida, a enorme guerra de classes que se alastrou entre o Pamir e o Vístula, entre 1918 e 1920, foi lembrada/esquecida nos filmes e na literatura soviética como a "nossa" guerra civil, enquanto o Estado soviético, no geral, manteve uma leitura marxista ortodoxa dessa luta.

Sob esse aspecto, os nacionalismos crioulos das Américas são particularmente esclarecedores. Pois, de um lado, os estados americanos, durante muitas décadas, foram fracos, efetivamente descentralizados e bastante modestos em suas ambições pedagógicas. Por outro lado, as sociedades americanas, em que os colonos "brancos" eram contrapostos aos escravos "negros" e aos "nativos" semiexterminados, estavam internamente divididas de uma maneira sem nenhum paralelo na Europa. Mas a criação de imagens daquela fraternidade, sem a qual não pode nascer a ideia de um fratricídio tranquilizador, aparece muito cedo, e com uma popularidade curiosamente autêntica. Esse paradoxo tem um excelente exemplo nos Estados Unidos.

Em 1840, em meio a uma guerra brutal de oito anos contra os seminoles da Flórida (na mesma época em que Michelet invocava o seu Édipo), James Fenimore Cooper publicou *The Pathfinder*, o quarto dos seus cinco *Leatherstocking tales*, de imensa popularidade. O que é central nessa novela (e em todas as demais, exceto na primeira) é o que Leslie Fiedler chamou de "amor austero, quase inarticulado, mas incontestе" entre o mateiro "branco" Natty Bumppo e o nobre cacique Chingachgook ("Chicago"!) de Delaware.[32] No entanto, o cenário renanesco dessa irmandade não é a década sangrenta de 1830, e sim os últimos anos esquecidos/lembrados do domínio imperial britânico. Os dois homens são apresentados como "americanos" lutando pela sobrevivência — contra os franceses, seus aliados "nativos" (os "diabólicos *mingos*") e os agentes traiçoeiros de Jorge III.

Quando Herman Melville, em 1851, descreveu Ismael e Queequeg comodamente deitados na mesma cama na Estalagem do Jorro ("lá, então, na lua de mel dos nossos corações, estávamos dei-

---

32. Ver o seu *Love and death in the American novel*, p. 192. Field interpretou essa relação em termos psicológicos e a-históricos, como exemplo da incapacidade da literatura americana em tratar o amor heterossexual adulto e da sua obsessão com a morte, o incesto e o homoerotismo inocente. Suspeito que aqui, mais do que um erotismo nacional, trata-se de um nacionalismo erotizado. As ligações masculinas numa sociedade protestante que, desde o início, proibiu a miscigenação têm um paralelo nos "amores sagrados" entre homem e mulher da literatura nacionalista na América Latina, onde o catolicismo permitiu o crescimento de uma grande população mestiça. (É significativo que o inglês tenha tomado o termo "*mestizo*" de empréstimo ao espanhol.)

tados eu e Queequeg"), o nobre selvagem polinésio foi ironicamente norte-americanizado da seguinte maneira:[33]

> [...] certo era que a sua cabeça constituía um excelente exemplar frenológico. Pode parecer ridículo, mas ela me lembrava a cabeça de George Washington, como aparece nos seus bustos populares. Ela tinha a mesma longa inclinação, projetando-se para trás de maneira regular e gradual, acima das sobrancelhas, as quais eram também muito salientes, como dois longos promontórios densamente arborizados no alto. Queequeg era um George Washington canibal.

Coube a Mark Twain criar em 1881, bem depois da "Guerra Civil" e da Proclamação de Emancipação de Lincoln, a primeira imagem indelével do negro e do branco como "irmãos" norte-americanos: Jim e Huck amistosamente à deriva pelo vasto Mississippi.[34] Mas o cenário é um *antebellum* lembrado/esquecido em que o negro ainda é escravo.

Essas notáveis criações imaginárias oitocentistas da fraternidade, surgindo "naturalmente" numa sociedade fraturada pelos mais violentos antagonismos raciais, classistas e regionais, mostram da maneira mais clara possível que o nacionalismo na época de Michelet e Renan representava uma nova forma de consciência — que brotou quando não era mais possível vivenciar a nação como novidade, como o momento supremo da ruptura.

---

33. Herman Melville, *Moby Dick*, p. 71. Como o autor deve ter saboreado a maliciosa frase final!
34. Convém observar que *Huckleberry Finn* foi publicado poucos meses antes da evocação renanesca de "la Saint-Barthélemy".

A BIOGRAFIA DAS NAÇÕES

Todas as mudanças profundas na consciência, pela sua própria natureza, trazem consigo amnésias típicas. Desses esquecimentos, em circunstâncias históricas específicas, nascem as narrativas. Depois de passar por transformações emocionais e fisiológicas da puberdade, é impossível "lembrar" a consciência da infância. Quantos milhares de dias transcorridos entre a primeira infância e o começo da idade adulta desaparecem para além de qualquer evocação direta! Como é estranho precisar da ajuda de alguém para saber que aquele bebê nu na fotografia amarelada, esparramado todo feliz no tapete ou na caminha, é você! A fotografia, belo fruto da era da reprodução mecânica, é apenas o mais definitivo exemplar dentre um enorme acúmulo moderno de evidências documentais (certidões de nascimento, diários, fichas de anotações, cartas, registros médicos e similares) que registra uma certa continuidade aparente e, ao mesmo tempo, enfatiza a sua perda na memória. Desse estranhamento deriva um conceito de pessoa, de *identidade* (sim, você e aquele bebezinho são idênticos), a qual, por não poder ser "lembrada", precisa ser narrada. Contra a demonstração biológica de que cada célula do corpo humano é substituída em sete anos, as narrativas biográficas e autobiográficas inundam os mercados do capitalismo editorial ano após ano.

Essas narrativas, tal como os romances e jornais tratados no capítulo 1, são situadas no tempo vazio e homogêneo. É por isso que tantas autobiografias começam narrando circunstâncias referentes aos pais e avós, em relação aos quais o autobiógrafo só pode dispor de evidências textuais circunstanciais; e é por isso que o biógrafo tem dificuldade em registrar as datas, pelo calendário cristão, de dois fatos biográficos que o seu tema biografado nunca pode lembrar: os dias do nascimento e da morte. Não há nada que acentue melhor a modernidade dessa narrativa do que o início do

Evangelho segundo São Mateus. Pois o evangelista nos apresenta uma sóbria lista de trinta homens em sucessivas gerações, desde o patriarca Abraão até Jesus Cristo. (Apenas uma mulher é mencionada uma vez, e não por ser a genitora, e sim por ser uma moabita não judia.) Não há nenhuma data para esses antepassados de Jesus, e muito menos qualquer informação política, fisiológica, cultural ou sociológica. Esse estilo narrativo (o qual também reflete a ruptura-em-Belém que se tornou memória) era totalmente razoável para o genealogista sagrado porque ele não concebia Cristo como uma "personalidade" histórica, mas exclusivamente como o verdadeiro Filho de Deus.

O que ocorre com as pessoas modernas ocorre também com as nações. A consciência de estarem inseridas no tempo secular e serial, com todas as suas implicações de continuidade e, todavia, de "esquecer" a vivência dessa continuidade — fruto das rupturas do final do século XVIII —, gera a necessidade de uma narrativa de "identidade". Está posta a tarefa para o magistrado de Michelet. E, no entanto, há uma diferença central de função entre as narrativas pessoais e as nacionais. Na história secular da "pessoa", há um começo e um fim. Ela surge dos genes dos pais e das circunstâncias sociais, subindo a um palco histórico efêmero, onde desempenhará um papel até a sua morte. Depois disso, nada resta além da penumbra da fama ou da influência que perdura. (Imaginem como hoje seria estranho concluir uma biografia de Hitler dizendo que, em 30 de abril de 1945, ele foi direto para o inferno.) As nações, porém, não possuem uma data de nascimento claramente identificável, e a morte delas, quando chega a ocorrer, nunca é natural.[35] Como não existe um criador original da nação, sua biografia nunca pode ser escrita de uma forma evangélica, "avançan-

---

35. O neologismo "genocídio" para designar esses holocaustos foi cunhado em data muito recente.

do no tempo" ao longo de uma cadeia generacionista de procriações. A única alternativa é moldá-la "recuando no tempo" — até o homem de Pequim, o homem de Java, o rei Artur, onde quer que a lâmpada da arqueologia lance a sua luz oscilante. Essa modelagem, porém, é marcada por mortes que, numa curiosa inversão da genealogia convencional, começam num presente originário. A Segunda Guerra Mundial gera a Primeira Guerra Mundial; de Sedan vem Austerlitz; o antepassado do Levante de Varsóvia é o Estado de Israel.

Mas as mortes que estruturam a biografia de uma nação são de um tipo específico. Ao longo das 1 200 páginas do seu impressionante *La Méditerrannée et le monde méditerranéen à l'époque de Philippe II*, Fernand Braudel menciona "la Saint-Barthélemy" de Renan apenas de passagem, embora o fato tenha se dado exatamente *nel mezzo del camin* do reinado do monarca Habsburgo. "Les événements", escreve o Mestre (vol. 2, p. 223) "sont poussière; ils traversent l'histoire comme des lueurs brèves; à peine naissent-ils qu'ils retournent déjà à la nuit et souvent à l'oubli".* Para Braudel, as mortes que importam são aquelas miríades de fatos anônimos, que, somados e tabulados em índices médios de mortalidade por século, lhe permitem mapear as condições de vida (de lenta transformação) para milhões de pessoas anônimas cuja nacionalidade seria a última coisa a ser perguntada.

Dos cemitérios implacavelmente crescentes de Braudel, porém, a biografia da nação agarra, à revelia dos índices de mortalidade, aqueles suicídios exemplares, os martírios dolorosos, os assassinatos, as execuções, as guerras e os holocaustos. Mas, para servir à finalidade narrativa, essas mortes violentas precisam ser lembradas/esquecidas como "nossas" mortes.

---

*"Os acontecimentos são poeira; eles atravessam a história como breves lampejos; mal nascem e já retornam à noite e amiúde ao esquecimento." [N. T.]

Posfácio*

Percursos e passagens: sobre a geobiografia de *comunidades imaginadas*

Decorridos quase 25 anos desde a primeira edição de *Comunidades imaginadas*, parece possível traçar a história dos seus percursos à luz de alguns temas centrais do próprio livro: o capitalismo tipográfico, a cópia pirateada no sentido metafórico positivo, a vernaculização e o casamento indissolúvel entre o nacionalismo e o internacionalismo.

De modo geral, ainda são bastante raros os estudos sobre a difusão transnacional dos livros, exceto no campo da história literária, onde Franco Moretti forneceu um exemplo extraordinário. Há material para algumas reflexões comparativas preliminares. No final de 2006, o livro (a partir daqui, citado como CI) terá sido editado em trinta países e em 37 línguas.[1] Essa difu-

---

* Este posfácio não teria sido possível sem a ajuda generosa do meu irmão Perry, sobretudo, mas também de Choi Sung-eun, Yana Genova, Pothiti Hantzaroula, Antonis Liakos, Silva Meznaric, Göran Therborn e Tony Wood, aos quais eu gostaria de agradecer profundamente.

1. Além de ser sucinta, a abreviatura CI dá um certo repouso a duas palavras que agora estão exânimes, depois que os vampiros da banalidade lhes sugaram quase todo o sangue.

são tem muito menos a ver com as suas qualidades do que com a sua publicação original em Londres, em inglês, língua que agora funciona como uma espécie de latim pós-clerical e hegemônico-global. (Se CI tivesse aparecido originalmente em Tirana, em albanês, ou em Ho Chi Minh City, em vietnamita, ou mesmo em Melbourne, em australiano, dificilmente teria ido muito longe.) Por outro lado, essa multiplicidade de traduções sugere que a força da vernaculização, a qual, aliada ao capitalismo tipográfico, acabou destruindo a hegemonia do latim eclesiástico e sendo a parteira do nacionalismo, continua vigorosa após quinhentos anos.

O que proponho é relatar o que pude descobrir, graças ao generoso auxílio de muitos colegas, amigos e camaradas, sobre essas traduções: quais os editores envolvidos, com que motivações e estratégias, e em que contextos políticos, tanto nacionais quanto internacionais. No final, tentarei tirar algumas conclusões provisórias.

Mas cumpre iniciar dizendo algo sobre minhas intenções originais, certamente polêmicas, visto que elas afetaram, e muitas vezes de maneira inesperada, a acolhida do livro e as suas traduções. Em primeiro lugar, por razões complexas demais para serem aqui expostas, o Reino Unido, durante as décadas de 1960 e 1970, foi o único país do mundo onde se realizou um trabalho de alto nível, em diferentes sintonias, sobre a natureza e as origens do nacionalismo em sentido geral, e por obra de quatro importantes intelectuais judeus: o historiador conservador Elie Kedourie, o sociólogo e filósofo liberal de perfil iluminista Ernest Gellner, o historiador então marxista Eric Hobsbawm e o historiador tradicionalista Anthony Smith. Mas não houve nenhum verdadeiro debate público até 1977, quando o marxista nacionalista escocês Tom Nairn publicou o seu iconoclasta *The break-up of Britain*.² O nacionalista escocês pintava o Reino Unido — ao qual Gellner, Hobsbawm e Smith estavam profundamente ligados — como a relíquia decrépita de uma era pré-nacional e pré-republicana, e, portanto, fadada ao mesmo destino da Áustria-Hungria. O marxista revisionista voltava suas baterias contra o tratamento, a seu ver superficial ou evasivo, que o marxismo clássico conferia à importância histórico-política do nacionalismo em seu sentido mais amplo. No curso do debate, minhas simpatias inclinaram-se para Nairn.

Por isso, uma importante intenção polêmica por trás de CI era dar apoio ("crítico", naturalmente) à posição de Nairn naquelas duas abordagens. Os traços disso ficam bastante evidentes no espaço totalmente desproporcional concedido ao Reino Unido, ao Império Britânico e até à Escócia (talvez ainda mais por eu estar morando e trabalhando nos Estados Unidos desde 1958): há uma pletora de citações e alusões à literatura "inglesa" provavelmente opacas para muitos leitores que não estudaram no Reino Unido; provocações típicas dentro de um espírito republicano (todos os governantes do Reino Unido tratados como se fossem os vizinhos [Ana Stuart], enquanto os dirigentes estrangeiros eram tratados à maneira tradicional [Luís XIV]); e algumas referências lamentavelmente grosseiras a Eric Hobsbawm, adversário de Nairn no debate.

Uma segunda intenção polêmica era ampliar o alcance das

2. Kedourie veio de Bagdá, Gellner de Praga, e a mãe de Hobsbawm veio de Viena. Talvez devido às suas origens, Kedourie tinha interesse pelo Oriente Próximo, e mais além. O seu livro sobre o nacionalismo na Ásia e na África saiu em 1970. O primeiro ensaio de Gellner sobre questões nacionalistas foi, em parte, uma réplica a Kedourie. O grande livro de Hobsbawm sobre o nacionalismo só saiu em 1990, mas ele havia atacado as teses de Nairn na *New Left Review* no outono de 1977, e desempenhou um papel fundamental na divulgação no mundo anglo-saxão da magistral obra comparada de Miroslav Hroch sobre os movimentos nacionalistas da Europa Central e Oriental.

críticas teóricas de Nairn, voltadas quase exclusivamente contra o marxismo clássico. Parecia-me que o "fracasso" do marxismo em lidar com o nacionalismo de forma mais profunda não era exclusividade sua. A mesmíssima crítica poderia, e deveria, ser levantada contra o liberalismo clássico e, marginalmente, contra o conservadorismo clássico. (É por isso que CI brincava com a ideia despropositada de uma Tumba do Marxista Desconhecido e de um cenotáfio para os Liberais Tombados.) Devia existir uma causa comum para essa incapacidade geral, mas o marxismo (com uma diferença) parecia ser uma posição de pesquisa mais adequada do que o liberalismo. Todavia, estruturado dessa maneira, CI poderia interessar tanto aos marxistas críticos quanto aos liberais críticos, sugerindo a ambos a necessidade de um grande volume de reflexões e pesquisas realmente novas. Assim, não fiquei nada deprimido quando um comentador, em resenha de modo geral favorável, definiu o livro, um tanto irritado, como marxista demais para um liberal e liberal demais para um marxista.

Uma terceira intenção polêmica era deseuropeizar o estudo teórico do nacionalismo. Esse propósito não tinha nada a ver com Nairn, mas provinha de um longo mergulho nas sociedades, culturas e línguas da Indonésia e da Tailândia/Sião, que na época eram extremamente remotas. Apesar da magnífica amplitude da obra poliglota de Gellner, Hobsbawm e Smith, eles pareciam, do ponto de vista de Jacarta e Bangcoc, irremediavelmente eurocêntricos. Gellner, de fato, havia pesquisado o Magreb, mas Edward Said provavelmente tinha razão quando criticou a sua ignorância do árabe — ainda que o azedume da discussão entre eles não fosse muito edificante.[3] O pro-

---

3. Kedourie certamente conhecia bem o árabe, mas a sua obra não mostra isso com muita clareza. O seu livro de 1970 é, acima de tudo, uma antologia de textos de intelectuais nacionalistas na Ásia e na África, com uma longa e áspera introdução da sua autoria.

blema era como navegar entre a Cila das fantasias românticas derivadas do século XIX europeu sobre os muitos milênios de existência da nacionalidade chinesa, japonesa, vietnamita etc., e a Caribdes da condenação esplendorosamente indignada de Partha Chatterjee contra todos os nacionalismos anticoloniais fora da Europa como "discursos derivativos". Diante desse dilema, os múltiplos estados nacionais criados na América do Sul e América Central no período 1810-38 vieram a me salvar (mesmo que, em 1983, eu não soubesse ler espanhol nem português). Essa multiplicidade era tão essencial quanto a data, bem precoce em termos histórico-mundiais. As "revoluções" dos Estados Unidos e do Haiti antecederam os movimentos nacionalistas na Hispano-América, e a nação brasileira surgiu muito mais tarde, mas todos eles apresentavam a vantagem evidente de ser idiossincráticos. (Poucos dias atrás, o meu jornal local de Bangcoc referiu-se sarcasticamente aos Estados Unidos como a "Terra dos Livre(s)[mente Autocentrados]"). A Hispano-América, porém, era extremamente aberta a comparações e, igualmente importante, lutou ao longo de muitos anos sangrentos por múltiplas independências republicanas, enquanto partilhava a língua e a religião com a Espanha imperial — muito antes que os magiares, tchecos, noruegueses, escoceses e italianos entrassem em cena.

A América espanhola oferecia argumentos perfeitos contra a singularidade nacional, que tornaria cada nação incomparável a qualquer outra, e contra o eurocentrismo. Ela me permitiu pensar sobre os primórdios dos Estados Unidos dentro do contexto pan-americano, como mais um Estado revolucionário liderado por crioulos, e além disso, sob alguns aspectos, mais reacionário do que os seus irmãos sulinos. (Ao contrário de Washington, o Libertador aboliu gradualmente a escravidão, e San Martín, ao contrário de Jefferson, não se referia aos habitantes originais do país como selvagens, e convidou-os a se tornarem peruanos.) A minha impressão é que essa deseuropeização, na verdade, não marcou muito a própria Europa, mas talvez tenha feito CI mais atraente para os leitores do hemisfério sul.

Um último alvo polêmico eram os Estados Unidos. Não se tratava apenas de uma questão de hostilidade contra as sangrentas intervenções imperialistas americanas na América Latina, Ásia e África. E tampouco era basicamente uma reação ao estranho fato de que, na época da publicação de *Comunidades imaginadas*, não se ministrava praticamente nenhum curso sobre o nacionalismo nas universidades americanas — e menos ainda sobre o nacionalismo americano, este visto como aberração do final do século XIX, ao estilo do "Destino Manifesto".* Tratava-se antes do notável solipsismo, ainda hoje extremamente visível no liberal *New York Times*, e da abordagem tipo "grande país", clara para os leitores da *New York Review of Books*. (Mais tarde, encontrei o mesmo provincianismo em outros "grandes países" — Índia, China, Rússia, Indonésia e Brasil.) Ressoava-me nos ouvidos o cínico aforismo de Karl Deutsch, "Poder é não precisar ouvir". Daí a estratégia polêmica de CI de pôr em primeiro plano os "pequenos países" — Hungria, Tailândia, Suíça, Vietnã, Escócia e Filipinas.

Pelas razões apontadas acima, além de outras mais, a versão original, publicada ao mesmo tempo em Londres e Nova York, teve acolhidas totalmente diversas nos dois países. Naqueles dias distantes, o Reino Unido ainda dispunha de uma "imprensa de qualidade", e CI foi resenhada quase de imediato por Edmund Leach, Conor Cruise O'Brien, Neal Ascherson e pelo marxista jamaicano Winston James. Nos Estados Unidos, que nunca tiveram uma "imprensa de qualidade", ele passou quase despercebido. O mesmo ocorreu nas revistas acadêmicas. Foi apenas no

---

* "Manifest Destiny", doutrina oitocentista americana que defendia que o destino dos Estados Unidos era a expansão por toda a América do Norte. [N. T.]

começo dos anos 1990, depois do colapso da União Soviética, da violenta fragmentação da Iugoslávia e da rápida ascensão de políticas de identidade no fronte nacional, que a situação se modificou.

A primeira versão estrangeira de CI apareceu em Tóquio, em 1987. A tradução esteve a cargo de dois talentosos ex-alunos meus, Takashi e Saya Shirashi, que acreditavam que o livro poderia ajudar na longa luta pedagógica contra a insularidade japonesa e contra a opinião conservadora de que a história e a cultura nacionais impediam as comparações com outros países, por serem impossíveis ou descabidas. A própria tradução em si era uma novidade, na medida em que seguia mais o ímpeto polêmico da edição londrina do que a letra do texto. Muitas referências ou citações da literatura inglesa no original foram engenhosamente substituídas por "equivalentes" japoneses. Por exemplo, a longa citação de *Urne-Buriall* deu lugar a *O conto do Heike*. Quanto à editora de Tóquio, Libroport, de centro-esquerda, Takashi me escreveu recentemente: "O dono da empresa, Tsutsumi, era filho de um ricaço, que se revoltou contra o pai e escolheu a carreira de poeta e escritor, mas acabou herdando uma parte dos negócios do pai quando este morreu. Então ele disse aos seus editores que publicassem livros bons, sem se preocupar com o lucro... Foi por isso que a empresa faliu nos anos 1990". Mas antes disso a editora pôde ver *Comunidades imaginadas* converter-se em bibliografia obrigatória nos cursos avançados sobre o nacionalismo na maioria das melhores universidades do Japão.

Nos quatro anos antes que a Verso publicasse uma nova edição revista e consideravelmente ampliada de CI, surgiram traduções em alemão, português e servo-croata. A excelente tradução alemã foi publicada em Frankfurt, com uma capa impressionante mostrando o colossal Hermannsdenkmal da Floresta Negra, um monumento kitsch do século XIX celebrando Armínio, o tormento militar dos imperadores romanos Augusto e Tibério. A editora independente Campus, fundada em 1975, logo havia ganhado fama pelos seus livros sérios de história e política. Uma razão provável para que a tradução alemã surgisse tão rapidamente é que o *Frankfurter Zeitung* "de qualidade" ficava sempre de olho nas resenhas de livros na "imprensa de qualidade" do Reino Unido.[4] Quanto à tradução para o português (1989), foi publicada não em Lisboa, e sim em São Paulo, pela Ática. Essa editora tem uma história excepcionalmente interessante. Segundo o seu atual *website*, as suas origens datam de 1956, quando foi criado o Curso de Madureza Santa Inês, por iniciativa de um grupo de estudiosos e intelectuais progressistas, entre eles Anderson Fernandes Dias, Vasco Fernandes Dias Filho e Antonio Narvaes Filho. Foi um período de grande otimismo e criatividade na vida política e cultural brasileira — a época da Bossa Nova, do Cinema Novo e da primeira Bienal em Brasília. Em 1962, devido ao grande aumento das matrículas no Curso de Madureza e à ampla influência intelectual dos seus professores, criou-se a Sociedade Editora do Santa Inês. Dois anos depois, pouco antes do golpe militar contra o presidente Goulart, decidiu-se, por iniciativa de Anderson Fernandes Dias, criar uma editora crítica, com administração profissional, chamada Ática, em referência ao berço da antiga civilização grega. Em 1965, a Ática publicou os seus primeiros livros, e

---

4. Em 1998, a Campus lançou uma nova edição, que substituiu o Hermannsdenkmal por uma imagem sensacionalista de uma revolta popular: casas em chamas, gente em pânico, incendiários. Em 2005, a editora decidiu relançar o livro na sua série de "Clássicos", com uma capa adequadamente sóbria e desinteressante. Essa edição traz um longo *Nachwort* de Thomas Mergel, parcialmente dedicado a reflexões sobre a acolhida de CI, e inclui algumas considerações alarmantes sobre a sua vida no além do ciberespaço.

conseguiu, de uma maneira ou de outra, sobreviver a duas décadas de ditadura militar repressora. Em 1999, ela foi comprada em conjunto pelo conglomerado brasileiro da Editora Abril e pelo conglomerado francês da Vivendi; cinco anos depois, após longas disputas, a Abril — a primeira importadora dos quadrinhos da Disney, e agora editora das versões brasileiras da *Time* e da *Playboy* — tornou-se a acionista majoritária. Mas a Ática ainda parece manter uma certa autonomia.

No final dos anos 1980, Ivo Banac, da Universidade Yale, me convidou para ser um comentador "comparativista" numa conferência em Dubrovnik, sobre o nacionalismo nos Bálcãs e na Europa Oriental. Lá eu conheci e tive animadas discussões com Silva Meznaric, que depois foi a principal responsável pela tradução para o servo-croata em 1990, para a qual ela escreveu uma introdução especial. Formada na faculdade de direito da Universidade do Zagreb e na Universidade de Chicago, Meznaric obteve o seu doutorado em sociologia em 1984 pela Universidade de Liubliana; nesse mesmo ano, ela também recebeu uma bolsa do Woodrow Wilson Center, e foi então que deve ter se deparado com CI pela primeira vez. Recentemente, ela me escreveu dizendo que, na época, achou que uma tradução do livro ajudaria a combater a maré crescente do chauvinismo e da mitomania dos sérvios e croatas — assim mantendo a Iugoslávia unida. Infelizmente, essa esperança se desfez na primavera do ano seguinte. A Školska Knjiga era então uma grande editora estatal de livros escolares. Depois do colapso da Iugoslávia, ela foi privatizada e muito recentemente, *horribile dictu*, comprou a maior editora didática sérvia.[5]

---

5. Meznaric prosseguiu, fundando e dirigindo, entre 1992 e 1996, o *Humanitarian Expert Group Project on Forced Migration*; hoje, ela está na faculdade da Universidade de Liubliana e é conselheira do Instituto de Pesquisas sobre Migração e Etnicidade de Zagreb.

A edição ampliada de CI foi publicada em 1991, mas mesmo assim a editora coreana Naman lançou no ano seguinte uma tradução pirata baseada no texto original de 1983. A Naman foi fundada em 1979 por Cho Sangho, o qual, se pessoalmente não era um ativista, vinha da província "dissidente" de Kwangju, que gerou muitos intelectuais de esquerda. Nos anos 1980 e começo dos anos 1990, a Naman prosperou como editora dos textos mais "populares" de ciências sociais com tendências esquerdistas; depois disso, seguindo o mercado, ela passou para livros neoliberais e conservadores. CI parece ter sobrevivido à nova maré, visto que a empresa lançou em 2002 (isto é, dez anos depois) uma tradução não pirata, baseada na edição ampliada de 1991. (Talvez seja típico que a capa dessa versão seja uma foto colorida com uma massa de jovens agitando bandeiras, provavelmente torcedores do time de futebol coreano, que teve um tremendo sucesso na Copa de 2002.) Segundo muitos autores e editores sérios, a fama da Naman é de lançar uma produção em massa, de saída rápida, com traduções fracas e um serviço editorial por vezes bastante pobre. Ela também é conhecida por não pagar muitos dos seus autores.[6] O lançamento dessa nova tradução pela Naman, agora conservadora, talvez se explique porque ela sabia do sucesso comercial da tradução japonesa dos Shiraishi. Por acaso, numa rápida visita a Seul em 2005, conheci a modesta e encantadora professora Yun Hyung-sook, que traduziu o livro. Ela se desculpou muitíssimo pela qualidade da edição pirata, dizendo que teve de trabalhar com prazos brutalmente curtos.

Se o padrão das traduções até 1992 parece geograficamente aleatório — Tóquio, Frankfurt, São Paulo, Zagreb e Seul —, não é

---

6. Meus agradecimentos a Choi Sung-eun por essas informações. O pai dela passou pela experiência infeliz de ter dois livros seus lançados pela Naman.

esse o caso até o final da década. Entre as catorze traduções surgidas, nove foram feitas na Europa entre 1995 e 1999. Mas as primeiras foram as da Cidade do México e de Istambul, em 1993.

O Fondo de Cultura Económica foi fundado em 1934 pelo economista e diplomata Daniel Cosío Villegas, a princípio para fornecer textos em espanhol para a recém-fundada Escola Nacional de Economia, mas logo ampliou-se para cobrir os campos de história, cultura, literatura, e assim por diante. Desde o começo dirigido pelo Estado, ele continuou a fazer parte da burocracia cultural oficial (na década de 1990, foi dirigido pelo ex-presidente Miguel de la Madrid). Depois da Segunda Guerra Mundial, o Fondo expandiu seu "império" para Argentina (1945), Chile (1954), Espanha-Mãe (1963), e mais tarde para Brasil, Colômbia, Estados Unidos (San Diego), Guatemala, Peru e Venezuela. A sua produção também foi grande nos anos 1990: 2 300 novos títulos e 5 mil reimpressões. É provável que o estímulo para essa tradução tenha surgido entre os vários estudiosos e intelectuais mexicanos que estudaram ou ensinaram em universidades americanas, onde nessa época CI era largamente usado como uma espécie de manual nos departamentos de história, antropologia, sociologia e literatura comparada. Lembro que, por volta de 1990, fui convidado para uma enorme conferência sobre o nacionalismo mexicano em Zamora, e fiquei espantado com o fato de que o único participante visivelmente estrangeiro além de mim era David Brading, o magistral historiador do México e do Peru, e mais tarde da Hispano-América em geral. Senti-me muito embaraçado por ser o único participante que não sabia falar espanhol, mas fiquei sob as asas protetoras de Enrique Krauze, um rapaz praticamente bilíngue que era o braço direito de Octavio Paz, que por sua vez havia sido por muito tempo a principal influência intelectual no Fondo.

Nada podia ser mais diferente do que a Metis Yayinlari de Istambul. Ela foi originalmente criada em 1983 por Müge Gürsoy

Sökmen, o "agente" da Verso na Turquia, junto com alguns amigos de esquerda. Para evitar o risco de prisão de toda a equipe, a editora Metis foi registrada legalmente no nome de apenas uma pessoa, que cumpriria o tempo de prisão aquinhoado pelo regime. Depois desse início inseguro, a editora teve muito sucesso nos anos 1990, período de maior abertura política, publicando literatura turca e estrangeira (de Tolkien a Perec), filosofia (Adorno, Benjamin, Lukács), teoria política e feminista (Badiou, Arrighi, MacKinnon), assuntos da atualidade (Oliver Roy) e, mais recentemente, textos sobre os movimentos contra a globalização e a guerra no Iraque. O sucesso da Metis parece provir de três fatores independentes: dos setores jovens e cada vez mais instruídos do país, muitos deles defensores da participação de Ancara na Comunidade Europeia, das longas relações amigáveis da firma com os islamicistas, e das políticas culturais dos grandes bancos, que avaliam o desempenho das editoras subvencionadas por eles mais pela quantidade de resenhas sobre livros publicados do que pela margem de lucro, e se dão por satisfeitos se o custo de dirigir a empresa for menor do que seria uma publicidade.[7] Talvez seja o caso de se acrescentar que, no final dos anos 1990, conheci alguns estudantes das repúblicas ex-soviéticas de língua turca que informaram terem lido CI pela primeira vez na tradução da Metis.

Agora a Europa propriamente dita: Suécia (1993), Holanda (1995), Noruega, França e Itália (1996), Grécia e Polônia (1997), Bulgária e Eslovênia (1998). A tradução sueca foi publicada em Göteborg pela Daidalos. Fundada em 1982, a Daidalos é uma editora pequena, mas respeitada, da esquerda independente, com origens no movimento estudantil; é uma empresa séria, que também publica teses universitárias (com patrocínio do Estado). Ela possui um perfil filosófico bem marcado — desde os clássicos a Arendt,

---

7. Meus agradecimentos a Tony Wood por essa história da Metis.

Gadamer, Habermas, Heidegger, Rawls e Taylor. Em história e ciências sociais, ela publicou Marx, Bauman, Bourdieu, Castells e Giddens.[8]

A tradução holandesa é interessante por duas razões totalmente distintas. Até 1995, as capas das traduções geralmente eram simples, para não dizer indefinidas. (Apenas a tradução japonesa utilizou a foto toda enfeitada e posada da Indonésia colonial que impus à Verso.) A única exceção era o Hermannsdenkmal da Campus, certamente com intenções irônicas. Mas, a partir daí, a tendência foi criar capas "nacionalistas" — a capa holandesa, por exemplo, era uma bela reprodução de uma litogravura mostrando o interior de uma antiga gráfica holandesa. A segunda curiosidade refere-se à tradução. Em algum momento da década de 1970, iniciei uma correspondência regular com Soerjono, um velho comunista indonésio, rijo, espirituoso e excêntrico, que então morava em Moscou. Ele havia participado da Revolução do seu país (1945-49), e depois da independência trabalhou no jornal do partido, *Harian Rakjat* [Diário do Povo]. Talvez por causa do seu forte individualismo, ou talvez devido a algum pecadilho sexual, ele foi sendo posto de lado. Mas teve a sorte de estar visitando a China quando ocorreu a "tentativa de golpe" de 1º de outubro de 1965, à qual se seguiu a destruição do partido, com centenas de milhares de membros massacrados ou presos durante muitos anos sem julgamento. Não tendo gostado do que viu na Revolução Cultural de Mao, e enjoado das brigas de facções entre os comunistas indonésios exilados, ele conseguiu se mudar para Moscou, onde trabalhou como tradutor durante anos. Acabou se envolvendo com um grupo de exilados financiados e comandados pela KGB, sofreu um grave ataque do qual nunca se recuperou totalmente, e passou um longo período em lúgubres hospitais de veteranos fora de Moscou.

8. Meus agradecimentos a Göran Therborn por essa descrição.

No fim, foi resgatado por um pequeno grupo de esquerdistas holandeses com ligações na capital soviética e levado para Amsterdã. Instalou-se numa casa de idosos nos arrabaldes da cidade, onde fui visitá-lo várias vezes. Conheci o editor independente Jan Mets, que também o visitava regularmente, devido à amizade em comum com o inválido, que se manteve até a morte com um espírito inquebrantável. Mas a decisão de traduzir CI não foi um gesto sentimental. Mets tinha plena consciência do relativo sucesso comercial do livro em Londres. A edição holandesa foi a minha primeira experiência de envolvimento direto no processo de tradução. Como eu leio bastante bem o holandês, insisti em verificar a tradução antes de ir para a gráfica. O editor concordou a contragosto, enquanto me alertava que o inglês do tradutor era muito melhor do que o meu holandês. Na primeira página, descobri que, na frase "Mas, ao rastrear as explosões nacionalistas que destruíram os vastos impérios poliglotas e poliétnicos governados a partir de Viena, Londres, Constantinopla, Paris e Madri, não vi que o rastilho se estendia pelo menos até Moscou", a palavra "rastilho" [train] tinha sido ininteligivelmente traduzida como "linha de trem". Muitas, se não todas, as minhas correções acabaram sendo aceitas, mesmo sem grande entusiasmo.

A tradução norueguesa pode ter brotado da minha amizade com o professor Harald Bockman, importante sinólogo especializado em minorias da RPC nas fronteiras com o Sudeste Asiático, que passou dois anos como bolsista visitante na Universidade de Cornell. Ele possui um grande senso de humor, e uma atitude admiravelmente calma e nada sentimental em relação ao regime maoísta e seus sucessores. Em todo caso, o livro foi publicado pela Spartacus Vorlag, uma pequena editora (vinte a trinta títulos por ano) fundada em 1989, com a qual Bockman mantinha boas relações pessoais. O desenho da capa mostrava a nova tendência: uma bela representação colorida do desfile de feriado nacional da

Noruega, com lindas criancinhas em trajes típicos. Quando perguntei a Bockman por que lançar uma edição norueguesa — num país com população pequena, que na sua maioria não teria problema algum em ler a tradução sueca —, ele riu e disse: "Você sabe como a gente se sente em relação aos suecos e ao sueco. É mais fácil que a gente leia o original inglês do que a versão sueca. Mas o melhor mesmo é ter uma edição na nossa própria língua nacional".

Quanto à tradução italiana, provavelmente surgiu de um encontro casual com Marco d'Eramo em Chicago, onde fui convidado para apresentar uma série de palestras. Importante intelectual e jornalista romano de *Il Manifesto*, jornal de qualidade da esquerda radical da Itália (o último da Europa?), ele estava de licença na Universidade de Chicago para escrever uma história sobre a cidade, que foi publicada pela Verso em 2002. Em curtíssimo tempo tornamo-nos bons amigos. Por isso a versão italiana de CI foi publicada em Roma pela Manifestolibri, fundada pelo jornal associado à Feltrinelli em 1991. A editora lança apenas cerca de quarenta títulos por ano, mas a sua ênfase na qualidade e no apoio a jovens autores de talento lhe garante o uso constante dos livros para o ensino universitário. A capa divertida parece tirada de um filme de Fellini. Poderia ser tida como "nacionalista", mas prefiro achar que ela é irônica no mesmo espírito da capa do Hermannsdenkmal.

A tradução francesa saiu pela La Découverte, editora de médio porte (oitenta a cem títulos por ano) da "esquerda independente", dirigida por François Gèze, e que mantém sério interesse por traduções. A La Découverte surgiu da famosa Éditions François Maspero, fundada em 1959. Quando a Maspero passou as rédeas para Gèze, em 1983, ele pediu que se mudasse o nome da editora. Em 1996, assim que saiu a edição francesa de CI, a empresa se juntou à Éditions Syros, fundada em 1974 e com um papel ativo na luta pela renovação social e política da esquerda francesa. A capa do livro é uma sóbria imagem do fragmento de um edifício neoclássico de Paris, como se Malraux tivesse acabado de limpá-lo. Ironia? Provavelmente, mas uma delicada ironia francesa. Pela primeira e única vez, estive diretamente envolvido, e da forma mais agradável possível, com o andamento da tradução. Pierre-Emmanuel Dauzat, um dos melhores tradutores da França, fez um texto que, em muitas passagens, ficou melhor do que o original inglês, e, além disso, verificou todas as referências francesas e me apontou vários erros. Graças a ele, fiz uma descoberta interessante. Quando expressei minhas reservas em relação ao título, *L'imaginaire nationale*, ele respondeu que o francês não tem um equivalente para o termo *community* em inglês, com a sua conotação de solidariedade e calor social. A palavra *communauté* (como em Communauté Européenne) tem uma ressonância inevitavelmente fria e burocrática. (Mais tarde, Marco d'Eramo me escreveu comentando divertidamente que o termo italiano "*comunità*" geralmente significa um centro de recuperação de viciados.)

As traduções para o polonês e o grego saíram em 1997. A edição polonesa foi publicada em Cracóvia (não em Varsóvia) pelo Spoleczny Instytut Wydawniczy Znak. Não tive muitas informações sobre esse instituto, a não ser que é uma editora respeitada de obras literárias e de estudos acadêmicos.

A tradução grega, porém, é um outro assunto. A editora Nepheli foi fundada poucos anos depois da queda do regime militar de Papadopoulos-Ioannides, ou seja, após 1974, pelo falecido Yannis Douvitsas, um intelectual da esquerda liberal. É uma editora pequena, mas respeitada, especializada sobretudo em literatura e traduções cuidadosas de obras de ciências humanas. Além de livros, ela também publica três revistas, *Poiesis* (Poesia), *Cogito* (Filosofia) e *Historein* (*History, A Review of the Past and Other Stories!* — editada em inglês). O espírito da *Historein* tem sido o professor Antonis Liakos, da Universidade de Atenas, formado em

Salonica, depois em Roma (onde pesquisou a reunificação italiana) e finalmente em Birmingham, por volta de 1989, onde ingressou no Grupo de Materialismo Histórico. Naquela época, o estudo do nacionalismo fazia parte da agenda do Grupo devido aos êxitos do thatcherismo. A Nepheli também publicou Carlo Ginzburg, Natalie Zemon Davis e outros. O principal público-alvo desses livros são estudantes e jovens professores de ciências humanas. Mas *Historein*, como sugere a ironia do seu subtítulo, tinha também um claro objetivo político: "perturbar a ideologia estabelecida dos 3 mil anos da nação grega".[9]

Segundo a tradutora Pothiti Hantzaroula,[10] a ideia de traduzir CI surgiu na época das marchas nacionalistas no começo dos anos 1990, reivindicando que a Grécia adotasse o nome de Macedônia. A publicação queria formar uma voz dissidente e uma maneira alternativa de pensar a constituição de uma nação. Embora o livro tenha agradado ao público em geral, ele se dirige basicamente aos estudantes nas universidades cujo currículo de história ainda era muito influenciado pelo romantismo oitocentista.[11]

O interessante é que *Historein* tinha em vista não a tradicional direita grega, e sim os principais partidos de esquerda, que pelo menos desde o começo dos anos 1990 vinham se anunciando como os defensores da nação grega "com 3 mil anos de idade", e até da ortodoxia. O professor Liakos nota que, no caso específico de CI, *Historein* foi acusada de promover, publicar e adotar para ensino um livro cheio de informações imprecisas sobre a história grega, e com tendências idealistas, que não dava espaço suficiente para as transformações econômicas que haviam gerado a nação moderna.[12]

---

9. Meus agradecimentos a Antonis Liakos por esse pano de fundo.
10. Pelo que me disse Liakos, ela é uma "ótima estudiosa, tendo escrito um livro ainda inédito, em inglês, sobre A Formação da Subordinação, Criados Domésticos na Grécia, 1900-50".
11. Meus agradecimentos a Pothiti Hantzaroula por essa explicação.
12. Parafraseado de uma carta recém-recebida de Liakos.

Pode-se dizer que, com essa tradução grega, encerrou-se uma "era" e iniciou-se uma nova. Em meados dos anos 1990, George Soros reuniu um grupo de estudiosos e livreiros e pediu-lhes que elaborassem uma lista dos cem livros mais significativos (de data recente) na área de história e ciências humanas.[13] (Feliz ou infelizmente, CI estava entre os finalistas.) A ideia dele era financiar parcialmente as traduções daquelas obras para editoras dos estados ex-comunistas da Europa Oriental, e das repúblicas que surgiram após o colapso da União Soviética. Foi no âmbito desse empreendimento multinacional, com subsídios maciços, que surgiram as traduções de CI para o búlgaro e o esloveno em 1998, para o russo e o romeno em 2001 e para o lituano em 2002.

A extensão dessa iniciativa é tal que autoriza uma interrupção na ordem estritamente cronológica, utilizada até agora.

Por sorte, a encarregada do projeto de traduções no Open Society Institute de Soros ficou sendo Yana Genova, que traduziu pessoalmente CI para o búlgaro. Recentemente, ela teve a gentileza de me contar que:

> O Projeto de Traduções do OSI [...] começou em 1994 com o objetivo de tornar disponível nas línguas locais da Europa Oriental pelo menos o mínimo de textos básicos em ciências sociais necessários para renovar o ensino superior e dar sustentação ao debate público atualizado sobre questões sociais e políticas. Os primeiros grandes concursos foram realizados em 1995 na Romênia e na Bulgária,

---

13. Tenho apenas uma lista parcial desses títulos. O interessante é que os livros de norte-americanos não são de forma alguma os preponderantes. Os mais numerosos são os autores alemães, seguidos pelos franceses e norte-americanos, e depois por alguns ingleses, e, aqui e ali, um italiano, um esloveno, um belga, e assim por diante.

logo seguidos por outros países nos anos seguintes. O OSI gastou cerca de 5 milhões de dólares para quase 2 mil edições. A lista dos títulos recomendados [...] pretendia ser um ponto de referência para os editores, mas eles também podiam apresentar outros títulos em ciências humanas. Os subsídios cobriam de 30% a 80% dos custos totais de publicação, dependendo do país. O impacto do projeto tem variado de país para país, na medida em que o número de títulos publicados varia muito e não foi muito bem administrado em todos os lugares. Mas eu posso dizer com toda a confiança que o projeto tem tido um enorme efeito na maneira como as ciências humanas têm sido e são agora ensinadas na região. Por exemplo, as traduções apoiadas pelo projeto formam 40% de todos os títulos nas bibliografias de onze disciplinas nas principais universidades da Bulgária e da Ucrânia... Todas as editoras [do seu livro] foram fundadas no começo dos anos 1990 como pequenas empresas independentes (dois a dez empregados). Elas publicam livros acadêmicos e sobrevivem basicamente de subsídios de doadores privados como Soros, de agências estatais estrangeiras como o Instituto Cultural Francês e — mais recentemente — programas culturais norte-americanos.

Além das informações generosamente fornecidas por Yana Genova, não obtive muito mais dados sobre a maioria dessas edições. A editora eslovena era a Studia Humanitatis, a romena a Integral, a russa a Kanon-Press, e a lituana a Baltos Lankos. No caso da Rússia, posso apresentar mais alguns detalhes. CI fazia parte de uma série chamada Conditio Humana, montada pelo Centro de Sociologia Fundamental de Moscou em 1998, que também editou textos de Marx (!), Montesquieu, Burke, Weber, Schmitt e Bergson. A Kanon-Press agora parece ter fechado. Quanto à Bulgária, as informações são mais numerosas. A editora foi a Kritika i Khumanizm, fundada em 1991 como firma independente, que se tornou a única editora búlgara exclusivamente especializada em história e ciências humanas. O seu principal objetivo é a publicação de várias traduções (ao que parece, sobretudo de autores franceses) para contribuir para um "clima pluralista nessas ciências".[14] É notável que as capas de todas essas traduções sejam lisas e simples, sem nenhuma concessão ao marketing comercial ou a imagens nacionalistas óbvias.

Ao mesmo tempo, na Europa Ocidental, o começo do século XXI trouxe algumas variações interessantes. Em 2001, surgiu uma tradução para o dinamarquês pela Roskilde Universitetsforlag, com uma capa "pós-moderna" de um cativante ar enigmático. Foi a primeira tradução de CI publicada por uma editora universitária. Quando perguntei ao tradutor, um jovem professor cheio de iniciativa, o porquê de uma edição em dinamarquês, visto que havia a tradução em norueguês e em sueco, a resposta dele foi mais ou menos parecida com a de Harald Bockman: "Sim, nós podemos ler essas traduções, mas devíamos ter a nossa própria edição nacional". Em 2005, apareceu uma versão catalã, publicada pela Editorial Afers em colaboração com a Universidade de Valença. No mesmo ano, em Lisboa, a Edições 70 publicou uma excelente tradução, dezesseis anos depois da primeira tradução para o português, não muito boa, feita em São Paulo. Mas a política insensata de taxação de livros "estrangeiros" no Brasil torna essa edição portuguesa caríssima para os brasileiros.

Resta apenas apresentar rapidamente a história de sete traduções publicadas ao leste da Europa após 1998. Em 1999, surgiram

---

14. Na lista parcial de autores que me foi enviada por Yana, a França corresponde ao dobro dos dois outros países mais representados, a Alemanha e os Estados Unidos: Derrida, Foucault, Baudrillard, Lyotard, Bourdieu, Deleuze, Bataille, Furet, Merleau-Ponty, Vernant, Virilio, Attali e Mauss.

edições em Taipei, Tel-Aviv e Cairo. O tradutor da versão taipei foi Wu Rwei-ren, um jovem herói da luta contra a ditadura do Kuomintang, convicto nacionalista taiwanês, mas de espírito aberto, e autor de uma brilhante tese iconoclasta na Universidade de Chicago sobre as origens e o desenvolvimento complexos do nacionalismo taiwanês. O tradutor seguiu os passos dos Shiraishis, transformando a original "polêmica britânica" em algo relacionado com o jovem taiwanês da atualidade, acrescentando várias notas explicativas e uma longa introdução acadêmica. A tradução saiu pela China Times, a maior editora comercial de Taiwan, mas infelizmente, como veremos, sem um pingo da integridade e do engajamento político de Rwei-ren.

A tradução hebraica saiu sob os auspícios da Universidade Aberta de Israel, como uma intervenção crítica contra a ortodoxia sionista-likudista predominante. Trazia uma introdução de Azmi Bishara, o primeiro político palestino-israelense e estudioso de Marx e Hegel, com doutorado na Universidade de Iena quando ainda existia a RDA. Curiosamente, o desenho da capa parece uma cena de neve em Vermont durante o Natal. Mas a versão árabe teve origens e propósitos totalmente diversos. Espicaçado dentro e fora do Egito por relatórios estatísticos de que o "Mundo Árabe" dispunha de uma quantidade de traduções de obras acadêmicas estrangeiras muitíssimo menor do que qualquer outra grande região do planeta, o regime de Mubarak criou al-Majlis al-'Ala lil-Thaqafah, um instituto de alto nível para começar a corrigir essa situação. CI, traduzido pelo egípcio Sabry Hafez, professor de literatura árabe moderna na SOAS, em pouco tempo se beneficiou de tal política. Mas Mubarak logo mudou de ideia diante da hostilidade islâmica, e hoje o instituto parece ter fechado.

Após a queda do interminável regime de Suharto na Indonésia (maio de 1998), a censura foi abolida em larga medida. Pipocaram dezenas de boas e más editoras, muitas delas dedicadas à reedição de livros que haviam sido proibidos desde longa data ou que haviam saído deliberadamente de catálogo. Logo depois que tive permissão de voltar à Indonésia, pela primeira vez em 27 anos, descobri que havia sido lançada uma tradução pirata de CI pela Pustaqka Pelajar, uma editora notoriamente inescrupulosa de Jogjakarta, aproveitando-se da curiosidade e da ignorância dos alunos dessa cidade universitária. Consegui que a edição fosse recolhida, não por razões monetárias, mas devido à qualidade realmente medonha da tradução. Com a ajuda de vários ex-alunos meus e um subsídio do escritório da Fundação Ford em Jacarta, por fim foi publicada em 2001 uma edição praticamente nova. Seguindo o exemplo de Wu Rwei-ren, acrescentei várias notas complementares em indonésio coloquial, para ajudar os estudantes a entender as diversas alusões e referências do livro que eram evidentes para os leitores ingleses. A editora, desta vez, foi a INSIST, uma ONG progressista especializada em liberdade de informação — hoje, infelizmente, moribunda devido a conflitos internos entre as facções.

É indicativo que, quando me prontifiquei a fazer a mesma coisa para a edição popular em inglês lançada nas Filipinas em 2003 pela Anvil, a melhor editora de livros populares de Manila, minha oferta foi recusada com indignação. Claro que os estudantes filipinos, educados em inglês, entenderiam todas as referências!

Por fim, duas versões muito idiossincráticas, uma publicada em Xangai em 2003 e a outra em Bangcoc no segundo semestre de 2006. A editora na RPC foi The Shanghai People's Publishing House, uma enorme empresa estatal. Revelou-se que essa edição de CI resultou de um acordo secreto com a China Times de Taipei, a qual, além do conluio com uma pirataria essencialmente negativa, permitiu que a sua associada de Xangai censurasse a bel-prazer o texto de Wu Rwei-ren. Um resultado notável foi o sumiço de todo o capítulo 9, que incluía algumas considerações irônicas sobre o Grande Timoneiro e o recente investimento do Partido num "nacionalismo oficial" maquiavélico. "Você devia tomar isso como um elogio", disse um amigo chinês com um sorriso maroto, "quase nunca eles eliminam capítulos inteiros de um livro que querem publicar. Veja Hillary Clinton, por exemplo — apagaram apenas umas frases aqui e ali!" A introdução de Rwei-ren também foi eliminada sem o seu conhecimento ou permissão, embora fosse uma cuidadosa apresentação acadêmica da minha formação pessoal, do contexto político e intelectual em que CI foi redigido, das suas principais características em comparação com os livros de Gellner e de Smith, e das críticas do sinólogo Prasenjit Duara e de Partha Chatterjee. Talvez tenha sido o final do texto, invocando Taiwan como a ilha "bela, mas vulgar, apaixonada, mas anti-intelectual" cujo futuro permanece tão incerto, que o condenou junto aos censores de Pequim.[15]

A versão tailandesa, agora quase concluída na fase manuscrita, foi preparada por uma equipe de professores críticos e progressistas, muitos deles ex-alunos meus. Olhando os rascunhos, fiquei surpreso com uma coisa. A aura da monarquia tailandesa é tal que eu já esperava que os tradutores fossem usar o vocabulário "feudal" especial, necessário para descrever qualquer atividade dos reis tailandeses do passado e do presente. O que eu não esperava era que o mesmo vocabulário especial fosse aplicado também a todos os monarcas estrangeiros, inclusive figuras antipáticas como Guilherme, o Conquistador de Londres, Francisco I de Paris, Francisco II de Viena, Guilherme II de Berlim, e assim por diante. Quando eu ponderei que todo o espírito de CI é republicano, e que quase todos os monarcas são tratados com ironia ou hostilidade, a objeção foi rapidamente posta de lado. "Você não entende as nossas tradições e a nossa situação." Estou aguardando com um misto de diverti-

---

15. Meus agradecimentos a Wang Chao-hua por esse resumo da introdução.

mento e apreensão aquela que pode ser tida como a primeira tradução "monarquista" de CI!

Com base nessas indicações um tanto fragmentárias, quais as conclusões preliminares que parecem seguras?
Distribuição geográfica. Com a exceção dos programas coordenados de tradução da OSI para a Europa Oriental e a ex-URSS, iniciados na segunda metade dos anos 1990, há poucos sinais de uma hierarquia ao longo do tempo começando por "O Ocidente" e terminando mais tarde no *ci-devant* Terceiro Mundo. Na primeira década após a edição original de CI, temos duas versões na Europa Ocidental (Alemanha e Suécia), uma na Europa Oriental (Iugoslávia), duas na América Latina (Brasil e México), duas na Ásia (Japão e Coreia) e uma no Oriente Próximo (Turquia). A grande onda de traduções em línguas europeias só começou na segunda metade dos anos 1990. Até onde sei, todas elas se basearam no original inglês, e não em traduções anteriores nas línguas hegemônicas regionais ou coloniais, mostrando a extraordinária ascendência mundial do inglês.

Ao mesmo tempo, há ausências flagrantes se pensarmos em línguas faladas, e em menor grau lidas, por uma grande quantidade de pessoas. O exemplo mais óbvio é o "Subcontinente", que tem milhões de pessoas lendo urdu, hindi, bengali, tamil, e assim por diante. A razão dessa lacuna deve ser a herança colonial britânica, que, de forma talvez surpreendente, ajudou a manter o inglês ainda hoje como a língua dominante no ensino "de nível nacional" e no discurso intelectual. O segundo é a África (se ninguém se incomodar em situar o Egito no Oriente Próximo). Não existe nenhuma tradução em, digamos, suahili, amárico, uolof ou haússa. Pode-se tentar explicar o fato invocando o estatuto das antigas línguas coloniais (francês, inglês e português) como línguas oficiais e de ensino superior em boa parte da África. Mas esse predomínio também precisa ser explicado nas tumultuadas condições econômicas, sociais e políticas do continente após a conquista das independências nacionais. A inexistência de uma edição vietnamita pode ser uma questão temporária, conforme o país, em rápido desenvolvimento, emerge do relativo isolamento intelectual imposto por três décadas de guerras terríveis. O caso mais estranho é a Mãe Espanha, que ainda não seguiu o exemplo de Portugal, que decidiu alcançar a sua gigantesca colônia americana depois de quinze anos de espera. Por outro lado, a Espanha é o único país onde surgiu uma tradução numa língua "subnacional", o catalão.

Editoras e leitores. Os dados incompletos a que tive acesso revelam alguns padrões muito surpreendentes. Em primeiro lugar, apenas uma editora (o Fondo do México) tem história anterior à Segunda Guerra Mundial, e a imensa maioria foi fundada nos últimos trinta anos ou, melhor dizendo, talvez, após os "longos anos 1960", mundialmente turbulentos. Em segundo lugar, a nítida maioria dessas editoras é de porte pequeno ou médio, e de caráter independente em graus variados. Deve-se avaliar essa independência de três ângulos. Apenas nos casos do México, Iugoslávia, Egito e RPC (todos estados autoritários de partido único na época da publicação local de CI), as editoras eram instituições do Estado. Por outro lado, apenas no caso de Taiwan vemos a presença de uma enorme editora comercial privada, e não há nenhum caso de intervenção de empresas multinacionais gigantes. O que talvez seja ainda mais surpreendente, em vista do público leitor de CI (de que trataremos mais adiante), é a relativa ausência de editoras universitárias: vemos apenas a Universidade Aberta de Israel, a Universidade de Roskilde, a Universidade de Valença, e talvez a Znak de

Cracóvia. Em terceiro lugar, as orientações políticas das editoras, quando identificáveis, vão basicamente do liberalismo (no sentido político) a tipos variados da esquerda independente. Pode-se dizer, em vista da posição política da Verso e das minhas simpatias políticas pessoais, que esse padrão não surpreende.

Na sua forma original, como dissemos antes, CI se destinava a um público instruído geral, basicamente no Reino Unido e secundariamente nos Estados Unidos. Não foi escrito a partir, ou em favor, da minha disciplina acadêmica ("ciência política", alguém diria) ou de qualquer outra. Eu também me empenhei muito em livrá-lo do jargão acadêmico. Assim, a última coisa que me passaria pela cabeça é que o livro se tornaria um manual de nível universitário. Mas, de modo geral, tem sido este o seu destino, em inglês e nas traduções. No entanto, esse destino não deve ser entendido de maneira demasiado anglo-saxônica. Em muitas partes do mundo, os estudantes e os seus professores têm um papel social e político muito mais significativo do que no Reino Unido e nos Estados Unidos, sendo geralmente, em algum grau, de oposição. Todavia esse papel tem origens muito recentes (do começo do século XX) — razão pela qual "os estudantes" aparecem apenas esporadicamente no texto do próprio CI.

Ao tentar entender por que CI acabou sendo traduzido na forma de "manual" em tantos lugares e tão rapidamente, as respostas mais prováveis são as seguintes.

Em primeiro lugar, as suas intenções polêmicas acabaram exercendo um apelo inesperadamente amplo. Nos anos 1980, ele era o único estudo comparado da história do nacionalismo a combater o eurocentrismo e a utilizar fontes de línguas não europeias. Era também o único com uma posição nítida em favor dos "países pequenos" (em termos de geografia, de população ou de influência política mundial). Em muitas partes do mundo, docentes e discentes universitários, quando têm algum tipo de engajamento político, alimentam simpatias de esquerda ou de centro-esquerda e são receptivos ao programa de CI. Outro fator pode ter sido que o livro, embora escrito em inglês, também tinha como alvo, em parte, o imperialismo britânico e o americano. Mas, em segundo lugar, ao propor o conceito de "comunidade imaginada", CI paradoxalmente colocava uma espécie de *Gemeinschaft* atraente para todos os nacionalistas ao lado de algo perturbador, não "imaginário" como um "unicórnio" nem prosaicamente "real" como "na televisão", e sim algo parecido com Madame Bovary e Queequeg, cujas existências brotaram apenas a partir do momento em que Flaubert e Melville as imaginaram para nós. Essa formulação abriu a porta para a avaliação crítica do tipo de nacionalismo "venerando" difundido na maioria dos estados contemporâneos pelos meios de comunicação de massa e pelas instituições de ensino controladas pelo Estado. Da mesma maneira paradoxal, CI era visivelmente simpático a muitas formas de nacionalismo, e, no entanto, deliberadamente interessado menos nas mitologias nacionalistas particulares, caras aos corações dos nacionalistas, do que na morfologia geral da consciência nacionalista. E, por fim, o livro tentava combinar uma espécie de materialismo histórico com aquilo que, mais tarde, foi chamado de análise do discurso: um modernismo marxista unido a um pós-modernismo *avant la lettre*. Eu acho que isso ajuda a explicar a iconografia nacionalista nas capas de várias traduções de CI após 1995, que geralmente pode ser entendida como ingênua ou irônica (Noruega × Itália?).

Outra vantagem pedagógica de CI para os professores que queriam desenvolver a consciência cívica dos estudantes de maneira crítica e progressista consistia simplesmente no estilo incomum das comparações utilizadas: os Estados Unidos em cotejo com a Venezuela e não com a Inglaterra, o Japão contraposto não aos vizinhos confuciano-asiáticos como a China, e sim à Rússia czarista e à Ucrânia imperial, a Indonésia ao lado da Suíça e não da Malásia. Essas comparações eram úteis para os professores preocupados em romper com a excepcionalidade nacional *naïve* e com clichês "cultural-regionais" mentirosos, como os famosos "valores asiáticos".

Estímulos. Numa série considerável de casos, não é fácil rastrear o estímulo original para a tradução. O que é claro é que a Verso não tomou nenhuma iniciativa em especial para incentivar traduções, e que aquelas feitas por ex-alunos meus (para o japonês, indonésio e tailandês) foram realizadas por iniciativa deles, não minha.

Esse padrão, em pequena medida, parece endossar o uso metafórico da "cópia pirata" de CI, enfatizando a iniciativa local, mais do que a coerção externa ou a imitação servil, para descrever os processos de rápida difusão do nacionalismo sob diferentes formas em todo o mundo. Mas entre os casos em que se pode perceber um estímulo claro, a ampla campanha do Open Society Institute para transformar as culturas políticas da Europa Oriental e os estados da ex-URSS num sentido liberal e pluralista é de longe a mais visível. Professores e alunos que passaram algum tempo nos Estados Unidos ou no Reino Unido, onde CI tinha sido adotado como manual desde o começo dos anos 1990, certamente desempenharam um papel. No entanto, os casos mais instrutivos são aqueles em que os tradutores e as editoras tinham motivos para além dos imediatamente pedagógicos. A versão servo-croata de 1990 surgiu da esperança de Silva Meznaric e de seus colegas de que pudesse ajudar na luta para salvar a "Iugoslávia" da autodestruição sangrenta. A versão de Wu Rwei-ren pretendia contribuir para o vigor do nacionalismo taiwanês explicando comparativamente a data avançada do seu surgimento, e desacreditando as pretensões de Pequim sobre a ilha baseadas não só no nacionalismo chinês, mas também na "tradição ancestral" herdada dos dinastas manchúrios. A tradução grega, como vimos, fazia parte de um esforço para deter o insensato chauvinismo local quanto à "Macedônia" e de criticar os partidos de esquerda por adotarem, por covardia ou falta de escrúpulos, posições nacionalistas essencialmente direitistas. Da mesma forma, a tradução hebraica da Universidade Aberta de Israel, com a introdução de um famoso israelense palestino, fazia parte de uma tentativa de resistir ao longo caminho rumo ao *apartheid* no Estado likudista. E sem dúvida a versão catalã também pretendia ajudar a Catalunha a alcançar o máximo de autonomia possível dentro de Las Españas, como belamente se dizia outrora.

Transformação. Proverbialmente, um(a) autor(a) perde o seu livro no momento em que ele é publicado e ingressa na esfera pública. Mas, para sentir toda a melancólica força desse adágio, não há nada como olhar uma tradução do livro numa língua desconhecida para o(a) autor(a). Ele, ou ela, não terá muita ideia do que ocorreu ao texto: erros de entendimento, distorções, literalismos, acréscimos, exclusões, ou: adaptações criativas, releituras sedutoras, alterações de ênfase e uma prosa mais bonita do que a do original. Portanto, de início, fiquei zangado porque nem o tradutor alemão nem o mexicano procuraram qualquer contato comigo, e porque a tradução holandesa só me foi enviada no último minuto. Eu achava que o livro ainda era "meu", e esqueci o sarcástico provérbio *traduttore traditore*: a tradução é necessariamente uma traição útil. Aprendi uma lição durante uma longa e cordial correspondência com Pierre-Emmanuel Dauzat. Embora a Inglaterra e a França sejam vizinhas muito próximas, as dificuldades de traduzir o francês para o inglês e vice-versa são notórias. A versão francesa continha recursos de elegância com que eu jamais sonhara, com rearranjos que me permitiam ver o que eu "realmente" queria dizer, mas não conseguira expressar de maneira adequada. A correspondência foi todo um ensino, por si só, simbolizado pela descoberta de que o latinismo *community* ocultava uma filiação com o *gemeinschaft* germânico, e que *imaginé* não consegue transmitir as sombrias possibilidades de *imagined*. A lição final veio com a tradução inicial pirateada para o indonésio, a única outra língua, além do inglês, com que me sinto totalmente à vontade. Logo descobri que havia muitas passagens sem pé nem cabeça, e dediquei dois ou três meses de trabalho intensivo para "corrigir" o texto linha por linha. O resultado foi uma versão que, penso eu, é muito mais fácil para os estudantes indonésios, no sentido da compreensão conceitual; mas ela continua sem vida, porque não traí suficientemente o original. O sistema complexo e nuançado de conjugação verbal do inglês e a sua típica insistência sobre a voz ativa, "imperial", são estranhos ao elegante indonésio, que prefere a voz passiva e possui o intraduzível prefixo verbal *ter-*, por meio do qual o eixo sujeito-objeto desaparece numa nuvem de conotações onde brilha o raio do Acaso. A bela prosa indonésia ainda está embebida de uma oralidade há muito tempo desaparecida do inglês formal — e é por isso que a redação acadêmica indonésia anglicizada é, se possível, ainda mais feia do que as suas colegas do Reino Unido ou dos Estados Unidos. Por isso senti de início o prazer de acrescentar novas notas explicativas num idioma coloquial que mais envolve do que entedia, atordoa ou assusta os leitores. Todavia, no final percebi que eu estava encarnando um indonésio, combatendo a grande "pirataria" com uma autopirataria em pequena escala, de forma um tanto inútil. "Eu não devia estar fazendo isso", disse a mim mesmo, "é apenas ventriloquismo político, e uma defesa não comercial da ridícula insistência americana sobre os direitos de propriedade 'intelectual' (!)". Foi por isso que, ao verificar a tradução tailandesa "monarquista" de CI, decidi ser um traidor quanto às traduções. CI não é mais um livro meu.

Bibliografia

ALERS, Henri J., *Om een rode of groene Merdeka. Tien jaren biennenlandse politiek. Indonesië, 1943-53*. Eindhoven, Vulkaan, 1956.

AMBLER, John Steward, *The French Army in Politics, 1945-1962*. Columbus, Ohio State University Press, 1966.

ANDERSON, Benedict R. O'Gorman, *Language and Power: Exploring Political Cultures in Indonesia*. Ithaca, Cornell University Press, 1990.

____ "Studies of the Thai State: The State of Thai Studies", in Eliezer B. Ayal (org.), *The State of Thai Studies: Analyses of Knowledge, Approaches, and Prospects in Anthropology, Art History, Economics, History and Political Science*. Athens, Ohio, Ohio University, Center for International Studies, Southeast Asia Program, 1979, pp. 193-247.

AUERBACH, Erich, *Mimesis. The Representation of Reality in Western Literature* (trad. Willard Trask), Garden City, Nova York, Doubleday Anchor, 1957.

BALTAZAR [Balagtas], Francisco, *Florante at Laura*. Manila, Florentino, 1973. Baseado na edição original de Ramirez e Giraudier, de 1861.

BARNETT, Anthony, "Inter-Communist Conflicts and Vietnam", *Bulletin of Concerned Asian Scholars*, 11:4 (outubro-dezembro 1979), pp. 2-9. (Reed. de *Marxism Today*, agosto 1979.)

BARTHES, Roland, *Michelet par lui-même*, Bourges, Editions du Seuil, 1954.

BATTYE, Noel A., "The Military, Government and Society in Siam, 1868-1910. Politics and Military Reform in the Reign of King Chulalongkorn", tese de doutorado, Universidade de Cornell, 1974.

BAUER, Otto, *Die Nationalitätenfrage und die Sozialdemocratie* (1907), em seu *Werkausgabe*, Viena, Europaverlag, 1975, vol. I, pp. 49-602.

BENDA, Harry J., *The Crescent and the Rising Sun: Indonesian Islam under the Japanese Occupation*. The Hague and Bandung, van Hoeve, 1958.

BENDA, Harry J. e John A. Larkin (orgs.), *The World of Southeast Asia: Selected Historical Readings*, Nova York, Harper and Row, 1967.

BENJAMIN, Walter. *Illuminations*, Londres, Fontana, 1973.

BLOCH, Marc, *Feudal Society* (trad. I. A. Manyon), Chicago, University of Chicago Press, 1961, 2 vols.

____, *Les Rois Thaumaturges*, Estrasburgo, Librairie Istra, 1924.

BOXER, Charles R., *The Portuguese Seaborne Empire, 1415-1825*, Nova York, Knopf, 1969.

BRAUDEL, Fernand, *La Méditerranée et le Monde Méditerranéen à l'Époque de Philippe II*, Paris, Armand Colin, 1966.

BROWNE, Thomas, *Hydriotaphia, Urne-Buriall, or A Discourse of the Sepulchrall Urnes lately found in Norfolk*, Londres, Noel Douglas Replicas, 1927.

CAMBODGE, Ministère du Plan et Institut National de la Statistique et des Recherches Économiques, *Résultats Finals du Recensement Général de la Population, 1962*, Phnom Penh, 1966.

CHAMBERT-LOIR, Henri, "Mas Marco Kartodikrono (c. 1890-1932) ou L'Éducation Politique", *in* Pierre-Bernard Lafont e Denys Lombard (orgs.), *Littératures contemporaines de l'Asie du sud-est*, Paris, L'Asiathèque, 1974, pp. 203-14.

COOPER, James Fenimore, *The Pathfinder*, Nova York, Signet Classics, 1961.

CRAIG, Albert M., *Chōshū in the Meiji Restoration*, Cambridge, Mass., Harvard University Press, 1967.

CRAIG, Gordon A., *The Politics of the Prussian Army, 1640-1945*, Nova York e Oxford, Oxford University Press, 1956.

DEBRAY, Régis, "Marxism and the National Question", *New Left Review*, 105 (setembro-outubro 1977), pp. 25-41.

DEFOE, Daniel, *Selected Poetry and Prose of Daniel Defoe*, org. Michael F. Shugrue, Nova York, Holt, Rinehart and Winston, 1968.

DJILAS, Milovan, *Tito, the Inside Story*, trad. Vasilije Kojač e Richard Hayes, Londres, Weidenfeld and Nicholson, 1980.

EISENSTEIN, Elizabeth L., "Some Conjectures about the Impact of Printing on Western Society and Thought: A Preliminary Report", *Journal of Modern History*, 40:1 (março 1968), pp. 1-56.

FALL, Bernard B., *Hell is a Very Small Place. The Siege of Dien Bien Phu*, Nova York, Vintage, 1968.

FEBVRE, Lucien, e Henri-Jean Martin, *The Coming of the Book. The Impact of Printing, 1450-1800*, Londres, New Left Books, 1976 [Tradução de *L'Apparition du Livre*, Paris, Albin Michel, 1958.]

FIEDLER, Leslie, *Love and Death in the American Novel*, Nova York, Stein and Day, 1966.

FIELDS, Rona M., *The Portuguese Revolution and the Armed Forces Movement*, Nova York, Washington e Londres, Praeger, 1975.

FRANCO, Jean, *An Introduction to Spanish-American Literature*, Cambridge, Cambridge University Press, 1969.

GELLNER, Ernest, *Thought and Change*, Londres, Weidenfeld and Nicholson, 1964.

GILMORE, Robert L., *Caudillism and Militarism in Venezuela, 1810-1919*, Athens, Ohio, Ohio University Press, 1964.

GREENE, Stephen, "Thai Government and Administration in the Reign of Rama VI (1910-1925)", tese de doutorado, Universidade de Londres, 1971.

GROSLIER, Bernard Philippe, *Indochina*, Cleveland e Nova York, The World Publishing Company, 1966.

HEDER, Stephen P., "The Kampuchean-Vietnamese Conflict", in David W. P. Elliott (org.), *The Third Indochina Conflict*, Boulder, Westview Press, 1981, pp. 21-67. [Reed. de Institute of Southeast Asian Studies (org.), *Southeast Asian Affairs*, Londres, Heinemann Educational Books, 1979.]

HIGHAM, Charles, *The Archaeology of Mainland Southeast Asia*, Nova York e Cambridge, Cambridge University Press, 1989.

HIRSCHMAN, Charles, "The Making of Race in Colonial Malaya: Political Economy and Racial Ideology", *Sociological Forum*, 1:2 (primavera 1986), pp. 330-62.

_____, "The Meaning and Measurement of Ethnicity in Malaysia: An Analysis of Census Classifications", *Journal of Asian Studies*, 46:3 (agosto 1987), pp. 555-82.

HOBSBAWM, Eric, "Some Reflections on 'The Break-up of Britain'", *New Left Review*, 105 (setembro-outubro 1977), pp. 3-24.

_____, *The Age of Revolution, 1789-1848*, Nova York, Mentor, 1964.

HODGSON, Marshall G., *The Venture of Islam*, Chicago, Chicago University Press, 1974, 3 vols.

HOFFMAN, John, "A Foreign Investment: Indies Malay to 1901", *Indonesia*, 27 (abril 1979), pp. 65-92.

HUGHES, Christopher, *Switzerland*, Nova York, Praeger, 1975.

IEU KOEUS, *Pheasa Khmer. La Langue Cambodgienne (Un Essai d'étude raisonné)*. Phnom Penh, n.p., 1964.

IGNOTUS, Paul, *Hungary*, Nova York e Washington D.C., Praeger, 1972.

ILETO, Reynaldo Clemeña, *Pasyon and Revolution: Popular Movements in the Philippines, 1840-1910*, Manila, Ateneo Press, 1979.

JÁSZI, Oscar, *The Dissolution of the Habsburg Monarchy*, Chicago, University of Chicago Press, 1929.

JOAQUÍN, Nick, *A Question of Heroes*, Manila, Ayala Museum, 1977.

KAHIN, George McTurnan, *Nationalism and Revolution in Indonesia*, Ithaca, Cornell University Press, 1952.

KATZENSTEIN, Peter J., *Disjoined Partners. Austria and Germany since 1815*, Berkeley e Los Angeles, University of California Press, 1976.

KEDOURIE, Elie (org. e introdução), *Nationalism in Asia and Africa*, Nova York, Meridian, 1970.

KELLY, Gail Paradise, "Franco-Vietnamese Schools, 1918 to 1938", tese de doutorado, Universidade de Wisconsin, 1975.

KEMILÄINEN, Aira, *Nationalism: Problems Concerning the Word, the Concept and Classification*, Jyväskylä, Kustantajat, 1964.

KEMPERS, A. J. Bernet, *Ancient Indonesian Art*, Amsterdã, van der Peet, 1959.

KIRK-GREENE, Anthony H. M., *Crisis and Conflict in Nigeria: A Documentary Source Book*, Londres, Oxford University Press, 1971.

KOHN, Hans, *The Age of Nationalism*, Nova York, Harper, 1962.

KROM, N. J., *Inleiding tot de Hindoe-Javaansche Kunst*, 2ª ed. revista, Haia, Nijhoff, 1923.

KUMAR, Ann, "Diponegoro (1778?-1855)", *Indonesia*, 13 (abril 1972), pp. 69-118.

LANDES, David S., *Revolution in Time: Clocks and the Making of the Modern World*, Cambridge, Mass., Harvard University Press, 1983.

LEEMANS, C., *Boro-Boudour*, Leiden, Brill, 1874.

LUCKHAM, Robin, *The Nigerian Military: A Sociological Analysis of Authority and Revolt, 1960-1967*, Cambridge, Cambridge University Press, 1971.

LUMBERA, Bienvenido L., *Tagalog Poetry 1570-1898. Tradition and Influences in its Development*, Cidade de Quezon, Ateneo de Manila Press, 1986.

LYAUTEY, Louis-Hubert-Gonzalve, *Lettres du Tonkin et de Madagascar (1894--1899)*, Paris, Librairie Armand Colin, 1946.

LYNCH, John, *The Spanish-American Revolutions, 1808-1826*, Nova York, Norton, 1973.

MABRY, Bevars D., *The Development of Labor Institutions in Thailand*, Ithaca, Universidade de Cornell, Southeast Asia Program, Data Paper n. 112, 1979.

MACARTHUR, Douglas, *A Soldier Speaks. Public Papers and Speeches of General of the Army Douglas MacArthur*, Nova York, Praeger, 1965.

MCLUHAN, Marshall, *The Gutenberg Galaxy: The Making of Typographic Man*, Toronto, University of Toronto Press, 1962.

MAKI, John M., *Japanese Militarism, Its Cause and Cure*, Nova York, Knopf, 1945.

MARR, David G., *Vietnamese Tradition on Trial, 1920-1945*, Berkeley e Los Angeles, University of California Press, 1981.

MARUYAMA, Masao. *Thought and Behaviour in Modern Japanese Politics*, Londres e Oxford, Oxford University Press, 1963.

MARX, Karl, e Friedrich Engels, *The Communist Manifesto*, in *Selected Works*, Moscou, Foreign Languages Publishing House, 1958, vol. I.

MASUR, Gerhard, *Simón Bolívar*, Albuquerque, University of New Mexico Press, 1948.

MELVILLE, Herman, *Moby Dick*, Londres e Toronto, Cassell, 1930.

MICHELET, Jules, "Histoire du XIXe. Siècle", in *Oeuvres Complètes*, org. Paul Vaillaneix, Paris, Flammarion, 1982, vol. XXI.

MONTESQUIEU, Henri de, *Persian Letters* (trad. C. J. Betts), Harmondsworth, Penguin, 1973.

MOORE JR., Barrington, *Social Origins of Dictatorship and Democracy. Lord and Peasant in the Making of the Modern World*, Boston, Beacon Press, 1966.

MORGAN, Edward S., "The Heart of Jefferson", *New York Review of Books*, 17 agosto 1978.

MORGENTHAU, Ruth Schachter, *Political Parties in French-Speaking West Africa*, Oxford, Clarendon Press, 1964.

MOUMOUNI, Abdou, *L'Éducation en Afrique*, Paris, Maspéro, 1964.

MUIR, Richard, *Modern Political Geography*, Nova York, Macmillan, 1975.

MUSIL, Robert, *The Man Without Qualities* (trad. Eithne Wilkins e Ernst Kaiser), Nova York, Howard-McCann, 1953, vol. I.

NAIRN, Tom, *The Break-up of Britain*, Londres, New Left Books, 1977.

_____, "The Modern Janus", *New Left Review*, 94 (novembro-dezembro 1975), pp. 3-29. Reed. como capítulo 9 em *The Break-up of Britain*.

"NIJS, E. Breton de", *Tempo Doeloe*, Amsterdã, Querido, 1973.

NORMAN, E. Herbert, *Soldier and Peasant in Japan. The Origins of Conscription*, Nova York, Institute of Pacific Relations, 1943.

ORWELL, George, *The Orwell Reader*, Nova York, Harcourt-Brace-Jovanovich, 1956.

OSBORNE, Robin, *Indonesia's Secret War, The Guerrilla Struggle in Irian Jaya*, Sidney, Allen and Unwin, 1985.

PAL, Bipin Chandra, *Memories of My Life and Times*, Calcutá, Bipin Chandra Pal Institute, 1973.

"3349" [pseudônimo de Phetsarath Ratanavongsa], *Iron Man of Laos: Prince*

Phetsarath Ratanavongsa (trad. John B. Murdoch), org. David K. Wyatt, Ithaca, Universidade de Cornell, Southeast Asia Program, Data Paper n. 110, 1978.

POLO, Marco, *The Travels of Marco Polo* (trad. e org. William Marsden), Londres e Nova York, Everyman's Library, 1946.

PRAMOEDYA, Ananta Toer, *Bumi Manusia*, Jacarta, Hasta Mitra, 1980.

____, *Rumah Kaca*, Jacarta, Hasta Mitra, 1988.

____, *Tjerita dari Blora*, Jacarta, Balai Pustaka, 1952.

REID, Anthony J. S., *The Indonesian National Revolution, 1945-50*, Hawthorn, Victoria, Longman, 1974.

RENAN, Ernest, "Qu'est-ce qu'une nation?", *in Oeuvres Complètes*, Paris, Calmann-Lévy, 1947-61, vol. I, pp. 887-906.

RIZAL, José, *Noli me Tangere*, Manila, Instituto Nacional de Historia, 1978.

____, *The Lost Eden. Noli me Tangere* (trad. León Ma. Guerrero), Bloomington, Indiana University Press, 1961.

ROOF, William R., *The Origins of Malay Nationalism*, New Haven e Londres, Yale University Press, 1967.

SAID, Edward, *Orientalism*, Nova York, Pantheon, 1978.

SCHERER, Savitri, "Harmony and Dissonance. Early Nationalist Thought in Java", tese de mestrado, Universidade de Cornell, 1975.

SCHWARTZ, Stuart B., "The Formation of a Colonial Identity in Brazil", in Nicholas Canny e Anthony Pagden (orgs.), *Colonial Identity in the Atlantic World, 1500-1800*, Princeton, Princeton University Press, 1987, pp. 15-50.

SCOTT, William Henry, *Cracks in the Parchment Curtain*, Manila, New Day, 1982.

SETON-WATSON, Hugh, *Nations and States. An Enquiry into the Origins of Nations and the Politics of Nationalism*, Boulder, Colo., Westview Press, 1977.

SHIRAISHI, Takashi, *An Age in Motion: Popular Radicalism in Java, 1912-1926*, Ithaca, Cornell University Press, 1990.

SITORUS, Lintong Mulia, *Sedjarah Pergerakan Kebangsaan Indonesia*, Jacarta, Pustaka Rakjat, 1951.

SKINNER, G. William, *Chinese Society in Thailand*, Ithaca, Cornell University Press, 1957.

SMITH, Donald Eugene, *India as a Secular State*, Princeton, Princeton University Press, 1963.

SPEAR, Percival, *India, Pakistan and the West*, Londres, Nova York e Toronto, Oxford University Press, 1949.

STEINBERG, S. H., *Five Hundred Years of Printing*, ed. rev., Harmondsworth, Penguin, 1966.

STORRY, Richard, *The Double Patriots. A Study of Japanese Nationalism*, Londres, Chatto and Windus, 1957.

STRONG, Charles Frederick, *Modern Political Constitutions*, 8ª ed. rev., Londres, Sedgwick and Jackson, 1972.

SUMMERS, Laura, "In Matters of War and Socialism, Anthony Barnett would Shame and Honour Kampuchea Too Much", *Bulletin of Concerned Asian Scholars*, 11:4 (outubro-dezembro 1979), pp. 10-8.

TAYLOR, Robert H., *The State in Burma*, Londres, C. Hurst & Co., 1987.

TICKELL, Paul, *Three Early Indonesian Short Stories by Mas Marco Kartodikromo (c. 1890-1932)*, Melbourne, Universidade de Monash, Centre of Southeast Asian Studies, Working Paper n. 23, 1981.

TIMPANARO, Sebastiano, *On Materialism*, Londres, New Left Books, 1975.

____, *The Freudian Slip*, Londres, New Left Books, 1976.

THONGCHAI, Winichakul, "Siam Mapped: A History of the Geo-Body of Siam", tese de doutorado, Universidade de Sidnei, 1988.

TOYE, Hugh, *Laos: Buffer State or Battleground*, Londres, Oxford University Press, 1968.

TURNER, Victor, *Dramas, Fields and Metaphors. Symbolic Action in Human Society*, Ithaca, Cornell University Press, 1974.

____, *The Forest of Symbols. Aspects of Ndembu Ritual*, Ithaca, Cornell University Press, 1967.

VAGTS, Alfred, *A History of Militarism, Civilian and Military*, ed. rev., Nova York, The Free Press, 1959.

VANDENBOSCH, Amry, *The Dutch East Indies: Its Government, Problems, and Politics*, Berkeley e Los Angeles, University of California Press, 1944.

VELLA, Walter F., *Chaiyo! King Vajiravudh and the Development of Thai Nationalism*, Honolulu, University of Hawaii Press, 1978.

VEYRA, Jaime de, *El "Último Adiós" de Rizal: estudio crítico-expositivo*, Manila, Bureau of Printing, 1946.

WHITE, Hayden, *Metahistory: The Historical Imagination in Nineteenth-Century Europa*, Baltimore, The Johns Hopkins University Press, 1973.

WICKBERG, Edgar, *The Chinese in Philippine Life, 1850-1898*, New Haven, Yale University Press, 1965.

WILLIAMS, Raymond, "Timpanaro's Materialist Challenge", *New Left Review*, 109 (maio-junho 1978), pp. 3-17.

WILLS, Gary, *Inventing America: Jefferson's Declaration of Independence*, Nova York, Doubleday, 1978.

WOLFE, Charles, *The Poems of Charles Wolfe*, Londres, Bullen, 1903.

WOLTERS, O. W., *The Fall of Srivijaya in Malay History*, Ithaca, Cornell University Press, 1970.

WOODSIDE, Alexander B., *Vietnam and the Chinese Model. A Comparative Study of Vietnamese and Chinese Government in the First Half of the Nineteenth Century*, Cambridge, Mass., Harvard University Press, 1971.

YABES, Leopoldo Y., "The Modern Literature of the Philippines", in Pierre--Bernard Lafont e Denys Lombard (orgs.), *Littératures contemporaines de l'Asie du sud-est*, Paris, l'Asiathèque, 1974, pp. 287-302.

ZASLOFF, Joseph J., *The Pathet Lao: Leadership and Organization*, Lexington, Mass., Lexington Books, 1973.

Índice remissivo

Aargau, 193
Aasen, Ivar Andréas, 117
Abidjã, 185
Abraão, 209, 279
Abubakar, Tafawa Balewa, 172
Acapulco, 91
Acra, 177
Addison, Joseph, 50
Adler, Viktor, 156
Adriano IV ver Brakespear, Nicholas
Afeganistão, 26
África, 41, 83, 91, 99, 140, 146, 167, 176, 177, 197, 213, 226, 227, 256, 258, 259, 283, 284, 286, 304
África do Sul, 140
Afrifa, Akwasi A., 172
Agostinho, Santo, 53
Aladin, 59
Albânia, 27, 59, 60, 217
albigenses, 273
Alcuíno, 134

Aldus, 67
Alemanha, 11, 26, 66, 74, 130, 148, 157, 169, 196, 208, 304
Alexandre de Rhodes, 179
Alexandre III (Romanov), 132, 133
Amboina (Ambon), 171
Amsterdã, 174, 230, 294
Ana (Stuart), 283
Andrássy, Gyula, 154
Angkor, 221, 223, 246, 247, 249, 252
Angola, 170, 261
Annam, 179, 184, 219
Antuérpia, 66, 109
Ap, Arnold, 245, 246
Arábia, 136, 148
Argel, 209
Argélia, 162, 213
Argentina, 41, 92, 97, 105, 257, 291; *ver também* Rio de la Plata
Armstrong, John Alexander, 20
Artur, 38, 280

Ascilto, 56
Atatürk, Kemal *ver* Kemal Atatürk
Atenas, 60, 296
Auerbach, Erich, 44, 53, 60, 108, 109
Aurangzeb, 110
Auschwitz, 49
Austerlitz, 280
Austrália, 140, 147, 190, 256
Áustria, 49, 118, 158, 159, 283
Austro-Húngaro, Império, 128, 146, 147

Babilônia, 215
Bach, Alexander, 153
Bacon, Francis, 72, 109
Baden, 156
Balagtas (Baltazar), Francisco, 59, 60
Balzac, Honoré de, 55
Bandung, 173, 181
Bangcoc, 178, 186, 238, 284, 302
Barnett, Anthony, 27, 167
Bártok, Béla, 117
Batávia (Jacarta), 148, 167, 173, 174, 181, 187, 230, 235, 246, 247
Battambang, 181, 186, 247
Bauer, Otto, 21, 158, 160
Bavária, 128
Bayon, 252
Beda, 134
Beirute, 117
Belém, 265, 279
Bélgica, 66, 118, 169, 170
Benares, 92
Bengala, 111, 136, 137
Benjamin, Walter, 6, 12, 54, 224
Bentham, Jeremy, 254
Berlim, 50, 130, 143, 146, 163, 265, 303
Bernadotte (Casa de), 158
Bessenyei, György, 115

Biafra, 172
Binondo, 57, 59
Bloch, Marc, 43, 46, 50, 53, 76, 77, 93, 94, 134
Blois, 185
Blora, 207
Blücher, Gebhard Leberecht von, 143
Boadicea, 38
Boêmia, 49, 66, 81, 114, 122, 267
Bogotá, 103, 137, 206
Bolívar, Simón, 85, 86, 87, 89, 90, 91, 92, 97, 99, 124, 263
Bolívia, 92
Bonaparte *ver* Napoleão Bonaparte; Napoleão, Luís
Bonifácio, Andrés, 201
Bordeaux, 176, 186
Bornéu, 229, 251, 260
Borobudur, 246, 251, 252, 255
Boston, 105
Botha, Pieter, 209
Bourbon *ver* Carlos III; Luís XIV; Luís XV; Luís XVI
Boven Digul, 62
Boxer, Charles R., 99, 100, 101
Brakespear, Nicholas (Adriano IV), 42
Brasil, 11, 41, 83, 84, 89, 90, 100, 171, 190, 261, 286, 291, 300, 304
Braudel, Fernand, 9, 280
Bregenz, 49
Brejnev, Leonid Ilitch, 209
Breuilly, Jon, 20
Brizen, 49
Browne, Thomas, 206
Broz, Josip (Tito), 223
Bucovina, 49
Buda (Gautama), 252, 265
Budapeste, 115, 155
Buenos Aires, 91, 103, 104

Bulgária, 122, 292, 298, 299
Bumppo, Natty, 276
Burckhardt, Jakob, 269
Burma, 228

Cairo, 11, 235, 236, 301
Calais, 176
Calcutá, 246
Califórnia, 9, 105
Calvino, João, 75
Camberra, 140
Cambodja (Kampuchea), 26, 178, 179, 183, 184, 185, 186, 187, 218, 219, 220, 223, 224, 234, 251
Canadá, 105, 140
Cape Coast, 177
Caracas, 87, 103, 206, 236
Caríntia, 49
Carlos I (Stuart), 50
Carlos III (Bourbon), 88
Carlos IX (Valois), 273
Carlos V (Habsburgo), 280
Carniola, 49
Cartagena, 91, 97
Carter, James Earl, 46
Cattaro (Kotor), 49
Ceilão, 258; *ver também* Sri Lanka
Celebes, 229
Cephas, Kasihan, 247
Ch'in Shih Huang-ti, 222
Chambas, Mohamed, 177
Champollion, Jean François, 111
Chatterjee, Partha, 20, 285, 303
Checoslováquia, 26
Cheng-ho, 259
Chiang Kai-shek, 222
Chiangmai, 256
Chile, 90, 97, 291
China, 9, 26, 27, 76, 78, 79, 109, 144, 149, 179, 216, 217, 220, 221, 222, 223, 224, 259, 286, 293, 301, 302, 308
Chingachgook, 276
Chu En-lai, 217
Chulalongkorn (Rama V), 50, 147, 148
Cidade do Cabo, 140
Cidade do México, 102, 103, 271, 291
Cirebon, 231
Clausewitz, Karl von, 51, 213
Cochinchina, 178, 179, 183, 184, 187
Coimbra, 90
Colômbia, 92, 291
Colombo, 165
Colombo, Cristóvão, 263
Colônias do Estreito, 227
Companhia das Índias Orientais, 136, 140, 230, 231, 246
Congo Belga, 161
Congo Francês, 213
Conrad, Joseph, 94, 242
Constant, Benjamin, 192
Constantinopla (Istambul), 19, 117, 122, 291, 294
Cooper, James Fenimore, 276
Coreia, 144, 147, 304
Corneille, Pierre, 74
Cortés, Hernán, 271
Coruña, 204
Costa do Marfim, 176
Costa do Ouro (Gana), 139, 177
Cotonu, 185
Cracóvia, 49, 116, 296, 306
Croácia, 49
Cuba, 217
Cublai Cã, 44
Curzon, George Nathaniel, 247

Dacar, 176, 185

Dalmácia, 49
Damrong Rajanuphab, 238
Darwin, Charles, 37
De Castries, Christian Marie Ferdinand de la Croix, 212
De Lattre de Tassigny, Jean, 212, 213
De Staël-Holstein, Anne, 192, 193
Debray, Régis, 37, 39, 169, 208
Defoe, Daniel, 6, 55
Descartes, René, 47
Deshima, 141
Dickens, Charles, 67
Diderot, Denis, 67
Dinamarca, 51
Diponegoro, 38
Djugashvili, Yossef Vissarionovitch *ver* Stálin, Yossef
Dobrovský, Josef, 114, 117
Dorpat, 132
Doumer, Paul, 248
Douwes Dekker, Eduard, 168
Dryden, John, 110
Dublin, 140
Dunbar, William, 135
Dvořák, Anton, 117

Ebert, Friedrich, 48
Edimburgo, 134
Edo, 141, 143; *ver também* Tóquio
Egito, 111, 122, 206, 301, 304, 305
Eisenstein, Elizabeth, 68, 72, 79
Elias, 206
Encólpio, 56
Equador, 87, 92, 105
Escócia, 48, 76, 134, 135, 258, 283, 286
Eslováquia, 122
Eslovênia, 49, 292
Espanha, 24, 66, 86, 88, 96, 97, 101, 103, 118, 128, 165, 206, 227, 230, 242, 258, 285, 291, 305
Estados Unidos da América, 24, 41, 84, 98, 102, 105, 134, 159, 170, 217, 227, 243, 263, 276, 283, 285, 286, 291, 306, 307, 308, 310
Estevão, Santo, 160
Estíria, 49
Estoril, 161

Faidherbe, Louis Leon César, 213
Febvre, Lucien, 46, 55, 66, 67, 71, 72, 78, 79, 80, 102
Federação dos Estados Malaios, 229, 235; *ver também* Malaia
Feldkirch, 49
Felipe II (Habsburgo), 230
Fermín de Vargas, Pedro, 41, 98, 137, 271
Fiedler, Leslie, 276
Fielding, Henry, 55
Filadélfia, 105, 263, 272
Filipinas, 59, 131, 147, 165, 170, 174, 201, 230, 232, 242, 255, 258, 286, 302
Finlândia, 116, 122
Florante, 59
Flórida, 230, 276
Forst, Otto, 49
Foucault, Michel, 247
França, 23, 32, 39, 50, 66, 74, 76, 113, 117, 118, 121, 124, 125, 128, 149, 185, 196, 208, 212, 213, 217, 221, 227, 246, 264, 272, 292, 296, 309
Francia, José Gaspar Rodríguez de, 269
Francisco I (Valois-Orléans), 75, 77, 303
Francisco II (Habsburgo), 151, 157, 303

Francisco José (Habsburgo), 50
Franco, Francisco, 61, 178, 179, 180, 275, 281
Franklin, Benjamin, 102, 134
Franz Ferdinand, arquiduque, 50
Frederico Guilherme III (Hohenzollern), 51
Frederico, o Grande (Hohenzollern), 51
Freising, 53
Friuli, 49
Fuseli, Henry (Johann Heinrich Füssli), 192
Fust, Johann, 66

Gales, 76
Galícia, 49, 116
Galliéni, Joseph Simon, 213
Garibaldi, Giuseppe, 130, 221
Gellner, Ernest, 10, 20, 32, 33, 50, 282, 283, 284, 303
Genebra, 75, 193, 213, 221
Georgetown, 165
Geórgia, 45
Gia-Long (Nguyên Ánh), 219
Gito, 56
Gneisenau, August Neithardt von, 51
Goa, 100
Gobineau, Hoseph Arthur de, 209
Gorée, 176
Görz (Gorízia), 49
Gradisca, 49
Grande Colômbia, 87, 105
Grécia, 51, 111, 128, 206, 292, 297
Greene, Stephen, 51, 172
Grieg, Edvard Hagerup, 117
Grisons, 193
Groslier, Bernard Philippe, 247
Grotius, Hugo (Huig de Groot), 145

Grünwald, Béla, 151
Guastella, 49
Guatemala, 291
Guerrero, Leon Maria, 21, 57
Guiana, 77, 176
Guilherme I (Orange-Nassau), 248
Guilherme II (Hohenzollern), 130, 303
Guilherme, o Conquistador, 48, 274
Guilhermina (Orange-Nassau), 257
Guiné, 176, 243
Gutenberg, Johann, 66

Habsburgo (lugar), 49
Habsburgo ver Carlos; Felipe II; Francisco II; Francisco Ferdinando; Francisco José; José II; Leopoldo II; Maria Teresa
Hadramaut, 260
Haia, 168, 174, 242
Haiti, 87, 263, 285
Hanói, 179, 181, 182, 183, 185, 186, 212
Hanover ver Jorge I; Jorge III; Vitória
Haroldo, 275
Harrison, John, 239, 257
Hastings, 275
Hayes, Carleton, 30
Heder, Stephen, 27, 186
Hegel, Georg Wilhelm Friedrich, 68, 86, 269, 301
Heitor, 206
Henryson, Robert, 135
Herder, Johann Gottfried von, 101, 108
Herrin, Judith, 35, 42
Hindenburg, Paul von, 218
Hirschman, Charles, 227, 228, 229
Hitler, Adolf, 274, 279
Hoadley, 231
Hobbes, Thomas, 31, 47

Hobsbawm, Eric, 10, 20, 28, 33, 111, 112, 118, 121, 123, 133, 199, 217, 282, 283, 284
Hohenembs, 49
Hohenzollern *ver* Frederico, o Grande; Frederico Guilherme III, Guilherme II
Holanda, 23, 66, 118, 170, 175, 188, 189, 211, 227, 246, 248, 267, 292
Homero, 60
Hong Kong, 139
Honshū, 143, 147
Horthy, Miklos, 156
Hroch, Miroslav, 20, 283
Hue, 179, 187
Hughes, Christopher, 192, 193, 195, 196
Hume, David, 134
Hungria, 26, 49, 121, 125, 128, 129, 147, 151, 154, 156, 158, 160, 196, 283, 286
Hutcheson, Francis, 134
Huy Kanthoul, 186

Ieu Koeus, 186
Ignotus, Paul, 115, 121, 125, 128, 151, 152, 153, 156
Ilíria, 49
Índia, 13, 109, 133, 136, 139, 148, 166, 190, 228, 247, 286
Índias Orientais Holandesas *ver* Indonésia
Indochina, 14, 19, 26, 27, 147, 176, 177, 178, 179, 181, 182, 184, 185, 187, 190, 212, 213, 223, 247, 248
Indonésia (Índias Holandesas), 9, 37, 38, 147, 171, 176, 187, 188, 189, 223, 231, 242, 243, 244, 245, 246, 251, 252, 254, 258, 284, 286, 293, 301, 302, 308
Inglaterra, 13, 23, 48, 50, 66, 76, 88, 94, 119, 133, 134, 135, 138, 149, 155, 160, 170, 176, 193, 206, 257, 307, 309; *ver também* Reino Unido
Inocêncio III, 273
Intramuros, 57
Irã, 82, 130; *ver também* Pérsia
Iraque, 65, 82, 292
Imeretia, 45
Irian Ocidental, 174, 245; *ver também* Nova Guiné
Irlanda, 28, 76, 120, 123, 136, 159, 170
Isaac, 53
Ismael, 276
Israel, 209, 280, 301, 305, 309
Istambul *ver* Constantinopla
Ístria, 49
Itália, 66, 170, 196, 292, 295, 307
Iugoslávia, 27, 223, 287, 289, 304, 305, 308
Ivan Groznii, 222

Jacarta *ver* Batávia
Janáček, Leos, 117
Japão, 11, 39, 51, 109, 141, 142, 143, 144, 146, 161, 190, 220, 287, 304, 307
Jászi, Oscar, 21, 49, 121, 128, 151, 152, 155, 156, 157, 158, 160, 161, 188
Java, 38, 62, 65, 168, 171, 229, 231, 238, 246, 280
Jefferson, Thomas, 87, 134, 285
Jerusalém, 49
Jesus Cristo, 44, 279
Jiddah, 235
Jim, 277
João Batista, 62

João Plantageneta, 127, 170
João VI (Bragança), 261
Joaquín, Nick, 242
Jogjakarta, 174, 302
Johnson, W. G., 238
Jones, William, 111, 246
Jorge I (Hanover), 160
Jorge III (Hanover), 276
José II (Habsburgo), 115, 128, 151
Judeia, 111, 206
Jungmann, Josef, 115

K'ang Yu-wei, 179
Kaduna, 172
Kagoshima, 142
Kanbalu, 44
Kang-hsi, 260
Kauffmann, Angelica, 192
Kaysone Phoumvihan, 181
Kazinczy, Ferenc, 115, 117
Kedah, 251
Kemal Atatürk, 38
Khomeini, Ruhollah, 46
Kiev, 116
Kissinger, Henry, 209
Kita Ikki, 146
Kohn, Hans, 30, 82, 117, 122
Königgrätz, 154
Koraes, Adamantios, 113, 122, 266
Kossuth, Lajos, 152, 153, 155
Kota Bahru, 256
Kotlarevsky, Ivan, 116
Kuala Kangsar, 137
Kwangsi, 219
Kwangtung, 219
Kyburg, 49
Kyoto, 143

La Fontaine, Jean de, 74

Landes, David S., 239
Laos, 178, 181, 183, 184
Laura, 59
Lausitz, 49
Leemans, Conradus, 247
Leiden, 174, 247
Leopoldo II (Habsburgo), 115
Leopoldo II (Saxe-Coburg), 94
Liang Ch'i-ch'ao, 179
Liechtenstein, 194
Lille, 119
Lima, 86, 97, 102
Lincoln, Abraham, 277
Lisboa, 256, 288, 300
Lizardi, José Joaquín Fernandez de, 60, 62
Locke, John, 134
Lodomeria, 49
Lon Nol, 223, 252
Londres, 11, 19, 50, 51, 77, 78, 90, 95, 130, 135, 136, 138, 140, 176, 177, 230, 241, 259, 282, 286, 294, 303
Los Angeles, 56
Lotaríngia (Lorena), 49
Lübeck, 56
Luís XIV (Bourbon), 109, 283
Luís XV (Bourbon), 50
Luís XVI (Bourbon), 50
Lumbera, Bienvenid, 59, 60
Luna, Antonio, 242
Lushan, 221
Lutero, Martinho, 67, 74
Lyautey, Louis-Hubert-Gonzalve, 212, 213
Lyon, 119

Macau, 261
Macaulay, Thomas Babington, 136, 137, 138, 139, 147, 221

MacMahon, Marie Edmé Patrice, 209
Macondo, 104
Madagascar, 212, 213
Madri, 19, 86, 87, 88, 90, 91, 96, 97, 99, 103, 130, 230, 259, 294
Málaca, Estreitos de, 173
Malaia, 137, 139, 147, 170, 173, 174, 227, 230
Malásia, 228, 251, 308; *ver também* Malaia
Mali, 65, 176
Manchester, 140
Manila, 57, 58, 59, 174, 230, 232, 233, 236, 302
Manuel I (Aviz), 99
Mao Tsé-Tung, 218
Maomé, 44
Marco Kartodikromo, 62
Maria Luísa (Parma), 97
Maria Teresa (Habsburgo), 115
Marlowe, Christopher, 110
Márquez, Gabriel Garcia, 104
Marr, David, 179, 180, 182, 184, 190, 220
Marrocos, 39
Marta Ningrat, Ki Aria, 231
Martin, Henri-Jean, 46, 55, 66, 67, 71, 72, 78, 79, 80, 102
Maruyama Masao, 144
Marx, Karl, 29, 31, 197, 269, 293, 299, 301
Masao, Maruyama, 145
Masujiro, Omura, 141
Masurianos, Lagos, 218
Mateus, São, 279
Mauritius, 130
Mazzini, Giuseppe, 164
Meca, 40, 92, 235, 236
Meiji, 141, 142, 143, 147, 175

Mekong, rio, 183, 185
Mello, Manuel, 97
Melville, Herman, 276, 307
Merauke, 243
Mergui, Golfo de, 232
Metternich, Clemens Wenzel Lothar von, 157
México, 61, 62, 86, 88, 90, 96, 103, 109, 264, 271, 291, 304, 305
Michelet, Jules, 269, 270, 271, 272, 276, 277, 279
Mindanao, 251
Mississipi, rio, 230, 277
Mitterrand, François, 65
Moçambique, 170, 190, 195, 261
Mocsáry, Lajos, 155
Modena, 49
Moisés, 44
Molière (Jean Baptiste Poquelin), 74
Molucas, 188, 245
Mongkut (Rama IV), 236
Monte Carlo, 161
Montesquieu, Charles Louis de, 45, 110, 299
Moore, John, 204, 205, 206, 209
Morávia, 49
More, Thomas, 109
Morelos y Pavón, José María, 264
Moscou, 20, 221, 222, 236, 293, 299
Moulmein, 211
Muir, Richard, 237
Muscat, 260
My Tho, 181

Nagasaki, 141
Nairn, Tom, 29, 31, 48, 68, 85, 123, 133, 134, 135, 199, 208, 216, 217, 282, 283, 284
Nanquim, 222

Napoleão Bonaparte, 89, 96, 124, 125, 141, 246, 248, 261, 265, 274
Napoleão, Luís, 209, 272
Neuchâtel, 193
New London, 257, 261
New Orleans, 256
Nguyen Ánh ver Gia-long
Nidwalden, 192
Nieuw Amsterdam, 256
Nigéria, 172
Norodom Sihanouk, 182, 251
Nortúmbria, 134
Noruega, 117, 292, 295, 307
Nova Granada, 87
Nova Guiné, 62, 242, 243, 244, 245; ver também Irian Ocidental
Nova York, 11, 105, 204, 286
Nova Zelândia, 140
Nzeogwu, Chukuma, 172

Oakland, 31
Obwalden, 192
Odessa, 113
Osaka, 141, 143
Ottawa, 140
Otto de Freising, 53

Pagan, 246, 247, 251, 255
Pahlavi, Mohammad-Reza, 130
Pahlavi, Reza, 130
Países Baixos ver Holanda
Pal, Bipin Chandra, 138, 171
Paquistão, 192
Paraguai, 39, 92, 105, 268
Paris, 19, 45, 46, 67, 78, 96, 113, 114, 130, 151, 181, 185, 236, 264, 274, 294, 296, 303
Parma, 49
Pascal, Blaise, 47

Paulo, São (apóstolo), 53
Pedro I (Bragança), 89
Pedro, São, 45
Pekanbaru, 256
Pequim, 150, 179, 219, 260, 280, 303, 308
Péricles, 113
Perrault, Charles, 109
Perry, Matthew Calbraith, 9, 140, 141
Pérsia, 59, 122; ver também Irã
Peru, 86, 87, 105, 109, 264, 291
Pest, 151
Pétion, Alexandre Sabes, 87
Petöfi, Sándor, 153
Petrônio, 56
Phetsarath Ratanavongsa, 181
Phnom Penh, 178, 183, 185, 186, 252
Piacenza, 49
Plaek Phibunsongkhram, 179
Plantin, Christophe, 66
Platão, 110
Pol Pot, 221, 252
Polo, Marco, 44, 45, 71
Polônia, 66, 125, 292
Pombal, Marquês de (Sebastião José de Carvalho e Mello), 101
Pontianak, 260
Ponty, William, 176, 177
Pope, Alexander, 50
Portillo, José López, 271
Portugal, 23, 89, 99, 100, 170, 227, 261, 305
Pramoedya, Ananta Toer, 207, 254, 257
Priangan, 174
Prússia, 51, 128, 143, 155, 157, 171

Quiqueg, 307
Quito, 87

Raffles, Thomas Stamford, 246
Ragusa, 49
Rama IV *ver* Mongkut
Rama V *ver* Chulalongkorn
Rama VI *ver* Wachirawut
Ranke, Leopold von, 269
Reino Unido, 28, 48, 96, 121, 142, 148, 149, 159, 170, 176, 258, 282, 283, 286, 288, 306, 308, 310; *ver também* Inglaterra
Renan, Ernest, 14, 23, 32, 220, 272, 273, 274, 277, 280
Renner, Karl, 158
Riau, 189
Richardson, Samuel, 55
Rio de Janeiro, 261
Rio de la Plata, 92, 105; *ver também* Argentina
Rizal, José, 21, 57, 58, 59, 62, 165, 200, 201
Roanoke, 263
Roma, 74, 92, 101, 174, 295, 297
Romênia, 114, 128, 298
Rousseau, Jean-Jacques, 101, 110, 179, 202
Rússia, 51, 113, 118, 144, 146, 215, 286, 299, 308; *ver também* URSS

Sabang, 243
Saigon, 181, 183, 185, 247
Saint Gallen, 193
Saint-Louis, 176
Sakay, Makario, 214
Salomé, 62
Salzburgo, 49
San Martín, José de, 87, 90, 96, 97, 104, 124, 125, 204, 221, 264, 266, 285
Sandhurst, 172
Santiago, 91

Santos, Santiago de los, 57
São Bartolomeu, noite de, 32, 272
São Petersburgo, 50, 132, 133, 138
Saragoça, 97
Sardauna de Sokoto, 172
Sarraut, Albert, 180, 181, 182
Sator, 49
Satsuma, 141, 142
Sayyid Sa'id, 260
Schaefer, Adolph, 246
Scharnhorst, Gerhard Johann David von, 51
Schoeffer, Peter, 66
Schönbrunn, 127
Schwyz, 192
Scott, William Henry, 230, 231
Sedan, 280
Semarang, 62, 63, 64, 65, 67
Sena, rio, 77, 151
Senegal, 176
Sérvia, 49
Seton-Watson, Hugh, 28, 32, 38, 76, 77, 82, 86, 88, 105, 112, 114, 115, 116, 117, 122, 130, 132, 134, 160, 192
Shakespeare, William, 47
Shevchenko, Taras, 116
Shimonoseki, 142
Shouphanouvong, 181
Sião, 24, 50, 94, 119, 147, 150, 161, 178, 179, 196, 227, 234, 236, 238, 241, 247, 254, 260, 284
Sibéria, 116, 147
Siemreap, 247
Sihanouk *ver* Norodom Sihanouk
Silésia, 49
Sinasi, Ibrahim, 117
Singapura, 139, 148, 174, 189, 230, 246, 251

Sismondi, Jean Charles Leonard Simonde de, 192, 193
Sisowath Youtevong, 185
Sitorus, Lintong Mulia, 266
Smetana, Bedrich, 117
Smith, Adam, 30, 134
Smith, Anthony, 20, 282
Sócrates, 113
Sokoto, 172
Son Ngoc Thanh, 185
Sonn Voeunnsai, 186
Sonnenberg, 49
Sri Lanka, 39; *ver também* Ceilão
Stálin, Yossef, 82
Stein, Gertrude, 31
Steinberg, Sifrid Henry, 79
Strong, Charles Frederick, 216
Stuart *ver* Ana; Carlos I
Subido, Trinidad, 200
Suécia, 51, 292, 304
Suharto, 172, 223, 301
Suíça, 13, 66, 144, 192, 193, 196, 217, 286, 308
Sukarno, 38, 174, 243
Sulu, arquipélago, 39
Sumatra, 172, 187, 229, 243
Surakarta, 174
Suwardi Surjaningrat (Ki Hadjar Dewantoro), 168
Swift, Johathan, 110
Széchenyi, István, 151

Taiti, 213
Taiwan, 144, 147, 301, 303, 305
Tamburlaine, 110
Tannenberg, 218
Tanzânia, 190
Teschen, 49
Texas, 105

Thion, Serge, 176
Thongchai Winichakul, 22, 236
Ticino, 193
Tidore, 242
Timor Leste, 172, 244, 261
Tirol, 49
Tisza, István, 158
Tisza, Kálmán, 153, 154, 155
Tjipto Mangoenkoesoemo, 168
Tocqueville, Alexis de, 31, 269
Toer *ver* Pramoedya Ananta Toer
Tokugawa, 141
Tolkien, John Ronald Reuel, 38, 292
Tonquim, 179, 184, 212, 213
Tóquio, 142, 143, 148, 287, 290; *ver também* Edo
Toscana, 49
Toussaint L'Ouverture, 86, 263
Transilvânia, 49
Trieste, 49
Trnava, 115
Trotsky, Leon (Lev Bronstein), 222
Tupac Amarú, 86, 215
Turner, Victor, 92
Turquia, 82, 292, 304
Twain, Mark (Samuel Clemens), 277

URSS, 221, 222, 304, 308; *ver também* Rússia
Uruguai, 92, 105
Uvarov, Sergei, 132, 136, 150, 164, 221
Uwajima, 141

Valais, 193
Valignano, Alexandre de, 99, 100
Van Dyke, J. W., 238
Van Erp, Theodoor, 247
Van Mook, Hubertus, 187, 188
Varsóvia, 280, 296

Venezuela, 86, 87, 90, 92, 97, 105, 259, 291, 307
Vereenigde Oostindische Compagnie — VOC, 161
Vermelho, rio, 219
Versalhes, 127
Vespúcio, Américo, 109
Vico, Giovanni Battista, 110
Viena, 19, 113, 115, 136, 152, 153, 154, 156, 283, 294, 303
Vientiane, 181, 184, 185
Vietnã, 26, 27, 180, 182, 187, 208, 216, 219, 220, 221, 223, 224, 286
Villers-Cotterêts, 77
Villon, François, 80, 81
Vinh, 181
Vitória (Saxe-Coburg-Gotha), 133, 136
Voivodina, 49
Voltaire (François Marie Arouet), 47, 110
Vorster, Balthasar, 209

Wachirawut (Rama VI), 149, 150

Washington D.C., 130
Washington, George, 277, 285
Webster, Noah, 268
Wellington, Arthur Wellesley, Duque de, 261
Wells, Edwin, 218
Wessex, 56
White, Hayden, 265, 269, 270
Wilsen, Frans Carel, 247
Windsor, 127
Wittenberg, 74
Woodside, Alexander, 219
Wordsworth, William, 264
Wycliffe, John, 76

Yang-tse-kiang, rio, 232
Yorkshire, 134
Yung-lo, 259

Zâmbia, 190
Zanzibar, 260
Zara, 49
Zimbábue, 65

1ª EDIÇÃO [2008] 9 reimpressões

ESTA OBRA FOI COMPOSTA EM MINION PELA SPRESS E IMPRESSA
EM OFSETE PELA GEOGRÁFICA SOBRE PAPEL PÓLEN NATURAL DA
SUZANO S.A. PARA A EDITORA SCHWARCZ EM NOVEMBRO DE 2023

A marca FSC® é a garantia de que a madeira utilizada na fabricação do papel deste livro provém de florestas que foram gerenciadas de maneira ambientalmente correta, socialmente justa e economicamente viável, além de outras fontes de origem controlada.